中國養老
基金投資行業研究

陳加旭 ○ 著

崧燁文化

摘　要

为应对老龄化挑战而进行的多支柱养老保障体系改革促进了巨额养老金资本的形成。「养老金资本主义」已成为工业化国家热议的话题之一。然而从现收现付制向累积制的转变并不能自动解决老龄化问题，唯有通过基金的投资创造新的资源来促进经济增长，才能为日益增多的老年人口提供更多的资金转移，才能体现出制度改革的优势。但是，金融危机的反覆发生，为养老基金的市场化投资带来了巨大的风险，在宏观经济、金融市场剧烈波动的环境下，实现保值增值是累积制养老金计划能否可持续的决定性因素之一。一方面，突破传统的理论框架，为养老基金寻找新的投资方法和策略以保证其获得稳定且较高的长期回报已成为全球社会保障界关注的核心问题之一；另一方面，养老基金已成为资本市场上重要的机构投资者，其投资行为对资本市场的波动、上市公司治理以及金融创新都有着重要的影响。如何规范养老基金的投资行为，使其成为宏观经济发展的重要推动力，亦是养老基金投资管理研究的重要任务。

「未富先老」的中国，在养老保险制度可持续发展上面临着更为严峻的挑战。一系列的养老金制度改革措施也将成功的关键点指向了基金的投资营运。只有在取得长期稳定的投资收益的前提下，各种累积制养老保险才能发挥出制度优势，我国多层次养老保障体系才能得以持续。然而，养老基金投资管理在我国却是一项全新的事业，「谁来管理」「如何投资」「怎么监督」等投资管理中的基本问题尚在讨论之中。如何推进我国养老基金投资营运体制的改革，如何采用科学、合理的投资策略，如何健全保障养老基金投资安全的长效机制，这些问题都是未来我国养老基金投资管理研究的重要对象。

与传统养老基金投资管理研究不同的是，本书将行为金融学理论引入上述关键问题的研究中，综合运用标准金融和行为金融相关理论，侧重描述和解释养老基金具体投资行为是怎样的、这些行为又与在传统标准金融理论下的结论有何不同、产生这些行为的微观基础是什么、这些行为又会对养老基金投资营

運甚至宏觀經濟產生哪些影響，如何通過制度建設、激勵機制和監管約束等方式讓養老基金的投資管理行為更符合特定養老金制度的目標要求，以期為我國養老基金投資管理提供理論與實踐上的借鑒。本書的研究價值和意義可能在於：第一，能夠突破標準金融理論在養老基金投資營運方面的局限與困難，豐富養老基金投資管理理論；同時，將行為研究應用於養老基金投資營運中，也能豐富行為科學相關理論的素材。第二，從微觀個體行為以及產生這種行為的更深層次的心理、社會等動因入手，能夠更為準確地分析和解釋我國養老基金投資管理中的各種現象與問題。第三，採用宏微觀相結合的分析思路，有助於更為清晰地把握影響我國養老基金投資績效的關鍵因素，厘清動態金融經濟環境下養老基金長期投資的基本思路。

本書由8章組成，各章主要研究內容和觀點如下：

第1章　緒論　本章對國內外前期相關研究進行梳理和簡要評述，分析了現有國內外研究的不足，並指出本研究的價值和意義所在。本章還闡述了本書的基本思路、總體框架和主要研究方法。最后提出本研究的主要創新點和有待進一步研究之處。

第2章　養老基金投資管理的基本理論　本章通過對養老基金投資管理基本理論的闡述，明確了在標準金融和行為金融兩大理論框架內對養老基金投資管理的不同要求和建議。本書認為，標準金融理論仍是養老基金投資管理最重要的理論基礎，但有著其自身無法克服的缺陷。行為金融理論從人的心理動機和行為方式出發分析了養老基金投資參與者的投資決策過程，提出了一系列更接近實際投資行為的理論建議，為養老基金投資管理體制的完善和行為的規範提供了一個全新的途徑。

第3章　國際養老基金投資行為及其影響因素分析　本章從養老基金投資行為的總體特徵出發，分析了國際養老基金在不同歷史時期、不同制度模式下的行為特徵，並梳理了養老基金投資過程中的一些非理性行為表現。①分析了作為機構投資者的養老基金的投資方式並對比了養老基金與其他機構投資者的投資行為差異。②本章按照時間排序分析了不同歷史時期養老基金投資行為的演化過程及其影響因素。③本章分別分析了不同管理模式、受益方式、監管規則和治理結構下的養老基金的投資行為表現。④本章以行為金融理論為基礎，分析了養老基金在投資過程中存在的非理性行為，並從心理過程角度分析了這些非理性行為出現的原因。如何在波動的經濟金融環境中為養老基金探索一個更為完善的投資方式，規避非理性行為的產生，是本書研究的重要任務之一。⑤本章基於對國際養老基金投資行為的分析，總結了有利於完善我國養老基金

投資管理的三點啟示。

第4章　中國養老基金投資管理制度對投資行為的影響分析　本章將我國養老基金分為基本養老基金、企業年金基金和全國社會保障基金，分別分析了各類基金管理體制與投資行為的變遷以及現行管理制度對投資行為的影響。本章認為，統籌層次低下所帶來的嚴格投資限制，是基本養老保險基金仍停留在「銀行存款」投資體制模式下的根本原因；企業年金受託人與投資管理人分離的受託模式導致了一些短期化投資行為的產生；全國社會保障基金行政管理體制限制了基金的市場化投資活動，基金的委託投資也不可避免地導致一些短線操作的行為。如何建立有效的制度機制來規範我國養老基金的投資行為，亦是本書研究的一個邏輯起點。

第5章　基於行為要素的中國養老基金資產配置管理分析　首先，本章較為詳細地闡述了行為資產組合理論的基本思想與模型框架，認為各國養老基金管理機構資產配置的行為與BPT-MA模型的解釋更為接近。其次，本章就養老基金資產配置的基本過程以及我國養老基金資產配置的現狀和行為進行了分析。最後，本章通過實例研究，比較了傳統投資理論和行為投資組合理論下養老基金資產配置策略的差異。在同樣的資產收益率條件下，基於行為理性差異系數的投資組合更注重風險投資，對反應投資者風險偏好較好的資產有較高的適應性，而基於傳統均值方差模型的投資組合更為看重風險與收益之間的關係。

第6章　中國養老基金投資監管行為分析　本章首先分析了現階段我國養老基金監管模式對投資行為的影響，認為要打破「放寬投資」與「陷入混亂」的惡性循環，應在放鬆投資限制的同時強化監督。其次，本章基於博弈理論分析了養老基金監管機構與投資機構的行為互動。最後，本章基於行為金融學中的「前景價值」理論分析了針對養老基金投資機構的行為控制措施。本研究發現，在監管機構積極監管的條件下，投資機構採取利他策略的成本前景值要小於觸發風險、聲譽與經濟損失和不良行為收入的前景值之和。

第7章　中國養老基金股票投資行為實證分析　首先，本章從行業分佈、市值分佈、市場分佈、持股時間等方面分析了我國養老基金的選股與持股行為。其次，本章選用ITM模型分析了我國養老基金動量與反轉交易策略的運用。本研究發現，我國基金在大多數時候表現出了與市場漲跌即與大多數投資者相一致的投資行為，但在某些市場轉折點上採取了一些反轉交易策略，但不同的投資管理人在投資理念和投資方式上存在一定差異。最後，本章採用LSV方法及其修正模型對我國養老基金股票市場投資的羊群行為進行檢驗。本研究發現，2006—2013年我國養老基金總體羊群行為並不顯著，僅有個別季度表

现出了輕微的羊群行為。我國養老基金各投資組合在總體上表現為相互獨立的隨機交易模式，各基金之間的模仿程度較低。

第8章　基於投資行為的研究成果提出完善中國養老基金投資管理的對策建議　首先，我國養老基金應堅持累積性質基金投資的長期性。其次，應發揮資產配置在基金投資中的核心作用。再次，需要重視投資管理機構在投資過程中的心理狀態。最后，應注重制度安排對養老基金投資管理行為的影響。

本書在現有研究的基礎上，通過理論分析和經驗研究兩個方面對養老基金的投資行為表現以及導致養老基金投資行為差異的主要原因進行了深入研究。其可能的貢獻和創新之處有：

第一，在研究視角上，投資的專業性、規範性是養老基金獲得長期穩定投資回報的關鍵因素，關係到我國養老保障制度改革的成敗。雖然國內外學者對養老基金投資管理進行了大量的研究，但仍缺乏對養老基金投資行為及其影響因素的全面、系統的分析。與傳統宏觀分析不同，本研究從行為金融和制度分析的視角對養老基金投資的微觀行為進行了研究。從這個角度看，本書的研究是一個新的有益嘗試。

第二，在理論研究上，本研究首先對標準金融和行為金融兩種分析框架下的養老基金投資分析理論進行了梳理，並探討了標準金融和行為金融理論在養老基金投資行為研究中的不同分析思路和分析途徑。其次，本書總結了養老基金投資所獨有的行為特徵，並分析了不同歷史時期、不同制度模式下養老基金投資行為的差異。本研究還從我國養老金制度與投資行為演化的角度探討了現有投資管理體制對養老基金具體投資行為的影響。而上述分析也少見於目前的國內外研究中。

第三，在實證分析上，本研究將行為投資組合理論應用於養老基金資產配置決策中，並利用現實數據比較了均值方差模型和行為投資組合模型在養老基金資產配置決策方面的差異。

第四，在投資監管上，本研究討論了我國養老基金投資監管中的非理性行為，並運用前景理論分析了在委託代理模式下養老基金監管者對投資管理機構行為控制的有效方式。本研究還以現實數據為基礎，運用行為金融理論中的 LSV 模型和 ITM 模型對我國養老基金股票投資的羊群行為和動量交易策略進行了檢驗和分析。這些探索性研究不僅能夠在一定程度上拓展我國行為金融研究的領域，也為后續研究提供了有益的參考。

關鍵詞：養老基金；行為金融；投資行為；行為偏差；投資策略

Abstract

    The multi-pillar pension system reform conducted in response to cope with the challenges of aging led to the formation of a huge amount of pension capital. 「Capitalization of pension fund」has become one of the hot topics in industrialized countries. However, the transformation from pay-as-you-go to accumulation system can't solve the aging problem automatically. Only by creating new resources through fund investment and promote economic growth can we provide more fund transfers for the growing elderly population and reflect the advantages of system reform. However, repeated occurrence of financial crisis brings a huge risk in the marketization of investment of pension funds. Realizing the preservation and appreciation of pension funds in the macroeconomic and financial market environment with fierce volatility is one of the decisive factors for the sustainability of accumulative pension fund plan. Breaking through the traditional theoretical framework and searching for new investment methods and strategies for pension funds in order to ensure stable and higher long-term returns has become one of the key issues of global concern in the social security field. On the other hand, pension fund has become an important institutional investor in the capital market, and investment behaviors have a significant impact on the volatility of capital market, governance of listed corporations and financial innovation. How to regulate the investment behaviors of pension fund and make it become an important driving force for economic development is also an important task in the research on investment management.

    China,「which is getting old before getting rich」, is faced with more serious challenges in the sustainable development of the endowment insurance system. A series of measures to reform the pension system also points the key to success to the fund's investment operation. Only under the premise of making long-term and stable return on investment can a variety of accumulated endowment insurances give play to the advantages of the pension system and can the multi-level old-age security system of our country be sustained. However, the management of pension fund investment in our country is a brand new business,「who will manage it」「how to invest it」「how to supervise it」and other basic problems in the investment management are still under discussion. Therefore, how to promote the reform of the investment and operation system of China's pension fund? How to adopt scientific and reasonable investment strategies? How to perfect the long-term mechanism to ensure the safety of pension fund investment? And other issues will be the important objects to study on in the future research on the investment management of pension fund in China.

What is different from the research on the traditional pension fund investment management is that this book will introduce behavioral financial theory into the study on the above mentioned key problems, comprehensively apply standard theories relating to finance and behavior finance, focus on and describe the following issues: What are the specific investment behaviors of pension funds? How do these behaviors differ from the conclusion under traditional financial theory? What is the microeconomic foundation of these behaviors? What kind of impact will these actions produce on the pension fund investment and operation and even the macro economy? How to make the investment management of pension funds more in line with the specific goal of the pension system through establishment of a system, incentive mechanism and regulatory constraints and other ways? We conduct the above studies with the hope to provide theoretical and practical references for the investment management of pension funds in China. The value and significance of the study might lies in: First, it can break through limitations and difficulties in the pension fund investment and operation of standard finance theory and enrich the management theory of pension fund investment; meanwhile, applying behavior study in the investment and operation of pension fund can also enrich materials if theories relating to behavior science. Second, we can conduct more accurate analysis and interpretation of various phenomena and problems of investment and management of China's pension funds starting from the deeper psychological and social motivations which leads to this behavior. Third, adopting the analyzing thought which combines macro and micro analysis can grasp the key factors affecting the performance of China's pension fund investment more clearly and clarify the basic ideas of long-term investment of pension fund under dynamic financial and economic environment.

This book consists of 8 chapters, the main research contents and viewpoints of each chapter are as follows:

The first chapter is introduction. It puts forward the research topic, sorts out and briefly comments on the previous relevant researches at home and abroad, analyzes the deficiencies of current researches at home and abroad and points out the value and significance of the study in this chapter. This chapter also elaborates basic ideas, overall framework and main research methods of the research in this book. Lastly, it proposes the main innovative points and shortcomings of this chapter.

The second chapter specifies different requirements and suggestions on the management of pension fund investment under the two major theoretical frameworks which are standard finance and behavior finance through the elaboration of basic theory of pension fund investment and management. This chapter argues that standard financial theory is still the most important theoretical basis of pension fund investment management, but it has its own insurmountable defects. Behavioral finance theory analyzes the investment decision-making process of people participating in pension fund investment starting from people's psychological motivation and behavior mode, and puts forward a series of theoretical suggestions which are more close to the actual investment behaviors so as to provide a brand new way for perfection of the pension fund's investment management system and code of conduct. It is also one of the important starting points of the research in this chapter.

The third chapter starts from the general characteristics of the pension fund investment behaviors, analyzes the behavior characteristics of international pension funds in different historical periods and different system modes, and summarizes some non-rational behaviors in the process of pension fund investment. ①This chapter analyzes the investment mode of pension funds as institutional investors and the differences in investment behaviors between pension funds and other institutional investors. ②This chapter analyzes the evolution process and its influencing factors in different periods of the history of pension funds investment behaviors according to the time sequence. ③ This chapter analyzes the investment behaviors of the pension fund under different management modes, profit modes, regulation rules and governance structures respectively. ④This chapter analyzes irrational behaviors existing in the investment process of the pension funds based on the behavioral finance theory, and analyzes the reasons of these irrational behaviors from the perspective of psychological process. How to explore a more perfect way of investment and avoid the occurrence of irrational behaviors for pension funds in the fluctuating economic and financial environments also one of the logical starting points of this study. ⑤ Based on the analysis of international pension fund's investment behaviors, this chapter sums up three inspirations perfecting China's pension fund investment management.

The fourth chapter focuses on the impact of management system of China's pension fund on investment behaviors. The paper divides China's pension funds into basic pension fund, corporate annuity fund and national social security fund, and analyzes the changes of various types of fund management systems and investment behaviors respectively and the impact of existing management system on investment behaviors. This chapter argues that strict investment restrictions caused by low level of overall planning is the root cause of that the basic endowment insurance fund remains in the 「bank deposit」 investment system; the entrusting mode which separate enterprise's annuity trustee and investment manager leads to some short-term investment behaviors; the national social security fund administrative system limits the marketized investment activities of the fund, the fund's entrusted investments will also inevitably lead to some short-term operation behaviors. How to establish an effective system and mechanism to regulate the investment behaviors of China's pension fund is also a logical starting point of this study.

The fifth chapter introduces behavior factors and carries out analysis on the asset allocation of China's pension funds. First of all, this chapter expounds basic ideology and model framework of behavioral portfolio theory, and argues that the asset allocation behaviors of pension fund management institutions of other countries are closer to the interpretation of BPT-MA model. Secondly, it analyzes the basic process of asset allocation of pension funds and the current situation and behavior of asset allocation of pension funds in China. Thirdly, it compares the differences of pension fund asset allocation strategies under traditional investment theory and behavioral portfolio theory through case study. In the same asset yield condition, investment portfolios based on behavioral rational difference coefficient pay more attention to risks and have higher adaptability to assets which reflect investors' risk preferences, while portfolios based on traditional mean variance model pay more attention to the relationship between risks and returns.

The sixth chapter analyzes the supervision of investment of pension funds in China. It first analyzes the impact of pension fund supervision mode of China at this stage on investment behaviors. It argues that in order to break the vicious spiral of 「easing conditions for investments」and「falling into disorder」, we should strengthen the supervision while easing investment restrictions. Secondly, based on the game theory, this chapter analyzes the control of regulators on the behaviors of pension fund investment institutions. Thirdly, based on the 「future value」theory in behavioral finance, it analyzes behavior control measures targeting at the behaviors of pension fund investment institutions, and finds out that under the positive regulatory conditions of regulators, the prospect value of the cost for investment institutions to adopt altruistic strategy is less than the total prospect value of initiating risk, reputation and economic loss as well as income from misconducts.

The seventh chapter conducts an empirical study on the stock investment of pension funds in China. First of all, this chapter analyzes the stock selection and holding behavior of pension fund in China in terms of industry distribution, market value distribution, market distribution, holding time and other aspects. Secondly, this chapter selects ITM model and analyzes the use of China's pension fund momentum and reversal trading strategy. This study found that most of the funds in China showed investment behaviors which are consistent with the fluctuations of market prices and the majority of investors, but some reversal trading strategies are adopted in some market's turning points. However, there are certain differences in the investment philosophy and style for different investment managers. Thirdly, this chapter tests the herding behaviors of China's pension fund investment in the stock market by using LSV method and its modified model. The study found that from 2006 to 2013, the herding behavior of China's pension fund is not significant in general, only a few quarters showed slight herding behavior. Various investment portfolios of China's pension fund are represented as random trading patterns which are independent of each other in general. The imitation degree among funds is low.

The eighth chapter is based on the research result of behavioral finance and puts forward four policy suggestions on China's pension fund investment management. Firstly, the pension fund in China should adhere to the long-term nature of accumulation fund investment. Secondly, we should give play to the central role of asset allocation in the fund investment. Thirdly, we need to pay attention to the mental state of investment management institutions in the investment process. Fourthly, we should pay attention to the influence of institutional arrangement on the pension fund investment management behavior.

Based on the existing research, this book carries out in-depth research on the investment behaviors as well as the main reason for the differences of investment behaviors of pension funds through theoretical analysis and empirical study. Its possible contributions and innovations are as follows:

Firstly, in terms of research perspective, professionalism and standardization of investment is the key factor to decide whether pension fund can obtain long-term and stable return on investment, which affects the success or failure of the reform of endowment insurance system in our country. Although there are very rich researches of domestic and foreign scholars on pension fund investment management, detailed and systematic analysis of the pension fund investment behavior and its influencing factors are still lacking. Different from traditional macro analysis, this book studies the micro behaviors of pension fund investment from the perspective of behavioral finance and system analysis. This study is a new beneficial attempt if we look at it from this perspective.

Secondly, in terms of theoretical research, this book first sorts out pension fund investment analysis theories under two kinds of analysis frameworks which are standard finance and behavioral finance, and discusses different analysis ideas and analysis pathways of standard finance and behavioral finance theory in the study of pension fund investment behaviors. Then this book summarizes exclusive behavior features of pension fund investment, and analyzes the differences of pension fund investment behaviors of different historical periods and different system modes. This book also discusses the impact of the existing investment management system on specific investment behaviors of pension funds from the perspective of evolution of the pension system and investment behavior in our country. The above analysis is also rare in previous domestic and foreign researches.

Thirdly, on the basis of empirical analysis, this study applies behavioral portfolio theory to the decision of asset allocation of pension funds, and uses real data to compare mean variance model and behavior investment portfolio model in the asset allocation decision of pension fund.

Fevrthly, in terms of the investment supervision, this book discusses the irrational behaviors of China's pension fund regulation and supervision, and analyzes the effective way for the pension fund regulators to control the behaviors of investment management institutions under the model of entrusted agency by using prospect theory. Based on the real data and tests, this book analyzes the herding behavior and momentum trading strategy of China's pension fund stock investment, this book using LSV model and ITM model in behavioral finance. These exploratory researches can not only expard the research field of behavioral finance in China to some extent, but also provide some useful refernces for follow-up studies.

Keywords: Pension Fund; Behavioral Finance; Investment Behavior; Behavior Deviation; Investment Strategy

目　錄

1　緒論 / 1
　1.1　問題的提出 / 1
　1.2　國內外研究現狀評述 / 2
　　　1.2.1　基於傳統金融理論的養老基金投資管理研究 / 2
　　　1.2.2　基於行為分析的養老基金投資管理研究 / 12
　　　1.2.3　國內外研究現狀簡評 / 17
　1.3　基本思路、總體框架和研究方法 / 18
　　　1.3.1　基本思路和總體框架 / 18
　　　1.3.2　主要研究方法 / 19
　1.4　主要創新點和不足 / 20
　　　1.4.1　主要創新點 / 20
　　　1.4.2　研究的不足和有待進一步研究之處 / 21

2　養老基金投資管理的基本理論 / 22
　2.1　養老基金的經濟內涵 / 22
　　　2.1.1　養老基金的準公共性 / 22
　　　2.1.2　養老基金的資本性 / 23
　2.2　養老基金投資營運的基本理論 / 25

         2.2.1　養老基金投資的基本原則／25

         2.2.2　養老基金資產配置理論／26

         2.2.3　養老基金投資組合選擇的一般策略／27

    2.3　養老基金投資管理的基本理論／29

         2.3.1　養老基金管理基本模式／29

         2.3.2　養老基金投資風險管理理論／31

         2.3.3　養老基金投資監管理論／33

    2.4　傳統養老基金投資理論的缺陷及行為金融學的補充／34

         2.4.1　傳統投資理論的缺陷／35

         2.4.2　行為金融理論對傳統投資理論的補充／36

3　國際養老基金投資行為及其影響因素分析／42

    3.1　國際養老基金投資行為的總體特徵／42

         3.1.1　作為機構投資者的養老基金投資行為特徵／42

         3.1.2　養老基金與其他機構投資者相區別的行為特徵／44

    3.2　不同歷史時期的國際養老基金投資行為分析／52

         3.2.1　20世紀50年代以前的養老基金投資行為／53

         3.2.2　1950—1970年的養老基金投資行為／54

         3.2.3　1970—1980年的養老基金投資行為／56

         3.2.4　1980—1990年的養老基金投資行為／58

         3.2.5　1990—2000年的養老基金投資行為／63

         3.2.6　2000年至今的國際養老基金投資行為／67

    3.3　不同制度模式下的國際養老基金投資行為分析／72

         3.3.1　不同管理模式下的養老基金投資行為／72

         3.3.2　不同受益方式下的養老基金投資行為／78

         3.3.3　不同監管規則與治理結構下的養老基金投資行為／84

3.4 國際養老基金投資中的非理性行為及成因分析 / 90

3.4.1 國際養老基金投資中的羊群行為及成因 / 91
3.4.2 國際養老基金投資中的處置效應及成因 / 95
3.4.3 國際養老基金投資中的過度自信及成因 / 96

3.5 國際養老基金投資行為比較對中國的啟示 / 100

3.5.1 充分發展第二、三支柱養老基金 / 100
3.5.2 盡快發展壯大養老基金投資管理公司 / 101
3.5.3 堅持養老基金的投資理念與投資責任 / 102

4 中國養老基金投資管理制度對投資行為的影響分析 / 106

4.1 基本養老保險基金管理制度對投資行為的影響 / 106

4.1.1 基本養老保險基金管理制度與投資行為變遷 / 106
4.1.2 現行基本社會養老保險基金管理制度對投資行為的影響 / 109

4.2 企業年金基金管理制度對投資行為的影響 / 113

4.2.1 企業年金基金的管理制度與投資行為變遷 / 113
4.2.2 現行企業年金基金管理制度對投資行為的影響 / 116

4.3 全國社會保障基金管理制度對投資行為的影響 / 118

4.3.1 全國社會保障基金管理制度與投資行為變遷 / 118
4.3.2 內外部制度環境對全國社會保障基金投資行為的影響分析 / 123

5 基於行為要素的中國養老基金資產配置管理分析 / 128

5.1 行為資產組合理論基本思想與模型框架 / 128

5.1.1 傳統資產組合理論及其缺陷 / 128
5.1.2 行為資產組合的產生及其理論基礎 / 129
5.1.3 行為資產組合理論的基本內容 / 132

5.2 中國養老基金資產配置現狀分析 / 134
　　5.2.1 中國養老基金資產配置的基本行為過程 / 134
　　5.2.2 中國養老基金資產配置的基本狀況 / 137
5.3 行為資產組合理論在中國養老基金投資決策中的應用 / 140
　　5.3.1 基於均值—方差的養老基金投資組合模型 / 140
　　5.3.2 基於行為因素的養老基金投資組合模型 / 142
　　5.3.3 兩種投資組合模型的實例比較 / 144

6 中國養老基金投資監管行為分析 / 147

6.1 中國養老基金投資監管的基本模式與行為特徵分析 / 147
　　6.1.1 中國養老基金監管的基本模式與規則 / 147
　　6.1.2 中國養老基金監管模式對投資行為的影響 / 149
　　6.1.3 中國養老基金監管中的非理性行為及其影響 / 150
6.2 基於「前景價值」的養老基金監管機構與投資機構的行為互動分析 / 153

7 中國養老基金股票投資行為實證分析 / 158

7.1 中國養老基金的選股與持股行為分析 / 158
7.2 中國養老基金股票投資中的動量與反轉交易策略分析 / 166
　　7.2.1 模型的選取 / 167
　　7.2.2 樣本數據的選取與處理 / 168
　　7.2.3 實證結果與分析 / 168
7.3 中國養老基金股票投資中的羊群行為分析 / 172
　　7.3.1 模型的選取 / 172
　　7.3.2 樣本數據的選取與處理 / 173
　　7.3.3 檢驗結果與分析 / 174

7.3.4 中國養老基金羊群行為的股票市值與行業分佈分析 / 179

8 基於投資行為的研究成果提出完善中國養老基金投資管理的對策建議 / 183

8.1 堅持累積性質基金投資的長期性 / 183

8.2 發揮資產配置在基金投資中的核心作用 / 185

8.3 注重投資管理機構在投資過程中的心理狀態 / 188

8.4 注重制度安排對養老基金投資管理行為的影響 / 189

  8.4.1 投資者的認知會受到制度影響 / 189

  8.4.2 投資者的選擇範圍受到制度的影響 / 190

參考文獻 / 192

后　記 / 206

附錄 1　部分國家私人養老基金投資監管法規比較 / 208

附錄 2　部分 OECD 國家養老基金的基本治理結構 / 213

1 緒論

1.1 問題的提出

20世紀70年代以來，隨著人口老齡化的不斷加深，養老金制度改革及其對經濟社會的影響受到世界範圍內的廣泛關注。雖然各國養老金制度改革的方向和具體路徑不盡相同，但構建多支柱的養老保障體系、擴大養老基金累積規模已成為世界性的共同趨勢。隨著養老基金規模及其對宏觀經濟的影響日益擴大，養老基金的保值增值已成為全球社會保障界關注的核心問題之一。養老基金投資營運的底線是保值，目標是增值，但如何實現這一目標卻有著極其複雜的內涵。21世紀以來，人口老齡化的繼續加深對各國養老金制度產生了更大的壓力，但金融市場的動盪又對各國的養老基金投資產生了巨大的影響。一方面，在投資中，過於保守的投資只能保證基金在形式上的安全，而無法應對潛在的通貨膨脹壓力和「老齡化」的嚴峻挑戰；但過於冒進的策略又將承擔宏觀經濟、金融市場波動帶來的巨大風險。如何在這兩難境地中實現對養老基金投資體制的創新已成為理論界和實踐中所共同面對的一項重要課題。另一方面，不斷累積的養老基金已成為資本市場上重要的機構投資者，「養老金資本主義」也已成為工業化國家熱議的重要話題之一。無疑，養老基金的投資行為對資本市場的波動、上市公司治理以及金融創新都有著重要的影響。如何規範養老基金投資的行為，使其成為宏觀經濟發展的重要推動力，亦是養老基金投資管理研究的重要任務。

對我國而言，「未富先老」的制度背景使得養老保險制度的可持續性面臨著更為嚴峻的挑戰。在一系列的養老金制度改革措施中，養老基金的投資運行顯得尤為關鍵，只有在養老基金取得長期穩定的收益的前提下，各種累積制養老保險才能發揮出制度優勢，我國多層次養老保障體系才能得以持續發展。然

而，養老基金投資管理在我國卻是一項全新的事業。2000年以后才有養老基金的市場化投資，市場基礎和投資管理經驗都相對缺乏，養老基金投資營運中的「誰來管理」「如何投資」「怎麼監督」等基本問題尚在研討之中。因此，如何推進我國養老基金投資營運體制的改革，如何採用科學、合理的投資策略，如何健全保障養老基金投資安全的長效機制等問題，都是未來我國養老基金投資管理研究的重要對象。

本書將行為金融學理論引入上述關鍵問題的研究中，採用與傳統養老基金投資管理研究不同的分析視角，力圖通過行為金融學的相關研究成果，側重描述養老基金具體投資行為是怎樣的、這些行為與在傳統標準金融理論下的結論有何不同、產生這些行為的微觀基礎是什麼、這些行為又會對養老基金投資營運甚至宏觀經濟產生哪些影響，如何通過制度建設、激勵機制和監管約束等方式讓養老基金的投資管理行為更符合特定養老金制度的目標。

1.2　國內外研究現狀評述

養老基金管理涉及基金的徵收、支付、營運等各個環節，不同類型的養老金制度安排下的養老基金運行特徵有著巨大的差異，席捲全球的養老保險制度改革也對養老基金管理提出了不同要求。現有關於養老保險制度及養老基金管理的文獻可謂汗牛充棟，本研究在有限的篇幅內也不可能對所有涉及養老金制度和養老基金管理的所有相關文獻進行一一評述。因此，本研究主要對關於養老基金投資的前期研究工作進行一個簡要的梳理，力圖總結出現有研究的分析邏輯和主要結論，並歸納出現有關於養老基金投資領域的研究的總體特徵，找出現有研究存在的一些不足，以幫助本書確定一個較為合理的研究思路和框架。

1.2.1　基於傳統金融理論的養老基金投資管理研究

1.2.1.1　國外前期研究及主要觀點

20世紀70年代以來，隨著全球養老保險制度改革的深化，養老基金規模的不斷增大，越來越多的研究者開始重視養老基金的投資管理。國外研究涉及了養老基金投資管理的各個方面，對我國養老基金投資管理實踐產生了重要影響。國外的研究主要可以分為以下幾個方面：

（1）養老基金投資渠道。多元化投資是各國養老基金投資倡導的主要原

則之一，Boldrin（1999）指出，多元化投資有利於分散養老基金在金融市場中的風險。在投資渠道方面，國外學者將研究重點放在了養老基金的資本市場投資上。特別是在近年來各國養老基金規模不斷擴大，並足以影響一國的經濟金融發展的情況下，養老基金與資本市場成為養老基金投資中一個極為重要的研究課題。Zvi Bodie（1990）指出，美國過去40年的金融創新的主要力量來自於養老基金。Holzmann（1995）針對智利養老基金對資本市場深度所產生的影響進行了實證分析，指出，養老基金與資本市場之間存在良性互動，但養老基金對金融市場的流動性和競爭性的影響仍需要進一步研究。Davis（1995）則認為，作為長期基金的養老基金投資於資本市場能提高資本市場的資源配置效率，並引導金融機構不斷創新。而事實證明，自20世紀80年代養老基金大規模進入資本市場以來，養老基金確實對各國的資本市場產生了深遠的影響。Black（1992）、Zvi Bodie和LeslieE Papke（1992）等學者就通過實證研究指出，20世紀70年代以來的金融市場中出現的創新性工具，例如投資擔保契約、抵押債券、不付息債券等，大多都是由養老基金的投資需求帶來的。同時Black（1992）還認為，資本市場的波動性與養老基金的成熟度有極大關係，成熟的養老基金通常具有良好的波動性管理能力。Booth和Yakonbou（2000）則認為，為避免通脹風險，DC計劃下的養老基金應配置更多的股票。而事實上，英、美等國的DC養老金計劃也正是這樣做的。Walker、Davis、Robert Poezn等研究者較為全面地總結了養老基金投資與資本市場之間的關係。Walker（2002）認為，養老基金可以從增加儲蓄、減少企業融資成本，推動金融市場一體化、減少變動成本，降低資產價格波動，優化金融結構等方面促進資本市場的發展。Robert Poezn（2002）則指出，資本市場是養老基金獲得投資收益最重要的場所，養老金計劃的目標能否順利實現依賴於能否通過資本市場獲得穩定的回報，養老基金的投資需求又能夠促使資本市場不斷變革和創新，從而促進資本市場的發展和上市公司治理機制的完善。他還認為，中國的養老基金應該通過加大在債券和股票方面的資產配置來實現高收益、低風險的投資。雖然2008年以來的全球性金融危機對養老基金資本市場投資造成了嚴重衝擊，各國在實踐中也紛紛調整養老基金在資本市場投資的比重，但資本市場投資研究仍是養老基金投資領域中的一個重要的研究內容。

除資本市場投資外，養老基金在其他領域的投資也越來越受到研究者的關注，特別是在2000年以後。Harris（2007）總結了OECD國家養老基金多元化投資的具體投資方向，主要包括現金和存款、政府債、公司債、房地產、抵押貸款、境外投資等。但同時他又指出，發達國家養老基金投資比例最高的領域

在資本市場，持有股票數量最多的機構投資者也是養老基金。同時，由於能夠有效避免非系統風險和低廉的成本，指數化投資已經成為一個重要的投資工具和趨勢。另外一些學者則研究了一些新的投資渠道的可能性。如 Modiglian 和 Caeprini（2000）就認為養老基金可以投資於一個單一的指數化組合，並將這個指數化組合與國債投資組合的回報進行互換以保證基金定額給付的特徵。Carter 和 Shipman（2002）則反對養老基金投資於政府債券，他們認為與現收現付制一樣，政府債券代表著未來的稅收義務，基金投資與債券沒有任何意義。E Philip Davis（2002）對養老基金的海外投資進行了研究，他認為，養老基金的海外投資能夠抵禦系統性風險並提高投資收益，但還有很多國家表現出很強的「國內傾向」，對養老基金的國際化投資進行嚴格限制。Gordon L. Clark（1999）、Georg Inderst（2008，2009）等學者還對養老基金基礎設施投資的可行性問題進行了探討，主要包括對風險回報、投資方式選擇、投資決策過程、評估標準選擇、監管等方面的研究。但 Tsafos（2014）的研究卻發現，美國養老基金對道路、橋樑等基礎設施的投資熱情仍然不高。此外，商品期貨投資、能源投資、社會責任投資、股權投資基金等新興投資領域也得到了研究者們充分的關注。

（2）養老基金資產配置與投資策略。作為養老基金投資的核心內容，資產配置一直受到各國研究者的重視。Brinson（1986）等通過研究美國補充養老基金的收益率發現，養老基金收益波動中約94%的變化可以由戰略資產配置來解釋。這一研究結論的提出得到了理論界和實務界的高度重視。自 Markowitz（1952）提出投資組合的均值—方差理論以來，各種投資組合模型被廣泛地應用於養老基金的資產配置研究中，研究者們也得出了很多有價值的成果。其主要研究可以分為以下方面：

靜態投資組合模型。Samuelson（1963）、Mossin（1968）、Merton（1969）、Fama（1970）、Compbell（2002）等學者研究了具有長期視角的投資者做出具有短期視角投資者相同決策的限制條件，並給出了嚴格的理論證明。長期投資者短視條件是：資產收益率在各期內的分佈是相同的，並且彼此互相獨立。在風險資產的收益率獨立的條件下，多期資產配置和單期資產配置具有相同的投資決策。Wei Hu（2005）通過對部分 OECD 國家養老基金投資組合的實證研究，得出了以下結論：第一，由於不同的資產回報率特性，各國養老基金的最優投資組合是不同的，獲得高回報的基金通常都是將資產更多地配置到股票上。第二，大比例的海外投資能夠獲得更高的投資回報，但海外投資還不是 OECD 國家資產配置中的重要部分。第三，通過高比例股票投資去獲得較高投

資收益的國家仍將主要資產配置於國內股票,而不是海外股票。但由於靜態資產配置的前提是不能從市場中獲得超額回報,只能通過被動跟蹤投資基準去獲得回報,而受到越來越多的研究者的批評。

動態投資組合選擇理論。近年來動態投資組合選擇理論受到了越來越多的研究者的關注。作為一種更貼近市場的資產配置方式,研究者將投資組合模型從傳統的單期選擇擴展到多階段選擇,從靜態發展到動態,構建了一系列基於連續或離散時間的動態模型。另外,一些研究者還將一些影響因子,如消費水平、交易成本、通脹水平、稅收制度等加入到了模型中。例如 Battocchio(2002)將隨機工資和利率水平引入到資產配置中,並利用隨即動態規劃方法建立了一個優化模型,其結論是:養老基金的最優資產配置策略需要包括與風險資產的市場風格成比例變動的投機因子,獨立於偏好且與利率擴散成比例的保值因子。Denis E Logue 和 Jack S Rader(2003)則通過三種不同的風險指標分析了養老基金資產配置的效率問題。Arun S Muralihdar(2004)通過引入跟蹤誤差測量了養老基金基準組合績效與實際投資績效的偏離程度。Kouwenberg(2007)通過荷蘭養老基金建立了動態投資組合模型,並檢驗了模型的生成方法。Xiao 和 Hong(2007)在假定股價服從常彈性方差(CEV)擴散過程的情況下,研究了帶有收益支付保證的繳費確定型累積制的投資組合問題,並利用對偶原理計算出了基金在籌集和支付階段的最優策略解。他們認為累積階段應更加注重投機策略,而發放階段由於存在支付壓力,應降低風險資產的比例。Lim 等(2010)利用基準分析法來分析養老基金最優資產配置的問題,他們把基金淨值偏離基準淨值的差額作為最優化目標函數,並利用「鞅」方法得出了養老基金的最優資產配置策略,還求出了養老基金最優資產配置問題的封閉解。Angelidis 和 Tessaromatis(2010)研究了投資限制對希臘養老基金資產配置效率的影響,認為這些限制導致了希臘養老基金投資組合存在較低的多樣化和進行資產配置時只能選擇次優模型。Haixiang Yao 等(2014)通過建立多階段均值方差模型,在隨機收入和死亡率風險下討論了 DC 型養老基金的資產配置問題。

(3)養老基金的投資管理模式與監管模式。基金的管理模式方面,由於規模效應能夠降低管理成本,國家干預主義傾向於實行集中管理模式。同時政府集中管理還能讓資金服務於特殊的宏觀經濟目標,以促進本國經濟的發展。新自由主義經濟學則提倡基金的分散管理模式,政府集中管理容易造成壟斷、腐敗和管理的低效率。分散管理能夠通過競爭機制讓每一個基金投資人為獲得高收益而不斷進行觀念和技術上的革新,其投資決策不是基於行政命令而是為

了獲得高收益。世界銀行（1994、2000）通過對部分發達國家和發展中國家政府集中管理型養老基金的研究發現，在20世紀80年代，公共養老基金的投資收益率都要低於私人管理的養老基金，甚至在很多情況下還會發生虧損。他們認為，由於政府管理的公共養老基金投資受到了許多不恰當的管制，無法和私人資金進行平等的競爭，因此，政府集中管理的投資不會有較高的收益。但國際勞工組織（1999）則認為，養老基金投資的目標是保障老年生活，因此從安全性上考慮，政府集中管理帶來的規模效應，能減少由於管理分散化導致的效率損失。可以說兩種模式都具有各自的優缺點，在具體實踐中，依照國家立法的基本養老保障項目多採用此類政府集中型管理模式，如OECD國家、中國、新加坡、馬來西亞等國家。拉美國家的私人養老金計劃和一些補充性的職業養老金計劃則多採用私營競爭型模式。

養老基金投資管理中的另一個重要問題是委託代理問題。部分研究者還從委託代理模式、逆向選擇、道德風險防範等方面入手研究了這一問題。Holmstorom（1971）就通過對養老基金受託人、投資管理人和經理人之間的關係研究，論證了合理的委託代理模式可以讓基金投資的各參與主體形成一種既相互制衡、相互監督又相互合作的關係。Davis（1995）指出，養老基金投資管理人的選擇還需要設計一個恰當的監管—激勵機制，以規避委託代理過程中出現的風險。Shah（1997）則主張不需要將養老基金投資看成一個特殊的金融產業，應允許其他金融機構進入私人養老金市場。同時他還強調，現存的金融機構有其成熟的行銷網路，進入養老基金市場更有助於投保人的多樣化選擇以及基金投資效率的提高。Orszag和Stiglitz（1999）也做出了相似的論述。但也有研究者提出了不同的意見。例如Carpio和Meli（1998）指出，新興市場國家的金融機構由於其發展不完善且數量有限，就不應允許其進入養老基金市場，如果允許這些金融機構對養老基金進行投資反而會加大監管難度。Mishkin（2003）也通過分析委託代理過程中的逆向選擇和道德風險支持這一觀點。Deelstra和Grassell（2004）則通過對受託人和基金投資經理之間的博弈行為的研究，認為起促進作用的利潤共享原則，會導致參與設立較低的保證額度。但是，如果能夠設定合理的利益分配比例，養老基金的風險可以在管理者與參與者之間進行轉換。

養老基金投資監管方面，由於市場失靈、養老基金的特殊使命和政府對養老問題的最終責任，並且隨著日益增大的養老基金對宏觀經濟的影響等原因，養老基金的投資監管一直是養老基金管理必不可少的措施，而且一直以來都備受各國政府和研究者的關注。目前的養老基金投資監管正朝著更完備的法律法

規體制、更權威的執法權威和專業化、市場化的監管措施等方向發展。但從全球範圍內來看，由於社會法律制度、經濟發展程度以及金融市場的完善程度，各國養老基金投資監管呈現出不同的特徵。監管規則方面形成了「數量限制」和「審慎人」兩大不同的規則體系。審慎人規則主要運用於英、美、澳、加等英美法系且金融市場較為發達和完善的國家。但20世紀90年代以後，一些非英美法系的國家如日本、智利等國也逐漸引入審慎人規則。這一規則的核心是在保證基金安全的情況下盡可能多地賦予投資管理人投資決策和風險管理權，強調忠誠義務和委託規則。數量監管則是通過嚴格的投資資產的比例限制來實現風險控制的目的。在實踐上，明確的數量限制顯然更有利於監管當局的操作，但也將更多的責任推向了監管者。一般而言，採用數量監管的通常是那些資本市場發展不完善，缺乏流動性和透明度或是缺乏養老基金投資管理經驗的國家。眾多的研究者針對養老基金的監管規則和策略進行了討論。具有代表性的研究包括，Vittas（1998）認為，養老基金監管效率的提高需要配備訓練有素的精算師、會計師、審計師、金融管理專家等專業人員以及仲介機構，以實現對養老基金財務狀況的審慎監督和自我規範管理。Shah（2001）在研究了智利模式之後提出，需要打破養老保險公司對養老基金獨家壟斷的情況，讓其他金融機構共同參與基金營運，以獲得更大的投資收益。Davis（2001、2002）通過對實行不同監管規則的10個OECD國家的比較，指出，養老基金的資產配置與監管規則聯繫緊密，數量監管和審慎監管下的養老基金資產配置存在明顯差異，採用審慎監管國家的基金投資多元化程度較數量限制的國家高。在投資業績上，審慎監管國家的平均收益率也要明顯高於數量限制監管國家。Takashi Oshio（2004年）分析了老齡化背景下，政府應通過何種措施來對養老基金的安全性進行監督。他指出，政府需要通過一些手段規範養老基金信託機構的不規範行為，並提供良好的行業行為準則以抵消現收現付系統帶來的消極影響。Hinz和Mataoanu（2005）認為，一個國家的總體經濟發展水平、資產市場發育程度、法律體系的約束力、基金計劃的數量和強制性是影響一國養老基金投資監管強度和深度的主要因素。一般高收入國家對養老基金的限制少於低收入國家，其監管強度和干預程度也相對較低，而低收入國家的監管主動性則較強而且較少依靠市場力量來解決問題。同時，強制性的養老金計劃的監管力度也較非強制性養老金計劃大。20世紀90年代以後，一些學者逐漸將其他金融領域的監管理念和方式如在銀行監管中實施較為成功的風險導向型監管制度等引入到養老基金中。Hinz和Rocha（2006）認為引入風險導向型監管具有改進審慎人投資體制、優化監管資源的配置、通過風險管理程序的替代來放鬆

对投资组合的限制、节约监管成本等优势。2008年以来的金融危机进一步促使了研究者对动态金融环境下养老基金监管策略的研究。Global Investor（2014）对英国、荷兰、德国、意大利等国的养老基金的调查发现，约1/3的养老金计划已经很难跟上监管的发展，81%的基金投资机构认为监管规则的不断变化使得投资活动变得更加复杂。

养老基金的治理结构方面，近年来，养老基金管理机构的治理逐渐成为学者关心的重要课题。在众多提出养老金治理准则和指南的机构中，由OECD的相关研究结论在国际上影响显著，对完善我国养老金治理具有重要借鉴意义。《OECD养老基金治理准则》《OECD关于养老基金监管核心准则的建议》等材料为各国养老基金治理结构的完善提供了一个规范的参考体系。世界银行（2002、2005）的研究则认为，为了使养老基金的运作以保障受益人权益为首要目标，必须确保理事成员能够代表各方利益相关人的利益。理事的选举、任命和卸任流程显得十分重要。另外，世界银行还指出，提高养老基金运作的透明度是完善养老金治理的基础所在。Yermo（2001）较为系统地研究了养老基金治理的基本框架，并对OECD国家的基金治理结构、法律环境及监管问题进行了横向比较，提出了弹性治理和监管原则。OECD（2005）以此为基础对社保基金的治理主体、治理机制、治理的核心原则、监管机制外部环境等提出的核心原则及技术指南成为各国完善社保基金治理结构的规范参考体系。他们提倡最终责任应该由独立的治理主体来承担，并强调内外部治理能够相互制约和制衡。国际养老金监督官协会（IOPS）（2005）也提出了基金治理过程中的行业准入标准和投资准则，提倡以风险导向型的基金监管模式，用前瞻性的眼光去及时发现和解决基金可能存在和发生的各种风险，并尽量把风险的发生概率和风险发生之后的损失程度降到最低水平。此后，各国研究者针对基金多样化的治理与风险控制机制实践进行了大量深入的研究。如Clark和Urwin（2008）指出，基金治理需要得到各种资源并影响决策的整个过程。领导阶层的决策和决策过程是影响基金治理重要因素，较强的领导能力和民主集体协商机制是基金取得良好业绩的重要保证。Stewart和Yermo（2008）分析了治理过程可能遭遇到的各种挑战，认为需要由一些力量均衡的利益相关者组成治理主体，通过利益冲突协商机制来解决一些严重的治理失误。Stewart（2009）还论证了一个完善的基金风险管理框架应当包括现场监督、内外部审计、自我评估机制等多个组成部分。Franzen（2010）也对养老基金的投资风险防范与治理进行了较为系统和详尽的论述。

1.2.1.2 国内前期研究及主要观点

（1）养老基金投资方向与渠道。在养老基金与资本市场方面，林义

（1993、1995、2003）指出，資本市場是養老基金有效運行的基本制度條件。他創新地研究了中國養老基金與資本市場良性互動的基本路徑，同時論證了二者之間實現良性互動的一般性和制度約束條件，還提出了促進我國養老基金與資本市場發展的政策思路。李紹光（1998）從現收現付制和基金制的經濟效應出發，研究了我國養老基金進入資本市場的可行性、基金的投資組合管理完善等內容。他認為，我國長期資本的形成需要養老基金在資本市場中投資，但作為市場中的投資者，養老基金也要承擔相應的風險，養老基金需要選擇適合自己的投資方式。耿志明（2000）也較為系統地論述了養老基金與資本市場之間的關聯，同時提出了養老基金進入資本市場的具體路徑及與資本市場互動的方式。李連友（2000）、董克用和王燕（2000）、鄧子基（2002）、李珍（2002）、鄭秉文（2003）、張松（2005）、伊志宏和張慧蓮等（2006）也分別從我國養老金制度、資本市場的特點、國際比較等角度出發就基金的資本市場投資、資產配置和風險管理等方面做了詳細論述。絕大部分學者支持我國養老基金需要通過資本市場來獲得長期而穩定的投資回報，同時養老基金的投資會促進我國資本市場發展的觀點。另外，還有一部分學者認為由於我國資本市場存在嚴重的系統性風險，養老基金不適宜進入資本市場。

在其他投資領域方面，李曜（2001）認為由於我國資本市場還不夠成熟，具有較高風險，養老基金應考慮房地產投資、抵押貸款等投資工具。李季、王宇（2002）則提出了反對意見，他們認為，雖然房地產投資是20世紀80年代以前發達國家養老基金的一個主要投資工具，但隨著經濟泡沫的破滅，房地產不再是養老基金投資的理想工具了。何巧白（2002）提出市政債券可以作為基金的一個投資品種。羅峰（2003）指出，養老基金可以試探性地投資於一些較好的公司債和部分融資規模較大、安全性較高的信託產品。胡繼曄（2003）認為養老基金可以參與一些與國有企業改組相關的金融產品。李珍（2004）認為指數化投資能夠規避養老基金股票市場的投資風險，應成為未來的一個投資方向。楊波（2004）也提出了相同的觀點。王琦（2004）、陸解芬（2005）、胡豔玲等（2008）研究者對我國養老基金海外投資的風險、可行性、實施步驟等進行了較為詳細的分析。宋斌文（2005）提出，除了傳統的投資方式外，當前值得重點投資的領域有：社會經濟效益顯著的國家基礎設施項目、重點建設項目；具有遠大發展前途的朝陽產業；購買發達國家的政府債券和信用良好的企業債券。此外，部分研究者也將目光投向了實業投資。高西慶（2006）認為，海外投資、實業投資和產業投資可考慮成為個人帳戶基金新的投資方向，國家應加大養老基金海外資本市場投資的比例。陳加旭（2006）

分析了養老基金投資於基礎設施和經濟適用房建設的風險和可行性，並就其風險管理方法進行了一定的探討。毛燕玲等（2007）具體分析了養老基金國內實業投資的風險，並提出了相應的對策建議。熊軍、沈鈞（2009）認為，股權投資基金應成為養老基金開展實業投資的新渠道。熊軍（2014）還認為商品期貨對養老基金的資產配置具有改善作用，養老基金可以利用商品期貨、股票和債券在不同經濟階段的表現，動態調整資產配置，以減少對債券和股票的依賴。陳志國等（2014）研究了養老基金綠色投資的內在動因，並通過實證研究發現我國新能源指數投資還不能滿足養老基金的風險與收益要求，我國養老基金綠色投資應以淺綠投資為主，漸進地實現養老基金綠色投資與經濟綠色增長的良性互動。

（2）資產配置管理和投資策略。由於我國養老基金向多元化投資逐漸邁進，目前越來越多的國內研究者開始關注基金的資產配置和投資策略問題。林義（2002）將資本市場投資的風險歸納為利率風險、通貨膨脹風險、違約風險、證券價格波動風險等風險類型。這些風險可以通過資產配置進行分散。同時還提出可以利用免疫、投資組合保險等策略來防範投資風險。在國內學者的資產配置研究中，2005年以前以靜態資產配置研究為主，如徐錦文（2004）將虧本概率引入投資組合模型的約束條件中，分析了適合我國養老基金投資的基本模型。李珍等（2005）就積極和消極組合策略分析了我國社會養老保險基金的投資組合問題。龍菊（2006）研究了全國社會保障基金不同投資工具的最佳資金分配比例。米紅等（2008）分析了我國農村養老基金債券投資的合理比例問題。鄭秉文（2012）針對基本養老保險個人帳戶基金的資產配置進行了實證研究。

近年來，我國學者也開始運用動態資產配置管理方法研究養老基金的投資管理問題。如楊嶙等（2003）研究了隨機利率模型下養老基金的最優化管理。王斌（2003）則提出了短期利率下養老金的優化控制模型。史鵬等（2005）研究了在允許無風險借貸的條件下養老基金的資產配置問題，並假設通過矩估計和貝葉斯方法計算出了養老基金最優的資產配置比例。吉小東（2005）等通過建立動態資產負債管理的模型並對中國養老基金的資產配置進行了分析。張波、代金（2005）在假定養老金隨機支付的條件下，討論了對養老基金的累積問題。肖建武等（2006）通過建立基於常方差彈性的養老基金投資組合模型，給出了退休前後資產最優配置比例，但其公式的實用性還需要進一步研究。葉燕程、高隨祥（2007）研究了DC型企業年金在隨機控制下的投資策略，並建立基於損失最小的企業年金最優投資組合模型。劉富兵等（2008）

通過考察養老基金調整變現策略的特殊性和複雜性，分析了最低保證收益下的養老基金最優資產配置。熊軍（2009、2014）探討了影響養老基金戰略資產配置的主要因素，並利用 2000 年 1 月至 2008 年 7 月的歷史數據計算股票、債券和現金資產三類資產的有效邊界，根據既定風險政策確定養老基金的相對風險厭惡系數，計算最優組合中各類資產的配置比例，運用 Resample 方法解決均值方差模型的不穩定問題。

在投資績效評價方面，國內學者利用證券投資基金（組合）績效評價方法或者模型對養老基金投資進行研究尚處於起步階段。張志超、但芳芳（2004）認為建立風險預警指標體系並強制推行證券投資保險，是有效規避社保基金投資組合中各類潛在風險以及提高投資績效之關鍵。徐錦文（2005）把社會保障基金 2004 年中期所持有的全部證券作為投資組合，比較了基金投資組合和上證收益率變動差別，並以此評估了基金的投資業績。石杰等（2006）提出了當前社保基金營運績效評估的內容和方向，認為全國社保理事會對社保基金管理人的激勵和監督是關鍵。

（3）管理模式與監管策略。關於養老基金管理模式問題，國內學者主要就分散化和集中化的問題進行了探討。楊宜勇（2001）指出，由於分散化管理導致了我國養老基金投資效益低下，因此應通過組建全國社會保險總公司來集中管理養老基金的投資營運。林義（2002）從基金安全的角度出發認為我國養老基金更適合集中管理，同時應選擇獨立的有信用基礎的社會保障銀行對養老基金進行統一管理。鄭功成（2008）認為，當前的分散化管理導致我國養老基金在監管上缺乏效率和權威性，因此，應該實行集權監管，通過一個權威部門來執行監督。

而部分學者則偏向於分散化模式，吳敬璉、周小川（2003）等強調了分散化管理的優勢，認為我國應成立多個養老金基金理事會，通過競爭方式來管理養老基金。萬解秋等（2003）從資源最優化配置的視角分析了這一問題，認為為推動投資的多元化，養老基金應該由獨立的市場機構來營運。保險公司、基金公司、信託投資機構、商業銀行等都可以成為基金的投資營運管理機構，以解決政府投資營運中競爭動機缺乏的問題。

在投資監管方面，劉子蘭（2007）分析了通過借鑑國際經驗，對企業年金委託投資的投資績效和成本進行了實證研究，並提出了可行性的建議。巴曙松（2007、2010）認為，我國社保基金監管需要提高立法層次，建立完善的法律體制。鄭秉文（2007）認為，立法缺失、統籌層次低、投資制度不合理等制度缺陷，是導致社保基金出現各種違規行為的根本原因。目前中國社保基金

面臨的主要風險來自於制度和管理，風險控制的關鍵在於改革基本社保制度的大框架：一是統帳結合的基本制度結構需要進行大幅度改造，並提高統籌層次；二是要通過改革現有的投資體制來提高個人帳戶資金投資收益率；三是通過立法來規範社保制度機構運行的行為，並降低制度運行的管理成本。鄭秉文（2008）在分析了英國職業養老金監管體制發展中各個階段的特徵、面臨的問題及解決方法的基礎上，針對我國在社會保障基金監管的實踐提出了政策建議。也有部分學者從法律角度對監管進行了探討，楊燕綏（2007）提出需要通過明晰產權制度來防止基金管理中「渾水摸魚」「假公濟私」等現象的出現，並嚴懲違規和犯罪行為，做到資金獨立、錢權分離、責任明確、營運專業、信息透明。鄭秉文（2009）則分析了金融危機中各國養老基金投資的慘痛教訓和我國養老基金的投資表現，認為我國養老基金投資策略要穩步推進，投資體制設計要十分慎重，一方面要堅持市場化投資，另一方面又要防止市場風險；一方面要建立獨立的法人治理制度，另一方面還要避免政治操控。趙應文（2014）認為，可以通過完善法律保障機制、設立專門機構、完善基金管理失責追究機制、構建統一規範的信息化管理平臺來完善我國養老基金投資監管機制。

1.2.2 基於行為分析的養老基金投資管理研究

1.2.2.1 行為金融相關研究現狀

隨著研究的逐漸深入，金融市場中一些與標準金融理論不一致的異象或未解之謎逐漸被揭示出來。標準金融學對於一些現實現象的解釋無力促使人們對理論的進一步思考。在批評和拓寬「理性經濟人」假設的同時，研究者從心理研究出發，對現實中人們的金融決策行為進行了探討，從而產生了金融理論研究的一個新方向——行為金融學。通過對心理學、社會學、金融學等學科的有效融合，行為金融學解釋了標準金融學所不能分析的大量「異象」，拓展了金融研究的空間。早在 1963 年，凱恩斯就指出了心理預期在人們投資決策中的重要性，他認為心理因素是投資行為的決定性因素，因為投資者並不是完全理性的。此后，Kahenman 和 Tversky（1979）創立的期望理論為行為金融學奠定了重要的理論基礎。而學術界普遍認為行為金融理論的開端來自於 Debondt 和 Thaler（1985）對於股票市場過度反應的研究。進入 20 世紀 90 年代，行為金融研究逐漸深化，研究者們將重點放在了投資組合決策和資產定價中的投資者心理狀況的研究上。Shefrin 和 Statman（1994、2000）所提出的行為投資組合模型（BPT）和行為資本資產定價理論（BCAPM）成為行為金融學的基本

理論之一。Kahneman 獲得的諾貝爾經濟學獎則標誌著行為金融學逐漸被主流經濟學研究者所接受。與本研究相關的行為金融學文獻可以分為以下幾個主要方面：

「不把雞蛋放在一個籃子裡」的分散化投資理念是標準金融學關於投資組合最經典的闡述。但大量的實證研究發現，現實中投資者的分散化程度卻要大大低於經典投資組合理論的分析結論。Blume、Crockett 和 Friend（1974）對 17,056 個股票市場投資者的研究發現，僅有 10.7% 的人持有 10 種以上的股票，而超過 34% 的投資者僅僅選擇了一種股票進行投資。不僅是個人投資者，Chan 和 Covrig（2005）還發現 26 個發達國家和新興市場的投資基金也將大部分資金投資於本國或本地區市場。French 和 Poterba（1991）的研究認為，投資者持有本國股票的比例在美國、日本、英國分別占到了總資產的 93%、98%、83%。這與經典投資組合所提出的應該賣空國內股票以具有更大的分散性並不相符。Grinblatt 和 Keloharju（2001）的研究也指出，在芬蘭，投資者更偏好具有位置較近、公司報告使用本國語言、公司經理人有相近文化背景等特徵的本國上市公司的股票。Lee 和 Swamlnathan（2000）的實證研究發現，單純的動量投資策略和經過交易量調整后的動量投資者在獲利性方面有顯著的差異。Huberman（2001）則發現公司雇員大量投資於受雇公司的股票。行為金融學研究還發現投資者雖然採用分散化方式進行投資，但在分散化上卻是幼稚的。Benartzi 和 Thaler（2001）研究了調查對象在股票基金和債券基金、股票基金和平衡基金、平衡基金和債券基金之間的選擇。他們發現，大部分人的選擇是 50：50 的配置比例。以 Odean 為代表的行為金融研究者則偏重榮國相關性和事件檢驗等實證方法來分析投資者認知偏差，包括代表性偏差、過度自信、過度反應等行為偏差。Odean（1998）指出，由於存在過度自信的心理因素，投資者的成功歸因通常是自己的能力，而不是運氣。Debondt 和 Thaler（1985）通過市場數據對比發現，投資者存在「過度反應」的非理性行為，這種行為與貝葉斯規則中的「適度反應」是相悖的。Barberis、Shleifer 和 Vishny（1998）指出，選擇性偏差和保守型偏差是人們決策中兩種錯誤的範式，他們還通過建立 BSV 模型解釋了投資者的決策是如何導致價格變化偏離市場效率的。Daniel、Hirsheifer 和 Subramanyan（1998）的研究認為，有信息的投資者存在有偏見的自我歸因和過度自信的現象。Shefrin 和 Statman（2002、2003）則強調通過心理學和不確定性等角度去探討影響投資者行為的因素。他們還研究了投資者如何形成自己的投資組合。Rabin（2004）通過啓發式偏差分析了人們在決策中的心理活動，並對投資人行為偏差進行了分類。一些研究者還分

析了個體行為對整個市場的影響。如 Chiyachantana 等（2004）研究了 37 個機構投資者 1997—2001 年的股票市場交易情況，發現，牛市中機構投資者買入股票更能增加市場波動，而在熊市中，賣出比買入對市場的影響更大。

　　許多研究者還分析了影響基金經理投資行為的重要因素，主要是從委託代理和績效評估方面進行考察的。Maug and Naik（1996）研究了基金的受託人與投資者簽訂基於某一平均收益水平的報酬合約是其在有道德風險和逆選擇的條件下的最優選擇。但這種合約會損害經理人的激勵機制，鼓勵投資者追求指數化等消極策略，並產生嚴重的羊群效應。在報酬與基準掛勾的情況下，當投資收益低於基準，投資者會面臨壓力，其最優策略可能是採取與指數或同行一樣的策略，以免與基準相差太遠。Goldman 和 Slezak（2003）認為，由於現實中基金經理的任期通常比基金的投資期限短，並存在頻繁更替的現象，因此，基金經理傾向於搜集更多的短期信息，而不會或很少關注長期效益。這對一些基金，如養老基金等長期投資者是一種損害。同時，也將導致大量的短期信息充斥市場而損害市場銷量。Brown、Harlow 和 StarksS（1996）、Ghevalier 和 Ellison（1997）、Basak、Pavlova 和 Shapira（2003）分別從理論和實證的角度出發研究了業績排名對基金經理的行為影響。他們發現，在排名中落後的基金經理會通過提高投資組合中風險資產的比例來增加反敗為勝的可能性，而排名靠前的基金經理則會通過降低風險來保住現有的名次。但 Chevalier and Ellison（1999）卻認為，正是由於這種激勵機制導致了這種非對稱行為的發生，如果不好的業績所遭受的懲罰比好的排名獲得的獎勵要多，那麼基金經理會做出相反的行為。因此，基金經理的行為是理性的。Chen 和 Pennacchi（2002）還研究了競標制度下的基金經理的投資行為，他們發現，業績不好的基金經理更傾向於降低收益波動。國內的研究者也對我國投資者的行為和影響因素進行了討論。如王壘、鄭小平、施俊琦和劉力（2003）通過對 1,063 名投資者的調查分析了我國投資者的心理特徵和一般行為特性，並闡述了兩者之間的管理。魏力和施東暉（2003）研究了最小報價單位對基金交易的影響。高雷、何少華和殷樹喜（2006）通過考查公司治理機構對持股偏好的影響發現，獨立董事的比例與基金持股偏好並沒有直接聯繫，而決定基金持股偏好的主要因素是投資者保護和會計報表的質量。高質量的會計報表更能吸引基金的關注。

　　羊群行為與正反饋交易。Shiller（1988）指出，由於經驗、直覺、習慣等因素，投資者在有限理性的情況下，在不同的時間點往往會採用相似的投資決策模式，但如果這些因素改變，投資者的決策也會隨之突然改變，從而導致市場價格的劇烈變化。Lakonishok、Schleifer 和 Vishny（1992）認為只有微弱的

證據表明羊群行為的存在。Froot、Seharfstein 和 Stein（1992）認為羊群行為的發生是由於機構投資者具有高度的同質性。同樣的公開信息、相似的分析手段和策略，使得機構投資者在市場變化時會表現出相似的行為從而導致羊群行為的發生。DeBondt（1997）利用 LSV 方法（Fama，1992），基於 1980—1990 年的法國股票市場實際回報率觀察到羊群行為可用來更好地解釋股票市場中的報酬變異。Scharfsrein 和 Stein（1990）、Trueman（1994）研究了基於聲譽的羊群行為。他們發現，在不被充分信任的環境中，投資經理會出於聲譽考慮而在決策上進行相互模仿，這種行為是理性的。因為如果與大多數投資經理投資行為的不一致會增加他們的聲譽風險，因此他們傾向於群體行為而放棄私有信息。另外一些學者還利用 LSV 及其修正模型對不同國家證券市場的羊群行為進行了檢驗。如 Kim 和 Wei（1999）對韓國的研究發現，個人投資者比機構投資者更具羊群行為。同時在交易策略上，1997 年亞洲金融危機爆發之前，投資者是反轉交易者，而危機之後是動量交易者。在危機期間羊群行為更為顯著。Bikhchandani 和 Sharma（2001），認為羊群行為是投資者的相關活動。是什麼原因導致這樣的行為仍然受到爭議。有兩種可能：一是由各種衝擊和新的信息導致投資者的類似反應解釋。二是其他投資者可能有一些隱含的信息。雖然它可以被看成是理性的行為，但它否定了同質信息的假設。Lobão 和 Serra（2002）發現在葡萄牙證券投資基金市場存在明顯的基金經理投資決策羊群行為的證據。Shapira 和 Venezia（2006）研究了以色列市場中專業和非專業投資者的交易行為，認為兩類投資者都存在羊群行為，但非專業投資者的羊群行為更為明顯。Kutchukian 等人（2010）則研究了巴西共同基金的羊群行為，他們認為有較強的證據表明巴西共同基金存在羊群行為。

對動量交易與反轉交易策略較為有代表性的研究包括，DeLong、shleifer、Summers 和 Waldmann（1990）發現，大量理性的負反饋交易者不會導致證券價格大幅偏離其價值，但如果市場上有大量的噪聲交易者進行正反饋交易，會造成證券市場劇烈的波動，增加套利交易的風險，通過套利行為也不能穩定股票價格。Sentana 和 Wadhwani（1992）在分析了波動率與反饋交易的關係之後認為，更多地負反饋交易的出現是由於波動率較低導致的。在波動率較高時投資者會表現出更多的正反饋交易特徵。DeLong 和 Shleifer（1990）認為，績效評估的短期化會導致正反饋行為的增加。Bohl 和 Siklos（2004）的研究發現，無論是成熟市場還是新興市場都存在正反饋和負反饋行為，但新興市場的反饋交易行為表現得更為明顯。同時他們的研究還進一步印證了 Sentana 和 Wadhwani（1992）關於波動率與反饋行為關係的結論。國內的研究中，宋軍、

吴衝鋒（2001）利用個股收益率的分散度對我國證券市場的羊群行為進行了檢驗，發現，我國的羊群行為較美國市場更為嚴重，熊市中的羊群行為要比牛市中的更為顯著。施東暉（2001）、陳浩（2004）、張羽和李黎（2005）、譚中明和李慶尊（2005）、蘇豔麗和莊新田（2008）、林樹和俞喬（2009）等人還研究了證券投資基金等機構投資者的羊群行為和反饋交易，其基本結論大致相同，例如賣出羊群要大於買入羊群，小盤股的買賣羊群要大於大盤股；反饋交易普遍存在於市場中；熊市中負反饋行為明顯，而牛市中則以正反饋為主。張漫子（2010）使用非對稱的 TGARCH 模型來擬合波動率的變化對我國證券市場上的反饋交易行為進行了實證檢驗。結果發現，滬市表現為負反饋的交易特徵，即低買高賣，而深市中，在低風險時正反饋更為明顯，但負反饋行為隨著風險的增加而逐漸增加。

1.2.2.2 針對養老基金投資行為的研究

目前，行為金融學在養老基金投資管理中的應用還不多，也有部分學者將養老基金投資管理納入到機構投資者範疇進行分析，國內學者的研究則更少。Fama 和 French（1992）指出養老基金更偏好價值型股票的投資，股票的市盈率和市淨率與養老基金的持股比例負相關，而收益率與持股比例正相關。Russell Reynolds Associates（1998）在調查了美國機構投資者對公司治理的關注程度之後發現，董事會的構成和質量是養老基金投資決策的重要影響因素。Benatzi（2001）則發現美國大企業的養老基金在進行資產配置決策時將超過30%的資產投資到自己公司的股票上。Benartzi 和 Thaler（2001）還發現401K計劃中人們的投資決策並非關注特別的投資資產，而是將基金平均地投資於多種機會上。Chan、Chen 和 Lakonishok（2002）通過分析美國共同基金的投資風格發現，共同基金更偏愛過去業績較好的公司的股票，即使有更好的投資機會，他們對這些具有更大增長潛力的股票的投資比例也會低於最優比例。對於一些持有比例較低的股票，即使出現負面消息，他們也不會賣出所有的此類股票。Diane Del Guercio 和 Paula A. Tkac（2000）則分析了養老基金投資管理人和共同基金的發起人在選擇管理人時的行為區別。由於養老基金發起人掌握了豐富的金融知識，因此他們普遍使用業績比較基準、跟蹤誤差、風險調整收益等量化的方法來選擇投資管理人，這些技術手段則很少被共同基金發起人使用。

養老基金投資的羊群效應和動量交易也是目前研究者分析的一個重點。Lakonishok（1992）的調查發現，美國養老基金存在輕微的羊群行為。Jones、Lee 和 Weis（1999）指出，養老基金經理在購買股票時表現出較為明顯的反饋

策略。但 Badrinath 和 Wahal（2002）對美國養老基金的研究發現，美國養老基金投資管理人的羊群行為要比其他機構投資者輕。Voronkova 和 Bohl（2003）、José A. Olivares（2004）等研究者則分析了不成熟資本市場中養老基金的羊群行為和反饋交易。他們都發現，養老基金的兩種行為都較成熟的資本市場明顯。同時，養老基金的過度自信等心理因素也得到了一些研究者的重視。Shleifer 和 Vishny（1992）認為，一些養老基金投資者表現出更激進的策略是因為過度自信。這也解釋了美國養老基金具有更積極的投資傾向的原因。Gort 和 Wang（2006）對瑞士養老基金經理的調查結果也說明，大部分的瑞士養老基金投資管理人承認存在過度自信的行為。但同時他們也發現，過度自信與基金投資者個人特質密切相關，基金經理過度自信程度的差異較大。David Blake（2013）以卡尼曼和特維斯基的損失厭惡假設為前提，研究了在路徑依賴的基金投資目標損失厭惡的框架下的最優投資組合問題，認為，DC 計劃下的養老基金最優投資目標驅動的「門檻」（Threshold）策略，如果基金的投資績效低於目標，則需要增加股權配置的比例，如果基金投資績效高於目標，則需要將投資策略切換到「投資組合保險」策略。而由於我國養老基金市場化投資還處於起步階段，關於養老基金的投資行為研究更顯不力。劉湘寧（2005）將養老基金作為機構投資者，比較了其與證券投資基金、QFII、保險公司等在投資風格、持股偏好等方面的異同。廖理和石美娟（2008）也通過實證數據從交易成本、公司業績、流動性等方面分析了養老基金的投資偏好。研究結果表明：我國養老基金偏好將流動性強、交易成本低、風險小、規模大的公司作為投資對象。

1.2.3 國內外研究現狀簡評

綜合上述國內外文獻可見，理論界對養老基金投資管理方面的研究可以說範圍廣泛，內容豐富，從理論方法到現狀實證均有所涉獵。一方面這些研究對於本書的研究起到了很好的借鑑作用，另一方面也發現現有研究尚存在著一定的局限性：

第一，從發展趨勢看，養老基金的研究越來越趨於技術化，越來越多的學者傾向於用複雜的數學模型和金融工具去研究養老基金的投資管理問題，而較少從養老基金的本質特徵、歷史沿革、管理理念、制度環境等方面去把握養老基金投資管理的內在規律和未來方向。同樣，過於技術化的研究也使得研究者們忽略了養老基金投資管理的長期性和外部環境對養老基金造成的影響。而不確定的經濟金融環境對養老基金的投資管理造成的影響往往是系統性的。

第二，多數研究是將養老基金的保值增值看成是一個獨立的問題，忽略了養老基金與宏觀經濟的相互聯繫。而未來規模巨大的養老基金必然與宏觀經濟產生相互影響。

第三，國際經驗的內在化不足。在養老基金投資管理的發展過程中，每個國家的養老基金投資管理制度都有其較為深刻的制度文化背景，並不只是表現為簡單的法律條文與技術規定，而是有其內在的適用性。雖然目前關於養老基金的國外經驗研究很多，但一些研究沒有充分考慮這一因素的影響，而是直接地進行經驗移植。因而，考慮經驗研究時需要關注基金投資管理演變過程的制度和文化基礎，並結合中國的實際背景進行內在化改變。

第四，針對養老基金投資管理的相關行為研究較少。目前絕大多數研究是以標準金融學為基礎，將養老基金投資管理參與人作為「理性人」對待，忽略了參與者的異質性。也正是基於此原因，本研究將研究的切入點放在投資管理參與者的行為上，從「有限理性」出發將投資管理作為一種心理認知過程來看待，運用行為金融的相關理論去分析養老基金的投資管理問題。

為此，如何在分析我國養老基金運行體制的特點和規律上借鑑國外的先進管理方法？如何才能突破目前的兩難境地，在長期投資中實現養老基金的有效保值增值？如何對養老基金實現有效營運管理以適應動態的外部環境變化？養老基金投資管理中具有哪些獨特的行為特徵，而影響這些行為的因素有哪些？我國養老基金投資管理中是否存在非理性行為，非理性行為的存在又會對養老基金投資管理造成哪些影響？這些問題都為本書的進一步探討留下了廣闊的空間。本研究也將力圖回答這些問題，以期對我國養老基金投資管理的完善提供理論和實踐上的借鑑。

1.3 基本思路、總體框架和研究方法

1.3.1 基本思路和總體框架

本書運用行為金融理論對養老基金投資行為的相關問題進行了討論。首先，對國內外養老基金投資管理的發展歷程和現有投資管理框架進行系統把握，力爭在已有研究的基礎上對我國養老基金投資管理的歷史、現有問題和未來發展方向進行更為全面、準確的分析。其次，本研究將以行為金融理論為切入點分析我國養老基金投資管理中的行為特徵及其影響因素、微觀投資行為，考察在引入行為要素後的養老基金資產配置策略。再次，從行為角度分析我國

養老基金投資監管中投資管理人選擇、非理性因素對基金監管的影響以及監管過程中的非理性行為。最後，本研究將根據之前的分析結論對我國養老基金的投資管理提出針對性的政策建議。本書研究的總體框架如圖1-1所示：

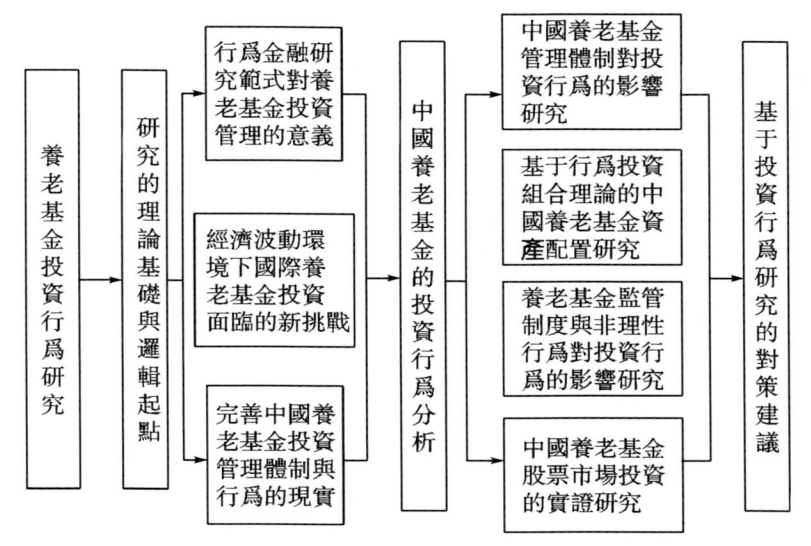

圖1-1　研究的基本思路和總體框架

1.3.2　主要研究方法

研究採用的研究方法及措施主要有以下幾種：

（1）跨學科分析方法。養老基金投資管理涉及經濟學、政治學、社會學、心理學、管理學等諸多學科，唯有通過多學科的知識與研究方法的綜合運用才能把握養老基金投資管理的內在邏輯和規律，才能實現養老基金的有效營運。

（2）規範分析與實證分析相結合。分析過程中大量借鑑了國際上權威機構提出的養老基金管理規範，同時深入研究實踐中的經驗教訓，分析國際成熟經驗和我國實際情況，目的在於探索和總結科學的養老基金管理方法和策略。

（3）定性分析與定量分析相結合。在對我國養老基金投資管理發展歷程和現狀的考查中主要採用定性分析，而在對資產配置管理、投資策略行為的研究中進行分析時，將不拘泥於一般文字性描述和推理，也強調了來自計量、統計等方面定量分析的結論。此外，在對投資行為的研究過程中還可能採用社會學中的調查研究方法。

（4）行為金融分析。本研究將行為金融學作為獨特的研究視角和切入點，

在分析過程中將大量運用行為金融學的思維方式和研究方法。如在考查投資者心理和行為時採用行為金融學中的 LSV、ITM 模型，在分析資產配置管理時採用行為投資組合模型（BPT）等。

1.4 主要創新點和不足

1.4.1 主要創新點

本書在現有研究的基礎上，通過理論分析和經驗研究兩個方面對養老基金的投資行為表現以及導致養老基金投資行為差異的主要原因進行了深入研究，其可能的貢獻和創新之處有：

（1）在研究視角上，投資的專業性、規範性是養老基金獲得長期穩定的投資回報的關鍵因素，關係著我國養老保障制度改革的成敗。雖然國內外學者對養老基金投資管理進行了大量的研究，但仍缺乏對養老基金投資行為及其影響因素的全面、系統分析。與傳統宏觀分析不同，本研究從行為金融學和制度分析的視角對養老基金投資的微觀行為進行了研究。從這個角度看，本書的研究是一個新的有益嘗試。

（2）在理論研究上，首先對標準金融和行為金融理論兩種分析框架下的養老基金投資分析理論進行了梳理，並探討了標準金融和行為金融理論在養老基金投資行為研究中的不同分析思路和分析途徑。其次，總結了養老基金投資所獨有的行為特徵，並分析了不同歷史時期、不同制度模式下養老基金投資行為的差異。最後，還從我國養老金制度與投資行為演化角度討論了現有投資管理體制對養老基金具體投資行為的影響。而上述分析也少見於目前的國內外的研究中。

（3）在實證分析上，將行為投資組合理論應用於養老基金資產配置決策中，並利用現實數據比較了均值方差模型和行為投資組合模型在養老基金資產配置決策方面的差異。

（4）在投資監管上，討論了我國養老基金投資監管中的非理性行為，並運用前景理論分析了在委託代理模式下養老基金監管者對投資管理機構行為控制的有效方式。最後還以現實數據為基礎，運用行為金融理論研究中的 ITM 模型和 LSV 模型對我國養老基金股票投資的羊群行為和動量交易策略進行了檢驗和分析。

1.4.2　研究的不足和有待進一步研究之處

作為我國養老基金投資管理研究的一次新嘗試，本研究仍有一些需要進一步完善的地方：

（1）養老基金投資行為的影響因素極為複雜，且我國的相關投資政策仍處於探討階段，對投資行為描述的全面性還有待提升。

（2）限於資料的可得性，對相關行為與人的心理狀態和行為模式的把握還不夠全面，微觀研究的深度尚待加強。

（3）由於我國養老基金投資數據並未完全公開，儘管筆者花費了大量的時間試圖收集完整的數據，但仍未能如願，因而所提出的行為模型與現實情況的擬合度還有待提高和完善。

上述尚未涉足的領域也將是下一階段研究的重點，以期在本書的基礎上進一步豐富和擴展養老基金投資行為研究的內容。

2 養老基金投資管理的基本理論

2.1 養老基金的經濟內涵

2.1.1 養老基金的準公共性

馬克思認為，社會總產品扣除，「第一，用來補償消費掉的生產資料的部分；第二，用來擴大生產的追加部分；第三，用來應付不幸事故、自然災害等的后備基金或保險基金」，成為作為消費資料的剩余總產品。但在進行個人分配之前，還需扣除「第一，和生產沒有關係的一般管理費用」「第二，用來滿足共同需要的部分」「第三，為喪失勞動能力的人等設立的基金，總之，就是現在屬於所謂官辦濟貧事業的部分」[1]。顯然，馬克思並沒有把工人的退休收入包括在勞動力價值範疇而是將養老收入歸結於「官辦濟貧事業」，屬於社會剩余價值，其基金來源於政府財政預算的稅收收入。但在馬克思所處的時代，資本主義生產關係剛剛確立，現代社會保險制度還處於醞釀時期，政府尚未參與進行對老年收入的保障工作，只有當工人遭受到生存危機並威脅到社會穩定時，政府才會通過官方濟貧的方式緩解其貧困的壓力[2]。19世紀末，德國以保險形式為老年人提供退休收入的社會保險制度確立；社會養老保險基金逐漸成為各國社會保險基金的重要組成部分，也與財政資金形成了明顯的差異，其私人物品和公共物品的雙重屬性更加顯著。一方面，社會養老保險制度作為一種強制性的再分配制度，需要政府採用行政手段實施，以保證社會安定、社會整體福利水平的提高。社會養老保險制度屬於國家公共政策的一部分，養老保險基金也具有了公共屬性；另一方面，社會養老保險的基金主要來源於個人

---

[1] 馬克思恩格斯全集：第3卷 [M]．北京：人民出版社，2002：9．
[2] 陳少暉．養老金來源：馬克思的觀點與新古典學派的解析 [J]．當代經濟研究，2003 (4)．

與企業的繳費，主要目的是為工人提供養老收入，解決其后顧之憂，社會養老保險基金又具備了私人性質。與社會養老保險基金同時期出現，並同樣成為當今養老基金重要部分的私人養老基金則通常由企業、個人設立並實施，基金營運多採用專業化、多元化、市場化等方式進行，基金的私人屬性更為顯著。但由於私人養老基金的資金規模巨大並涉及眾多參與人的養老權益，基金投資管理仍受到一定的政府監管，基金的投資效用也具有社會共享性。因而私人養老基金也具有一定的公共性特徵。20世紀40年代末出現的福利國家模式下的養老資金又具備了較為明顯的公共性特徵，其資金來源主要通過政府轉移支付。20世紀以來，為應付人口老齡化高峰時期的公共養老金支付壓力，一種新類型的養老基金——國家儲備養老基金在一些國家出現。此類基金的資金來源主要為國家財政收支結餘、國有資源性收入等方面，同時儲備基金也不直接支付養老待遇，僅在公共養老體系出現赤字時進行彌補。因而，國家儲備養老基金具有顯著的公共性特徵，而不具備私人屬性。

可以看出，養老基金的不同類型具有不一樣的經濟屬性。具體經濟屬性也決定了其在養老基金管理中所應採取的基本方式。我國的養老基金包括基本養老基金、企業年金基金、全國社會保障基金三部分，其中基本養老基金和企業年金基金具有私有性和公共性兩種屬性，不僅強調政府的宏觀管理，也同樣強調基金的自我運行。特別是對於我國社會基本養老保險基金，應以基金的自我平衡為主，劃清國家公共財政與養老保險基金之間的責任關係，即國家財政應該對社會養老保險制度負責，但在繳費、營運和支付等各個環節的具體責任需要明確，以避免當前制度運行中國家財政對養老保險基金的「隨意性」補貼，造成養老基金總體結餘與大量財政補貼並存的局面。企業年金作為補充性質的養老保險制度，私營性特徵更為明顯，應該以市場化作為主要營運手段。但我國企業年金的屬性又與西方國家的私營養老金存在著一定差異。首先，我國的基本社會制度與歐美國家不同，國家對人民的養老問題負有基本責任，對養老基金的安全要求應該更高。其次，大量的國有企業都舉辦了企業年金，企業年金基金中包含了大量的國有資產，資金來源上並非完全的私人資產。

2.1.2 養老基金的資本性

養老基金是社會化的儲蓄形態，是以金融資產形式存在的社會資源[①]。累積過程中的養老基金需要實現價值的增加，就必然要求基金的投資管理人將資

---

① 邵蔚. 基金制公共養老保險基金管理研究 [D]. 大連：東北財經大學，2007：41.

產投入到生產過程中去，實現價值創造。目前，全球養老基金主要是以金融資本的形態存在，需要通過專業化的管理投資於資本市場以實現保值增值。養老基金的發展歷程也證明，只有通過專業而謹慎的投資才能確保養老基金的保值增值。隨著經濟發展與金融體制和養老保險體制的不斷改革，國際養老基金的投資營運逐步從簡單的一元化走向市場化、多元化和國際化的投資模式①。二戰後，隨著世界上大多數國家相繼建立了自己的社會保障制度，到 20 世紀 70 年代社會保障制度在全球範圍內繁榮興旺。這一時期的養老基金的營運主要以銀行存款和國債為主。其原因在於：首先，這一時期的資本主義經濟高速增長，雖然社會保障開支迅速增加，但占整個國民經濟的比重仍不算太高，養老基金的籌資較為容易，支付壓力不高，增值的動力不足，基金以確保安全穩定為主要目標。其次，這一時期各國的養老基金也多在政府管理之下，缺乏靈活性。同時金融市場不夠發達，養老基金可投資的產品有限。20 世紀 80 年代以后，隨著西方國家經濟普遍進入低增長時期，再加上老齡化的衝擊，養老基金的支付壓力逐漸增大，各國的養老基金增值動力加強，越來越多的養老基金開始購買企業股票和債券。到 20 世紀 90 年代初期，在紐約和倫敦證券交易所由養老基金所掌握的股票已超過 30%。而在 60 年代，這一比例還不到 10%。養老基金這一時期大量的市場化營運也與西方國家金融業的現代化和市場化密不可分，投資工具的多樣化和投資管理的專業化拓寬了養老基金的投資空間，也提高了養老基金資本營運的效率。而隨著智利等國養老基金市場化投資取得的巨大成功，越來越多的國家開始效仿私有化改革，期望通過將資金投向高收益的股票市場獲得更可觀的回報。進入 90 年代，伴隨著更豐富的金融創新和證券市場的網路化，養老基金的投資更是向國際化延伸，各國開始逐步放開對養老基金海外投資的限制。一方面，養老金制度私有化對養老基金提出了更高的增值要求，養老基金管理者需要在全球範圍內捕捉投資機會。另一方面，金融監管的國際合作不斷加強，養老基金管理法規的逐漸完善也為養老基金的海外投資提供了良好的制度環境和安全保障。進入 21 世紀以後，養老基金開始進入更多的投資領域，不動產投資、實業投資的比例逐漸增加，「綠色投資」等新興的投資渠道開始受到養老基金投資管理者的關注。養老基金已成為金融管理理論和實踐轉型的關鍵催化劑，主導了全球證券市場的金融創新。許多新金融工具都來源於對大型的、複雜的養老基金迅猛增長的需要的反應②。

---

① 陳方正，門慶兵. 養老基金投資管理原理 [M]. 北京：中國財政經濟出版社，2005：144.
② Zvi Bodie. 1989. Pension funds and financial innovation [R/OL]. Working Paper, http：//www.nber. org/papers/w3101. pdf.

養老基金的保值增值壓力需要進行投資運作，另外，由於大量養老基金的資本形成，特別是對於由政府集中管理的養老基金，其投資又有別於其他增值資本。養老基金的投資又多與一國的經濟目標或經濟發展聯繫在一起。這種情況在發達國家和發展中國家的不同歷史時期都曾出現過，只是發展中國家表現得更為明顯。這些投資包括養老基金常被用於一國的基礎設施建設或國有企業發展，如土耳其政府曾要求將養老基金投資於國有企業設備債券。日本政府曾將養老基金的一部分盈余轉入一個「信託基金局」，該機構又將基金提供給大藏省的「財政投資信貸計劃」，這一計劃則將資金用於對醫院、住宅、基礎設施和福利設施的投資。1995年，日本約17%的養老基金投資帶有此類福利性質的標籤①。

2.2 養老基金投資營運的基本理論

2.2.1 養老基金投資的基本原則

作為特殊的機構投資者，養老基金在性質上與其他投資基金有著明顯的區別，安全性、流動性和收益性是養老基金投資營運所必須遵循的三大基本原則。

作為對參保人未來退休收益的承諾——退休者的養命錢，養老基金投資所遵循的首要原則即是安全性原則。養老基金的安全性要求基金投資的本金能夠及時足額的收回並獲得符合預期的收益。作為養老保險制度的物質基礎，如果基金在投資過程中遭遇到較大的損失，將嚴重影響養老保險制度的具體實施和營運並對未來養老保險制度的實施和營運也將產生持續性影響，甚至導致整個養老金制度的崩潰。

在保證安全性原則的基礎上，作為投資基金的養老基金還應強調收益性。由於不同養老金制度在資產負債和流動性方面的要求不同，因此在收益性的要求方面也有所不同。收益性原則要求養老基金在投資時需要預先設計其符合基金特性的風險和收益標準，在控制風險、保證安全性的條件下獲得合意的投資收益。一般而言，累積性基金的投資具有長期性，通貨膨脹是其面臨的主要風險。在參保人進入保險制度到領取養老金長達30多年的時間跨度中，如果不能對此類基金進行有效而積極的投資，其資產購買能力必然遭到通貨膨脹的嚴

---

① 陳方正，門慶兵. 養老基金投資管理原理 [M]. 北京：中國財政經濟出版社，2005：149.

重侵蝕。不能獲得穩定而合理的投資收益，戰勝通貨膨脹，完全累積制養老保險制度就不能體現出其制度優勢。更進一步來說，如果要保證退休者的生活水平不下降，並充分享受經濟發展的成果，累積性養老基金的投資收益還應參照經濟增長水平和工資增長水平。因此，養老基金能否獲得長期穩定的較高的投資回報將決定其基金制養老金制度的成敗。對於現收現付制下的養老資金而言，由於其資金存續時間較短，絕大部分資金用於當期養老金支付，因此在收益性上的要求沒有基金制養老保險制度那麼嚴格，所選擇的投資工具多為存款、短期債券等低風險、低收益、高流動性的投資品種。但無論如何，作為資本的養老基金通過投資獲得一定的收益是由其基本性質決定的，即使對於現收現付制下的養老資金來說，提高投資收益也是保證其支付能力，應對不斷增加的支付壓力的一種重要手段。由於我國基本養老保險制度長期處於「混帳」經營，疲於滿足當期支付，因此對養老基金收益性的要求並不高。但隨著個人帳戶逐漸做實，作為長期基金的個人帳戶基金應盡快脫離「銀行存款」投資體制，保證其收益性的逐步提高。

養老基金投資的第三大原則是流動性。為參保者提供及時、足額的養老金待遇是養老保險的制度承諾。因此，在保證資金安全性和收益性的前提下，養老基金具有一定的變現能力，以保證其支付需要。這就要求無論是哪種類型的養老基金都需要將一部分資金配置於現金、銀行存款或一些能夠隨時變現的投資品種（如短期協議存款等）上，而配置的比例則需要根據制度具體的流動性要求來確定。

在具體的投資實踐活動中，各國根據這三大原則的要求建立了不同的養老基金投資體制，其中以多元化投資最為流行，因為多元化投資不僅能保證一部分基金隨時變現，還能夠通過在不同投資工具之間的配置增強基金的抗風險能力。當然也有如美國基本養老保險基金（聯邦政府養老、遺屬、殘疾信託基金）、英國國家保險基金（NIF）的國債型投資體制，而此類投資也較好地滿足了養老基金投資「三性」的要求。對於我國的養老基金來說，特別是對基本養老基金而言，選擇何種類型的投資體制的關鍵也在於其能否有效地滿足這三大投資基本原則。

2.2.2 養老基金資產配置理論

當前養老基金投資中，多元化、市場化投資已經成為一種潮流。資產配置則是養老基金多元化投資的核心內容。養老基金的資產配置可以分為以下四個核心過程：①明確投資者所能夠進行投資營運的資產；②明確所能營運的資產

的投資持續期，並確定在投資期間的預期收益率和風險容忍度；③確定資產在一定風險水平上能獲得的最高收益率的資產配置；④選擇可容忍風險水平下所能獲得最優回報的投資組合。傳統養老基金資產配置理論源於 Markowitz（1952）投資組合理論。其基本觀點是，應對投資資產進行統一的管理，而不是讓每類資產獨立運行，同時強調投資工具的多樣化。早期的養老基金通常採用一種消極的購買並持有的靜態資產配置策略，這種策略主要考慮單階段的、靜態的投資組合選擇問題，但隨著市場風險的增加，在變化迅速的投資環境下，由於各種資產價格會隨著經濟環境和時間出現較大的波動，靜態資產配置逐漸顯現出其局限性。因此，近 30 年來，在連續時間下多階段的動態資產配置理論逐漸運用於養老基金投資領域中。特別是 2008 年以來的全球金融危機暴露出了系統性風險管理對於養老基金長期投資的重要性。而由於系統性危機爆發期間各類資產間的相關性大幅度上升，分散化效應遭到破壞，需要通過資產配置的不斷調整來控制資產價格的波動風險。危機后養老基金的海外投資又賦予了動態資產配置新的內涵。動態資產配置不再局限於過去的幾種配置策略，而是強調採用基金投資理念來管理資產配置執行過程中的波動風險，將基金的長期投資目標和風險管理策略有機結合起來①。

2.2.3　養老基金投資組合選擇的一般策略

帕德爾和夏普（1988）在提出動態資產配置概念的同時，也指出了資產配置的幾種具體策略：買入並持有（Buy and Hold Strategy）、混合固定比例（Constant Mix Strategy）、投資組合保險（Insurance Asset Allocation）。而目前養老基金資產配置所選擇的策略一般包括以下幾種：

2.2.3.1　長期持有策略

採用長期持有策略的投資哲學基礎是效率市場理論，要求養老基金在較長的持續時間段內買入並持有所選定的資產。

採用長期持有策略是基於效率市場理論，同時在投資實踐中證實，長期投資策略可以獲得與市場指數相同或相近的收益。而從投資基金的業績報告統計分析結果來看，真正持續超越市場投資基金者寥寥無幾。因此，採取簡單的長期持有策略或指數化的投資策略越來越被投資界人士接受，有越來越多的信託管理人士採用指數化的投資策略。

委託人能否採用長期持有投資策略取決於：①是否認可效率市場理論；

---

①　熊軍. 養老基金投資管理 [M]. 北京：經濟科學出版社，2014：173.

②長期持有能否提高自身收益；③是否對國家的長期命運具有堅定不移的信念。沒有基於統計基礎之上的對證券市場的理性認識，堅持長期持有策略是相當困難的。因此，在我國證券市場還處於發展的初級階段、市場存在的結構性缺陷沒有徹底解決之前，在投資者投資心態還比較浮躁的情況下，委託人、信託管理人選擇長期持有戰略是需要有相當的勇氣和毅力的。

長期持有策略適合實行累進稅制的委託人，因為如果該股票的價格在長期的歷史期間基本保持不斷向上的軌跡，則投資人的浮動盈利部分也會加入複利的滾動累積過程。這緩慢的過程給投資者帶來的收益通常在10年之后表現得非常明顯。

採用長期投資策略，委託人通過長期持有股票分享經濟或產業在長期發展中所獲得的戰略收益。在股票市場上，一批上市公司在自身發展過程中遇到了各種挫折，並與國民經濟整體一起多次經歷了風風雨雨，但它們具備了克服各種困境的生命活力。正是在不斷的股價震盪中，大批投機者和不堅定的投資者不斷離它們而去，而股市的最公平之處就在於只把最豐厚的回報貢獻給公司最堅定的支持者。從20世紀60年代現代投資組合理論確立之后，投資者開始重視其理論觀點的重要性，並普遍認為退休養老基金和指數化基金更適合採取長期持有策略。

2.2.3.2 固定比例投資策略

固定比例投資策略是養老基金投資中普遍應用的又一主要策略，要求養老基金應按照固定的比例將資產投資於銀行存款、債券、股票、基礎設施等領域，當某類資產價格發生變動時則通過一定的調整維持原定比例。例如，投資者確定將30%的資金用於購買股票，當所購買的股票價格上升，股票類資產增加時就賣掉部分股票或者增加其他領域投資的資金以維持原有的固定比例投資。通常，採用固定比例投資策略的養老基金每隔一段時間（一季度或半年）就會根據基金資產變動情況進行一次調整。這一策略的優點在於可以保持投資的低成本狀態，當投資者獲得一定的收益時能夠見好就收，不會因對價格變動預測的失誤而損失掉已經獲得的投資收益，即提高基金整體的風險調整收益。同時，這一策略通常與現行養老基金監管制度相一致，在滿足監管要求的前提下有效地防範投資風險。

當固定比例策略與期權相結合時就演變為更複雜的投資組合保險策略。投資組合保險策略有兩種基本思路：一種應用於看漲期權，即當養老基金資產中包括看漲期權和國債、存款等無風險資產時，價格上漲時的看漲期權能夠給養老基金帶來收益。在價格下跌時債券和存款等又能保證基金價值不會低於既定的最低價

格，此時則不行使期權。另一種為看跌期權，下跌時行使期權以通過獲利來彌補價格下跌帶來的損失。雖然在理論上，養老基金投資者可以利用複製期權和連續調整風險資產和無風險資產在總資產中的比重來實現資產保值的目的。但在實際操作中投資者通常只能每隔一段時間進行複製，不能真正達到連續調整，而且複製頻率太高會增加交易成本，但少量的複製又不能實現保險的目的。

2.2.3.3 變動比例策略

變動比例策略是指養老基金投資於債券、股票、實體經濟等領域時根據資產價格的變化調整各種資產的比例。與固定比例策略不同的是，養老基金投資者通常會確定一個價格中數，當資產價格發生相應變化時不斷對投資組合中的比例進行調整。例如養老基金的投資比例為30%銀行存款、50%債券、10%股票、10%不動產，並確定股票的價格中數（10年平均數）為120，每當股票價格上漲並導致價格中數上漲10%時，便賣出10%的股票，這樣依次賣出，使得股票資產在投資組合中的比例呈不斷減少的狀況，反之則不斷增加。投資機構也可以根據這個價格中數水平的變動不斷調整其他資產在基金中的比例①。

2.2.3.4 平均投資成本策略

養老基金長期投資中還通常採用平均投資成本策略，這種策略投資的領域一般是股票和有價證券。採用平均投資成本策略時投資者每隔一個固定的時間（1個月、1個季度等）以固定數額的資金去購買某種資產，並計算出每次購買的金融資產的平均價格。而由於金融資產的價格經常發生變動，每次以相同的金額所購買到的資產數量會不同。價格較高時，只能購買較少的資產；價格較低時所能購買到的資產數量相應增加。該策略實際上是將資產價格的波動對每次購買資產數量的影響抵消掉，最後在長期中降低每個資產單位的平均成本。運用這一策略需要具備投資的長期性準備，並且還有相當數額且穩定的基金來源進行經常而固定的購買。當養老基金滿足這兩個條件時才比較適合採用平均成本策略。

2.3 養老基金投資管理的基本理論

2.3.1 養老基金管理基本模式

理論界較為一致的看法是，養老基金管理模式一般包括政府集中管理、分

---

① 陳方正，門慶兵. 養老基金投資管理原理 [M]. 北京：中國財政經濟出版社，2005：153.

散管理和適度集中管理三種。

集中管理模式的養老基金由政府或其委託的公共管理部門通過強制性的手段以稅收的形式將參保人的部分收入集中到一起，並由政府或公共管理部門直接對基金的營運進行管理。一般來說，強制型的基本養老保障項目多偏向於集中管理的模式，如 OECD 國家、中國、新加坡、馬來西亞等國家①。在這種管理模式下，參保人一般沒有投資方式的選擇權。政府集中管理模式能夠形成規模效益，降低管理成本，並且可以兼顧社會公平，有利於養老保險制度保障人民基本生活需求的目標。同時由於政府進行養老基金的投資決策，還可以更大限度地實現政府特定的社會經濟發展目標。如政府集中管理模式下的養老基金通常會投資於國債或與政府關係密切的項目，甚至將資金借貸給一些正在衰落的國有企業。但由於政府集中管理模式下基金的監督權和管理權不容易分開，導致權力過於集中，容易產生腐敗。同時，在缺乏競爭的條件下，養老基金的管理效率和收益率也通常低於開放市場下的投資。因此，一旦基金的負債增加就往往只能通過提高費率或減少支付來應對。

分散型管理，或稱為私營競爭型管理模式則是按照市場機制來管理養老基金。在這種模式下，參保人通常擁有基金個人帳戶投資的選擇權，每個參保人可以自由選擇和委託基金公司來對其帳戶進行投資管理。基金公司則通過養老基金的投資風險和績效管理來最大限度地獲得競爭優勢。一般拉美國家的私人養老金計劃和一些補充性的職業養老金計劃多採用這種模式。由於分散型管理模式下的基金公司需要通過市場競爭來獲得效益，其投資決策通常是以收益最大化為目標而非其他與社會經濟相關的目標，能夠獲得通過最優的資產配置來賺取較高的投資收益。產生於 20 世紀 80 年代的智利模式為全球養老基金的分散化管理提供了一個參照模板，而當前在投資中最為活躍的養老基金也通常是分散型管理模式下的養老基金。養老基金投資機構的相互競爭，在不斷改進服務的同時也增加了營運成本，而且分散化管理不能實現養老金制度大範圍的轉移支付。

相對集中管理模式是上述兩種模式的綜合，在徵收方面通過公共機構統一徵收養老保險金，但在投資營運上則是由政府選擇的具有一定資質的基金管理公司來具體運作。這種模式在制度上來看結合了兩種模式的優點，避免了集中管理的低效率，又降低了分散化帶來的高成本，但在管理機制上卻顯得更為

---

① 林義. 社會保險基金管理 [M]. 北京：中國勞動和社會保障出版社，2007：69.

複雜①。

2.3.2 養老基金投資風險管理理論

從基金運行過程看，養老基金的風險存在於基金籌集、投資營運和支付中。因此，養老基金的風險管理也貫穿於養老基金組織、管理的全過程，其基本工作就是找出養老基金運作中可能面臨的各種風險，分析各類風險發生的概率，發生之後的損失程度，並找出解決方案。基金的風險管理過程會涉及各基金管理機構、監管機構、投資管理機構及其他利益相關者。因而，養老基金的受託人、管理人和投資管理人都需要有一個系統的方法來考慮風險和風險管理問題。通常一個完善的養老基金投資風險管理系統會包括基金投資風險監測與預警系統、基金投資風險控制系統和基金投資風險補償系統等子系統②。在養老基金風險管理中，首先通常需要回答來自於以下幾個方面的問題：①基金目前面臨哪些風險，這些風險是否已經被合理地監控和管理？②養老基金是否正在努力地降低風險，有哪些機會成本是不可避免的？養老基金通過投資營運提高收益的活動對養老金計劃的總體風險有什麼樣的影響？養老基金的投資活動與計劃的投資政策是否一致？一些特殊的投資策略會怎樣影響基金的總體風險？③目前有哪些風險管理策略和工具可以運用到基金的投資風險管理活動中？這些策略和工具有哪些優缺點？這些策略和工具在不同的市場條件下應如何運用？④養老基金的管理者在使用風險管理策略和工具時是否具有充分的專業知識和能力？應該通過哪些政策來指導他們對策略和工具的選擇？⑤改變一種類型的風險暴露是否會影響其他類型的風險暴露？③

養老基金投資過程中所面臨的風險及其對風險的一般管理方法如表2-1所示：

表2-1　　　養老基金投資過程中的風險及一般管理策略

風險類型	基本含義	管理策略
系統的市場風險	不能通過多樣化解決	政府提供風險降低工具如通脹保值債券，或是政府擔保如最低收益率保證

---

① 邵蔚. 中國基金制養老基金投資營運研究 [D]. 大連：東北財經大學，2008：34.
② 耿靖. 養老金全面風險管理 [M]. 上海：文匯出版社，2009：5.
③ 陳方正，門慶兵. 養老基金投資管理原理 [M]. 北京：中國財政經濟出版社，2005：264-265.

表2-1(續)

風險類型	基本含義	管理策略
非系統的市場風險	由於管理的低效率或缺乏經驗等原因帶來的風險	投資組合多樣化
代理風險	信息不對稱產生的道德風險、欺騙、過於冒險的投資；逆選擇等	謹慎原則和擔保
剩餘風險	資產和負債相對價值不成比例的改變引起的剩餘變化風險。如果資產比負債增加得更慢，則剩餘將變小	定義可接受投資組合的有效邊界；戰略資產配置；場景分析方法
發起人連帶風險	發起人的現金流與養老基金資產是有關聯性的，當基金投資業績良好時發起人不需要進行大量繳費，而當基金投資收益較差時養老金計劃的發起人則需要通過注入資產來彌補較差的投資業績。此類風險主要存在於DB計劃中	限制或減少與發起人的現金流高度相關的投資；投資於發起人現金流低的相關領域
利率風險	利率的改變將影響基金的充足性，其風險包括兩類：一類風險為資產與利率改變相聯繫的變動，如當利率上升時，債券等資產的價格將下降。一類利率風險為再投資風險，即養老基金的債券在持有期間的利息收入用於在投資所能實現的收益率可能低於當初購買債券時的報酬。通脹風險也是利率風險的一種	現金流量匹配策略
集中度風險	過於依賴發起人繳費而不是投資收益而產生的對發起人過度的風險暴露；投資於發起企業自身的股票或對發起人資產使用產生的對計劃發起人過度依賴的風險暴露；一些經濟目標投資（ETI）產生的對當地經濟的過度依賴所暴露的風險	對資產類型和風險因素設置合理的頭寸限制；一個有效的監控和反饋系統

目前，多樣化策略是養老基金投資所普遍採用的風險分散方法，而養老基金投資的分散化程度也通常稱為衡量養老基金風險程度的重要指標。除上述一般風險管理方法外，一些國家的養老基金風險管理體系中還包括了對投資資產和金融工具的風險評級制度。如智利根據投資工具的信用和質量情況將投資工具分為A、B、C、D、E五個類別。另外一個合理的風險準備金制度也通常出現在各國養老基金的風險管理中。

2.3.3 養老基金投資監管理論

養老基金投資的複雜性和長期性限制了由單純市場機制提供必要的秩序的能力①。因此，①應對市場失靈、彌補和矯正市場缺陷構成了政府對養老基金的監管的原因之一。②由於養老保險制度已經成為一項基本社會制度，政府承擔著養老保險機制的最后擔保人責任，即使政府對於某一類型的養老基金投資損失並未做出公開的彌補承諾，但由於養老基金關係著退休人員的基本生活，制度一旦破產，政府仍會成為最后的責任承擔者。這也是政府對養老基金進行投資監管的基本動機之一。③由於基金通常採用委託—代理的投資模式，而在信息不對稱條件下這種模式容易產生道德風險，因此政府需要通過一系列的監管措施控制基金投資機構的投資行為，防範在委託代理模式下道德風險的產生。④由於現代養老金制度的迅速發展，數額龐大的養老基金已經成為宏觀經濟活動中的一個重要變量。養老基金的投資決策已經足以影響金融市場的波動。養老基金投資行為的合理與否將會對一國金融市場甚至整個宏觀經濟帶來巨大的影響，在金融市場高度開放的情況下這種影響還會在世界範圍內發生。一旦養老基金投資者利用壟斷進行一些不正當競爭以謀取特殊利益，則很有可能成為金融市場上興風作浪的巨鱷。因此，政府有必要對養老基金的投資行為加以監督和約束，使養老基金成為促進金融創新和經濟發展的重要推動力量。

養老基金的投資監管主要應解決以下問題：①要成為養老基金投資的管理者應具備什麼樣的資格？如何保證投資機構的行為符合養老保險參保人的利益？②如何將投資風險限制在合理的範圍內？怎樣控制養老基金的投資成本？③政府應該為養老基金收益提供何種形式的擔保以保證參保者能夠獲得最低限度的養老金。因此，養老基金的監管活動主要包括了以下幾方面：

第一，立法活動。一個完善的養老基金法律制度是養老基金監管的前提和依據。各國的立法機構通過頒布適合本國國情的養老基金法律體系來構建基本的養老基金監管制度。

第二，許可審批制度。監管機構通過一系列程序和標準來控制養老基金投資市場的准入。許可審批主要適用於養老基金制度本身和基金運作的主體，還有一些在養老基金體系中發揮重要作用的個人和為養老基金投資提供各種仲介服務的機構。

第三，投資行為監控活動。養老基金監管者通過信息收集，在權限範圍內

---

① OECD. 養老金規範與監管 [M]. 鄭秉文，等，譯. 北京：中國發展出版社，2007：62.

對養老基金的狀況和行為進行必要的監督和控制，這也是絕大部分養老基金監督主體的核心內容。對養老基金投資的監控活動主要包括通過被監管者向監管者提供定期的財務狀況報告的非現場監督和監管者現場查看基金投資記錄及其他相關資料的現場監督兩方面內容。

第四，改正與補救活動。養老基金監管最重要或者說最根本的要素就是改正與補救，而為了達到懲罰和補救過錯的目標進行的制裁是所有監管制度中最難的一部分。監管中的改正與補救活動在不同的國家其側重點是不一樣的。在一些國家側重於事前監督，強調根據相關政策來檢查基金的經營決策活動是否合規，謀求在侵害事實發生前對不合法行為進行限制，而有的國家則強調事後行動，在不合法事件發生之後對其行為進行矯正，例如利用聲譽機制對違規的機構或基金經理進行懲罰。

2.4 傳統養老基金投資理論的缺陷及行為金融學的補充

在標準金融框架下形成的養老基金投資理論的分析基礎仍在於「理性人」和「有效市場的假定」，其基本觀點是各種投資工具的預期收益和風險都是可以通過歷史數據的統計分析進行預測和計算的。養老基金投資者可以根據養老基金的風險容忍度運用最優化的數學模型來選擇立項的投資組合，實現既定風險下的期望收益最大化。而在養老基金的具體投資實踐中，基金投資者在其過程中卻並沒有嚴格按照這種方式進行。例如剛進入這一行業的投資者往往會模仿其他經驗豐富的投資者或養老基金的行動，在累積到一定經驗之後才開始尋求超過其他投資者的收益機會。同時，市場並不是充分和有效的，在信息不對稱的情況下，投資者總是希望私人佔有信息並以此來獲得盈利機會。因此，在各種心理因素和投資環境的影響下，養老基金投資者並不總是理性的，常常會出現一些「非理性」的投資行為。行為金融學研究的出現改變了標準金融學對一些市場現象和非理性行為解釋上的無力。它將投資者看成一個行為人，認為投資者的心理因素在其投資決策活動中扮演著重要的角色。同時，行為金融學認為，投資過程就是一種心理活動，這種心理活動包含了投資者對市場的認知、對市場波動的情緒反應和意志過程，而在這種心理過程中就不可避免地出現系統性的認知偏差、情緒反應偏差，從而導致投資決策和資產定價的偏差（袁志勝，2012）。

2.4.1 傳統投資理論的缺陷

2.4.1.1 「理性人」並非完全合理

作為現代金融投資理論的重要基石之一的「理性人」假設包含兩方面的含義：一是人們能夠通過依照貝葉斯法則所計算的期望效用進行投資決策；二是人們能夠獲得完備的信息，並且通過信息對市場未來做出無偏估計。在這一前提下，傳統投資理論將投資抽象為一個理性投資者追求效用最大化的過程。投資者能夠通過所獲得的信息對資產價格進行估計並做出定價。處於不確定條件下的投資者的信念和主觀概率是無偏的，均值/方差是有效的。作為金融分析理論的前提，「理性人」的假設一直受到眾多經濟學家的質疑。而大量的實踐證據發現，投資者並不完全按照理性的預期理論作出投資決策，也不是在所有時候都是風險厭惡的。人們的主觀概率也並不完全是無偏的，而且這種偏差是非常普遍的，並不能通過統計平均來消除。Kahneman 和 Riepe 就認為人們在許多領域存在偏離標準的決策，大致包括三類：①在面對不確定時，對損失比對收益更加敏感，即存在損失厭惡。損失厭惡導致損失函數線比收益函數線更加陡峭。②在對不確定的結果預測時，人們會偏離貝葉斯規則。比如，人們會利用經驗和短期數據進行長期投資決策。但是短期數據可能是因偶然引起的，而不是由構建的數學模型產生的。依靠直覺和經驗處理問題的決策方式在投資中很常見。③人們在進行決策時普遍存在框架依賴。同樣，人們也並不完全能夠正確解讀所有的已知信息。儘管市場上存在非理性行為，但傳統金融理論將其歸為非系統的因素，並且認為這些行為是可以相互抵消的。即使不能抵消也可以通過套利行為使市場恢復均衡，實現市場總體上的理性。然而現實金融活動中的市場決策者受到自身行為因素的影響，如過度自信、后悔厭惡等，會造成認知偏差從而形成系統偏差，因此市場無法從總體上達到理性。

行為金融學將投資者的假定建立在有限理性的基礎上，重視心理因素對投資者投資決策的影響，Shefrin 和 Statman（2002）將這些心理決策屬性歸納為：①投資者的偏好是多樣的、變化的，而且這些偏好往往形成於投資決策過程中。②投資者會根據決策性質和環境選擇決策過程和決策技術。③投資者所尋求的並非最優解而是滿意解。

2.4.1.2 市場並不是完全有效的

有效市場理論是傳統金融理論的核心之一，養老基金投資所依賴的眾多基本理論如均值/方差模型、投資組合理論、資本資產定價模型、期權定價理論等都是基於有效市場假說提出來的。但有效市場假說得以成立的三個基本前

提，完全信息、完全理性和完備的市場，在實際中並不一定能夠完全得到滿足，例如道德風險和逆選擇就打破了完全信息的條件①。市場的有效性無論在理論上還是在實踐中都遭遇了越來越多的挑戰。Delong 和 Shleifer（1990）就指出，只有在人們知道資產的真實價值，並且在較長時間內可以無成本賣空，沒有過多的非理性投資者的情況下市場才能夠被理性投資者所主宰。然而，在現實中這些條件都不可能完全得到滿足。而且在某些情況下，非理性投資者所獲得的回報還要高於理性投資者。但是創立有效市場假說的經濟學家 Fama 卻認為，雖然有文獻表明股票存在異常的長期回報，但市場仍然是有效的。因為過度反應和反應不足同時存在於市場中，他們會相互抵消，這些異常現象只是一種偶然結果，選擇適當的方法就可以消除這種異常現象。但 Shiller 又指出，過度反應和反應不足並不是偶然現象，而其背后是人們特定的心理因素。

因此，行為金融理論認為市場並非有效的，經驗驅動的偏差與框架效應會導致市場價格偏離其基本價格。行為金融理論的市場無效理論也解釋了如阿萊悖論、股權溢價之謎、封閉式基金之謎等傳統金融理論無法解釋的現象。需要指出的是，儘管行為金融學對有效市場假說進行了修正，但它並非是對傳統金融理論的全盤否定，而是以傳統金融理論為基礎，進一步發展了其中合理的部分。如 Statman 就認為，「有效市場」具有兩層含義：市場價格的走向無法系統地被投資者掌握；證券價格是理性的。行為金融理論應該拒絕第二層含義，但需要接受第一層含義②。

2.4.2　行為金融理論對傳統投資理論的補充

傳統投資理論根據均衡原理，將投資過程看成一種動態均衡，在「理性人」和「有效市場假說」等的基礎上推導出均衡和最優化模型。行為金融學則將人們的心理因素加入到投資活動中，把人們決策中的心理活動分為認知過程和情緒過程。認知過程包括人們的知覺、感覺、學習、記憶、思維等心理活動，情緒過程則涉及每個人特有的人格、氣質、情緒等因素。心理學理論認為，人們在認知事物的過程中往往會產生一系列系統性的認知偏差，如代表性誤差、易得性誤差、錨定效應等。情緒過程則會導致一些系統性和非系統性的情緒偏差，例如人們在市場中可能表現出浮躁、貪婪、恐慌、恐懼等情緒狀態，從而做出諸如反應不足、過度反應、自我歸因等非理性的投資行為。意志

---

① 劉澄，徐明威. 投資行為學 [M]. 北京：經濟管理出版社，2011：61.
② 陸劍清. 投資行為學 [M]. 北京：清華大學出版社，2012：30.

過程又受到心理認知過程和情緒過程的影響，從而造成投資決策的偏差。這種偏差的出現又會使得資產價格偏離其內在價值，資產定價的偏差又往往會產生錨定效應和框架效應，又反過來對投資者的情緒和認知產生影響，進一步導致認知和情緒偏差。一旦這種循環的反饋機制受到某些市場因素的強化或激勵，這種效應又會被不斷地放大，從而形成泡沫①。行為金融理論對投資行為的解釋框架如圖 2-1 所示：

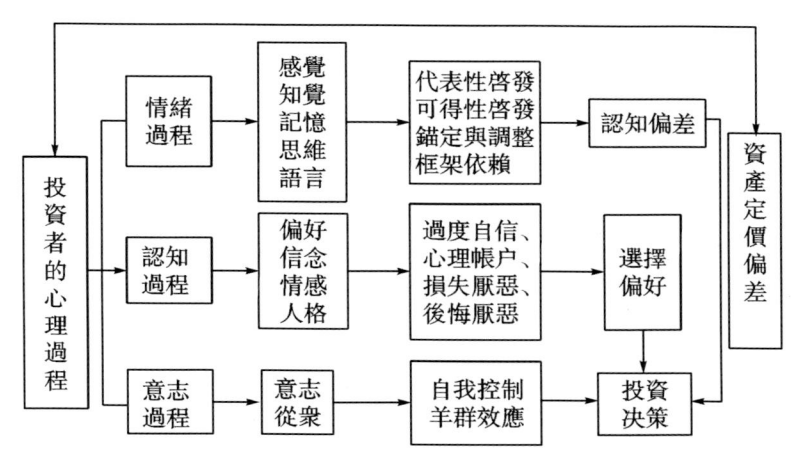

圖 2-1　行為金融理論對投資行為的解釋框架

在此框架下，行為金融理論提出了一些針對投資行為的解釋和建議：

2.4.2.1　對投資現象的解釋

投資活動中的不同投資者在投資理念和策略上都有著自己的特點，例如有的投資者習慣做動量交易，有的投資者則更習慣反向交易；有的喜歡追求高成長性的股票，有的則更偏向於傳統的價值投資。這些表面看似矛盾的東西在投資實踐中的效果卻往往會較好，在這一點上傳統金融理論難以做出合理的解釋。然而，行為金融學卻對這些現象進行了一定的解釋。它認為這些現象都把握住了市場某一方面的非理性，例如選擇對於價值投資和高成長性的股票投資這一看似矛盾的策略。傳統金融理論認為有效市場對股票價格都進行了合理定價，不可能有超額收益存在；行為金融理論就認為，投資者對某一資產的價值和成長特徵的判斷會因為受到市場信息的影響，而形成對價值型和成長型的不同偏好，不論是採用價值投資還是成長型投資，都需要對市場的非理性（包

---

① 吳麗. 基於行為金融學的我國證券投資行為研究 [D]. 北京：首都經濟貿易大學，2004：28.

括市場對新信息的過度反應或反應不足）進行把握才能獲得超額收益。

對於資本市場中兩種基本的分析方法——基本面分析和技術分析，行為金融學也提出了一定的認識上的改進。傳統金融理論下雖然個別股票偶爾會被暫時地錯誤定價，但市場整體上是有效的，基本面分析是發現市場錯誤的有效方法。行為金融學則通過「從心理到價格」的分析思路，在此傳統金融理論的基礎上進一步指出，基本面分析是投資者避免由於受到市場情緒影響而產生一些非理性行為的有效方法。技術分析則是以市場價格、量價關係、變化時間等市場行為作為基礎，通過人們主觀經驗對市場未來趨勢進行判斷的一種分析方法。行為金融將這一分析方法歸為主觀感性分析，達摩達蘭（2009）指出，技術分析的投資哲學需要以價格變動遵循可預測為前提，但是並沒有足夠的投資者能夠預測價格變動。因此在只有少數人具備這種辨識能力時，市場上多數投資者並不是根據理性，而是根據情緒來做出投資決策的①。在這兩種基本分析的基礎上，行為金融學發展處於此兩種方法之間的心理分析方法，其基本觀點是，在市場參與行為中，投資者會按照客觀因素和他們的主觀判斷進行買賣決定，他們同時在用理性和感性的方式對待市場。其對傳統分析方法的補充在於，以同時具有理性和感性情態、既包括主觀又包含客觀因素的心理預期為基礎，提出了一個比兩種傳統方法更平和的市場預測態度。但相比於已經系統化、理論化的前兩種分析方法，行為金融的心理分析方法仍顯得相對薄弱，而且通過全面收集市場信息和投資者意見來分析市場態勢是存在難度的，也難以對投資者的進出時機進行精確把握。但無論如何，這一新分析模式的提出已經使得金融學家不再忽視心理因素在投資中的重要作用。

基於心理研究成果的行為金融學深入分析了投資者決策時的心理活動，並根據現實情況研究了人們是怎樣理解並利用信息做出投資決策的，並分析在決策過程中投資者的認知與行為偏差對投資決策的影響。行為金融學更好地解釋了一些標準金融理論無法解釋的投資異象。

對於股票市場溢價之謎，行為金融學通過前景理論和模糊厭惡理論進行瞭解釋。Benartzi 和 Thaler（1995）最先將前景理論與股票溢價之謎聯繫在一起。他們認為，對股票的頻繁評估會引起投資者的損失厭惡，而人們需要一個高溢價作為補償。前景理論指出，投資者是風險厭惡的，相比於同樣的收益，損失會給他們帶來更大的痛苦。投資者的排斥心理在股票市場頻繁波動的情況下產

---

① 阿斯沃斯·達摩達蘭. 投資原理：成功的策略和成功的投資者 [M]. 胡英坤，吳迅捷，譯. 大連：東北財經大學出版社，2009：134.

生了，因此需要有一個較高的溢價來補償這種風險。模糊厭惡理論則解釋為，由於人們更偏好確定性的事情，不喜歡模糊，當風險事件概率分佈不確定時，投資者不能確定收益的分佈情況。因此，面對這種模糊時，投資者寧可選擇自己心中最壞的估計①。

對於波動之謎，行為金融理論認為，當投資者看到價格高漲時會對這種高漲產生過度反應，在其實際投資活動中會誇大紅利對投資的導向作用，將價格推升得更高，從而加劇價格的波動。同時，投資者在投資過程中更多地依賴於私有信息。當投資者看到相關的公共信息，並對未來的增長形成先驗觀點之後，又會對利用自己的私有信息進行的研究產生過度自信，從而高估自身信息的準確性。當私有信息是正向的時候就會將價格推向更高；反之，就會把價格打壓得更低。

對於日曆效應，行為金融學將其歸結為心理帳戶的作用。在市場中的投資者會將其投資組合主觀地分為多個獨立的心理帳戶，如安全部分和風險部分。對於如「一月效應」等這樣的異象，行為金融學解釋道，由於人們往往將新的一年視為一個新的開端，就可能在一年相互交替時做出一些不同的行為。同樣在月初和月末之際，人們也可能會處於與其他時候不同的情緒狀態之中，而表現出不同的行為跡象。

2.4.2.2 行為金融學對基金投資管理行為的分析

行為金融學不僅是關於個體投資者投資心理和行為的研究，還對基金投資管理行為進行了一定分析，其理論大致可以分為以下幾個方面：

在對投資管理人的選擇上，行為金融學認為，人們在不確定條件下的決策常會出現三種認知：一是人們經常採用特徵代表法去判斷一個時間屬於 A 類還是 B 類；二是採用有效性或可用性去判斷事物發生的頻率；三是運用錨定法去預測一個相關事物。這三種認知方法會簡化人們的決策，但有時會導致系統性的錯誤。基於這些認知方法，基金的受託方在選擇投資管理人時往往會選擇以往投資中較為活躍的或者有過較好業績的投資者，希望讓基金管理者重演往日的輝煌。其原因在於受託方的「易得性偏見」和「可用性偏差」對這些基金投資管理者過去的表現通常會持有過度樂觀的心理傾向。這兩種偏見強化了人們心目中的「熱手效應」，即相信一個隨機結果會重複發生，從而錯誤地認為他們挑選出的管理者有能力戰勝市場。但事實證明，「熱手效應」並不存在。

---

① 史金豔. 行為金融理論與應用 [M]. 大連：大連理工大學出版社，2010：84.

在基金的資產配置上，行為投資組合理論（BPT）提出了與現代投資組合理論（MAPT）不同的觀點。其認為讓投資者在現實中去做出最優投資組合是不可能的，他們會因為心理帳戶和對不同資產的風險的不同認識而構建一種金字塔式的投資組合。在這個金字塔結構中，不同層次的資產會被賦予不同的風險態度和投資目標，但人們卻會忽略掉不同層級資產之間存在的相關性。基金的投資管理者也會和個人投資者一樣存在框架依賴現象。在多元化投資中，基金投資人往往會將管理風格的多樣化誤認為是整體的多樣化，投資機構會將資產分配到一系列的心理帳戶中，而每一個帳戶的管理者都有自己的參考水平①。

由於后悔厭惡的存在，行為金融學發現機構的基金管理者與互助基金的管理者在管理行為上有著重要的區別。機構的基金管理者會像財務辦公室的人一樣根據自己覺得合適的標準來選取投資人，為了感到合適，他們手中需要握住權柄，而需要這種合適的原因就是出於「后悔厭惡」。互助基金的管理者則是為投資者提供優厚的回報。機構的管理者由於對投資績效負有責任，會通過把投資決策的責任轉移到投資管理人來減少自己后悔的可能性，如果基金績效良好，他們會為選擇了活躍的投資管理人而驕傲，但出現虧損時，則可以通過責備投資管理人來減輕自己的后悔。而投資管理人也會存在厭惡后悔的心理，他們也可能通過一些行動來減輕對於他們的批評。

2.4.2.3　行為金融學對投資策略的建議

市場中非理性行為的存在，導致了資產價格與價值的偏離，行為金融理論提出合理利用這一偏差可以為投資者帶來風險調整后的超額收益。目前相對成熟的行為金融投資策略包括動量交易策略、反向交易策略、時間分散化策略和價值平均策略等。

反向交易策略是針對市場中存在的過度反應或反應不足而言，投資者在投資過程中往往會對近期表現較好的股票過分關注導致這類股票價格被過分高估，而對業績較差的公司股票過分低估。行為金融論指出，投資者應該買入過去表現差的股票，而賣出表現好的股票進行套利，即「追跌殺漲」。這種策略要求投資者應對股票的價格和價值進行比較，尋找遠離價值的那些股票，以實現從這些股票的未來價值迴歸中獲得較大的利潤。與反向交易策略看法相反的是動量交易策略。該策略認為，如果一個股票在前期表現較好，那麼下一期仍可能有良好的表現。因此，可以買進前期漲幅較大的股票，賣出前期表現較差

---

① 易憲容，趙春明. 行為金融學 [M]. 北京：社會科學文獻出版社，2004：214.

的股票，即「追漲殺跌」。這兩種看似相反的交易策略實際上分別利用了市場的過度反應與反應不足。當投資者普遍反應不足時，應採用動量交易策略，買入強勢股票，賣出弱勢股票進行獲利。而當市場存在反應過度時，應採用反向交易策略。

時間分散化策略認為，投資期限越長，人們承擔風險的能力就越低。因此投資者在進入市場初期將資產更多地配置於風險大、收益高的資產中，而隨著時間的延長，逐漸將這一比例減少轉而更多地配置於低風險的投資品種。具體的時間分散化策略可以分為兩種：一是根據投資者自身的不同階段選擇不同的投資方式的比重；二是根據所持有資產的時間以及對應的風險選擇不同的投資策略，如短期選擇債券、長期選擇股票①。

價值平均策略要求投資者要秉承價值投資的理念，將精力集中於確定價值增長，在價格低時多購入，價格高時多賣出資產。與成本平均策略不同的是，在股票價格上漲時期，價值平均策略要求投資者賣出股票，而成本平均策略在這一時期仍然買入，只是買入的數量較少而已。

行為金融學倡導投資者應努力追求超越市場獲取超額收益，要求投資者應具備比現有市場狀況更為超前的信息，尤其是未公開的信息。同時還要利用其他投資者的認知偏差等心理特點來捕捉投資機會，並集中資金進行集中投資。

---

① 劉澄，徐明威. 投資行為學 [M]. 北京：經濟管理出版社，2011：16.

3 國際養老基金投資行為及其影響因素分析

3.1 國際養老基金投資行為的總體特徵

3.1.1 作為機構投資者的養老基金投資行為特徵

作為機構投資者，養老基金與其他機構投資者一樣有著區別於個人投資者的投資行為特徵，主要包括以下幾方面：

第一，完善的投資決策體系。相比而言，個人投資者往往沒有足夠時間去搜集信息，也缺乏分析行情、判斷走勢的能力，同時對於上市公司的經營情況也缺少足夠的資料去進行數據分析。與個人投資者相比，機構投資者的投資決策行為更為系統化、完備化。面對高度複雜和充滿風險的投資市場，機構投資者的投資決策往往需要通過一定的程序做出。在進行投資決策時，機構投資者要經歷投資授權、投資工具風險分析、投資組合選擇、交易執行和績效評價等環節。各個決策環節又是機構投資者內部各個部門相互協作的產物。一般而言，由於資金實力雄厚，機構投資者擁有專業的部門進行市場研究、信息收集和分析、交易運作、風險防控，並且研究、交易、風險管理等各個部門在決策體系中發揮著各自不同的作用，使得機構投資者的投資決策不完全依賴於某一個人。

這種完備的投資決策系統使得機構投資者的決策更為科學和可持續，能夠較好地避免由於個別投資失誤帶來的致命打擊，也能夠較好地防範機構內部的個人道德風險，其投資行為相對理性化。同時，由於決策成本相對較高，長期投資的特徵在機構投資者身上表現得更為明顯。對於特定的短期波動，機構投

資者往往不會特別關注，對他們的投資行為影響也較小①（見圖3-1）。

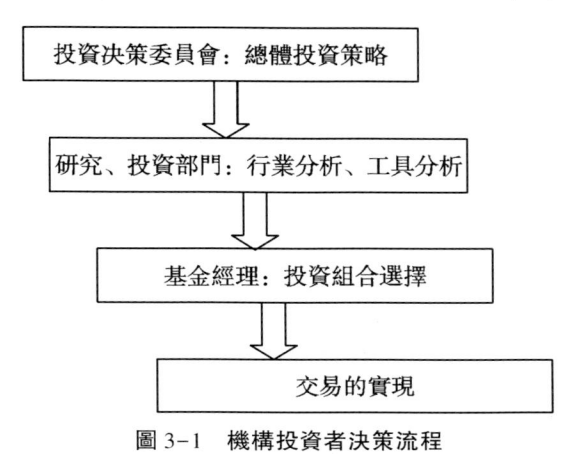

```
┌─────────────────────────────┐
│ 投資決策委員會：總體投資策略 │
└──────────────┬──────────────┘
               ↓
┌─────────────────────────────────┐
│ 研究、投資部門：行業分析、工具分析 │
└──────────────┬──────────────────┘
               ↓
┌─────────────────────────────┐
│ 基金經理：投資組合選擇       │
└──────────────┬──────────────┘
               ↓
┌─────────────────────────────┐
│ 交易的實現                   │
└─────────────────────────────┘
```

圖3-1 機構投資者決策流程

第二，合理的分散化投資結構。現代投資組合理論認為，在既定風險水平下，合理的分散化投資會獲得比未進行分散化投資更高的收益②。個人投資往往由於自身條件所限，難以進行投資組合，往往注重單個投資工具的選擇。而對於擁有龐大資金的機構投資者來說，完全有能力進行分散化投資。機構投資者專業化的管理和多方位的市場分析也為實行分散化投資組合奠定了基礎。在深入研究資產類別的基礎上，機構投資者能夠充分瞭解各種資產的回報和風險，可以通過現代投資組合理論進行較為理性的資產配置決策。除了對各種資產的權重進行分配之外，機構投資者還會對某一資產類別中的各種工具進行配置，如在債券投資中可能涉及國債投資、企業債券投資等工具的分配比例問題。合理的資產配置和分散化策略，使得投資的整體收益與風險相匹配，實現投資風險最小和投資回報最大的基本目標。在機構投資者的分散化投資結構中，還會將投資過程分為戰略性資產配置和戰術性資產配置。戰略性資產配置對整個投資組合部署進行長期決策，而戰術性資產配置則根據短期市場波動進行投資組合的週期性調整。同時，不同的機構投資者在投資行為方式和策略上也各有側重，有的是用複雜技術的基金戰略，有的則採用指數型的保守投資策略。

第三，系統的投資風險管理手段。機構投資者是一個動態開放的複雜系

---

① Raffaele Della Croce, Fiona Stewart, Juan Yermo. 2011. Promoting longer-term investment by institutional investors: selected issues and policies [J]. Financial Market Trends, Vol. 38, No. 2, pp. 180-191.

② Zvi Bodie. 投資學 [M]. 陳收，等，譯. 北京：機械工業出版社，2010：131.

統，正確應對不確定條件下的風險對機構投資者有著不可估量的意義。因而絕大多數機構投資者都有著較為完整的包括風險識別、風險測量和風險控制在內的風險管理體系和獨立的風險管理部門。機構投資者的風險管理體系包括以下內容：首先，有較為完善的法人治理結構和風險控制組織構架，有明確的受託人和有關政策、方針等投資管理文件，有獨立的風險監督、檢查與控制權力，有一致性的投資風險政策。其次，機構投資者擁有較為先進的投資風險測量方法，如風險/收益貢獻分析、壓力測試、后驗測試等。由於機構投資者負債時間、受託責任等方面的不同，所採用的風險管理技術與方法也有所不同。但隨著投資實踐的成熟和金融理論的發展，機構投資者在風險管理技術與方法上逐漸完善。機構投資者的風險管理技術逐漸從負債管理、資產管理、資產負債總和管理逐漸演變到根據戰略要求從整體出發的整合風險管理模式。同時，日益複雜的市場環境使得各種風險變量的相互關係越來越複雜，需要處理的信息也越來越龐大。因而機構投資者在風險管理上越來越依賴數量化工具和計算機手段，大量的模擬方法被廣泛應用，構造了大量能夠對風險進行即時監控並且組織嚴密的綜合風險管理與控制模型。

3.1.2 養老基金與其他機構投資者相區別的行為特徵

由於投資目標、風險容忍度、資產負債時間等因素，養老基金的投資行為與證券投資基金、保險基金等其他機構投資者有著不同的投資管理行為特徵。投資過程中養老基金由於低流動性的要求更偏重於長期投資，且投資渠道更為豐富。在現階段債務驅動型管理模式下養老基金投資更傾向於能夠與長期負債相匹配的投資策略和資產類別，包括指數化投資策略以及對能夠抵禦通貨膨脹風險的房地產、基礎設施投資等。在養老基金社會屬性的影響下，養老基金還包括了一些非財務性投資目標，社會責任投資等已成為養老基金投資的重要方式。

3.1.2.1 更低的流動性偏好，關注長期資產

從資產回報角度，長期投資的回報率十分突出，因而機構投資者在投資過程中都較為關注長期投資[1]。與壽險公司類似，養老基金的支付結構相對穩定並且能夠進行較為精確的計算，同時養老基金的業績評價時間更長，因而養老基金具有更長的投資期限。相比之下，養老基金的流動性偏好更低，能夠充分

---

[1] 大衛·斯文森. 機構投資的創新之路 [M]. 張磊, 等, 譯. 北京：中國人民大學出版社, 2010：11.

利用低流動性要求進行長期投資，獲得較高的收益。從部分國家機構投資者所持有的流動性資產來看，養老基金所持有的包括現金、短期債券、短期貸款等流動性較強的資產占總資產的比重最低，平均為8.6%，而投資基金平均持有20%的流動性資產，保險基金的這一比例約為9%（見圖3-2）。

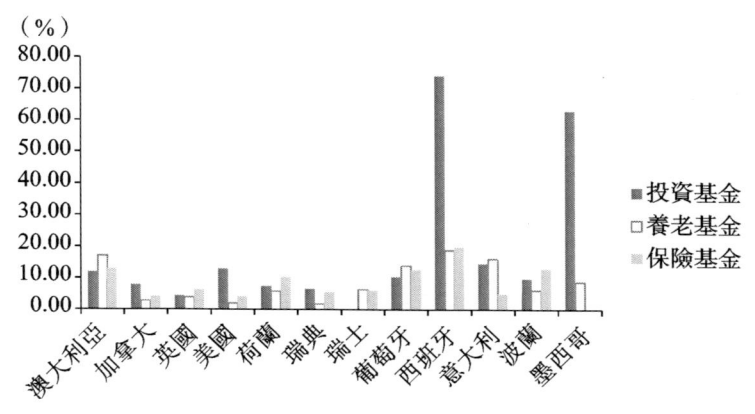

圖3-2 2011年部分國家機構投資者持有流動性資產比例[①]

數據來源：OECD ilibrary。

從圖3-2中可以看到，12個國家中僅澳大利亞的養老基金流動性資產比重明顯高於投資基金和保險基金；義大利、葡萄牙、瑞士的養老基金流動性資產比重與其他基金基本持平；英國、美國、加拿大、荷蘭等國家，養老基金的流動性資產持有率明顯低於投資基金；而西班牙、墨西哥的投資基金則持有大量的流動性資產，分別為74%和63%。

在長期投資領域，養老基金除偏好傳統的長期金融資產如長期債券、股票等外，在基礎設施投資、新能源投資等領域也表現得較為積極。從圖3-3中可以明顯看到，與其他投資基金相比，養老基金所持有的長期資產更多，其中一年以上的資產占總資產的38.7%，投資基金僅為32%。

雖然目前直接投資於基礎設施項目的資金不到全球養老基金的1%（不包括投資上市的基礎設施公司的股權），但基礎設施投資憑藉其與傳統資產類別的低相關性、與養老金資產負債時間的匹配和能夠消除通脹因素等優勢，將成

---

① 圖3-2中的流動性資產主要包括：現金、短期債券、短期貸款等，其中加拿大為2010年數據，缺少加拿大投資基金數據和墨西哥保險基金數據。

图 3-3 养老基金与其他投资基金持有资产时间比较（占总资产百分比）

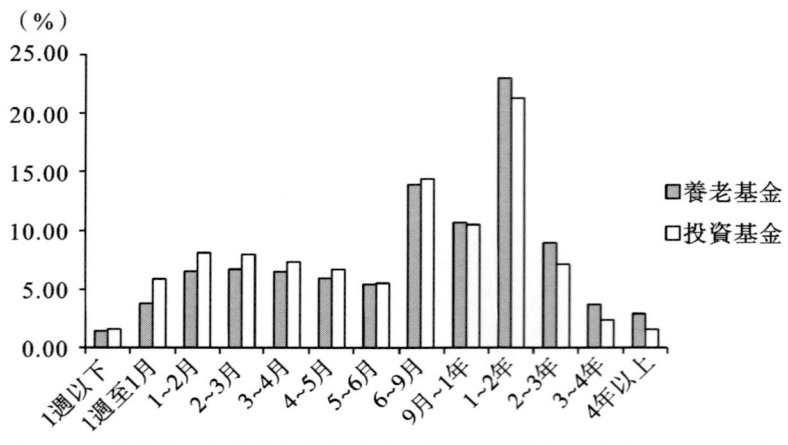

为未来养老基金投资的主要方向之一①。在养老基金基础设施投资全球分佈中，欧洲约为 43%，北美占到 36%，投资较为活跃的国家有澳大利亚、加拿大等国，澳大利亚超级年金在 2000 年以前就开始涉足基础设施投资领域，在某些投资组合中基础设施投资比重占到 10% 以上，加拿大养老基金的基础设施投资也较为活跃，一些基金中的基础设施投资也占到 10% 以上。欧洲养老基金基础设施投资主要在 2005 年之后，英国、法国、西班牙等国的基础设施投资大约占到总资产的 1%~3%，且多数基金的基础设施投资主要通过间接渠道，只有大型养老基金拥有直接投资基础设施的权利。美国的基础设施投资在过去几年较少，主要表现在一些积极性投资基金在国家能源部门的投资。近年来美国基础设施投资有所增加，一些公共养老基金开始进行基础设施直接投资，但大部分养老基金仍是通过其他基金进行投资②。此外，近年来养老基金也开始关注新能源投资。2004—2011 年，养老基金新能源投资共计 120.41 亿美元，其中风能 81.13 亿美元（海洋风能 35.81 亿美元、内陆风能 45.32 亿美元），太阳能 37.34 亿美元（太阳能光伏 1.16 亿美元），生物质能源 1.94 亿美元③。

---

① Raffaele Della Croce. 2011. pension funds investment in infrastructure: policy actions [R/OL]. OECD Working Papers on Finance, Insurance and Private Pensions No. 13, http://www.oecd.org/.

② OECD. 2011. Pension funds investment in infrastructure: A Survey [R/OL]. Working Paper, http://www.oecd.org/.

③ Kaminker, C. and F. Stewart. 2012. The role of institutional investors in financing clean energy [R]. OECD Working Papers on Finance, Insurance and Private Pensions, Vol. 42, No. 23, pp. 121–139.

3.1.2.2 偏好能夠抵禦通貨膨脹的資產

首先，從投資目標上看，養老基金為參與者提供適當的退休后的收入，其投資業績的衡量是與勞動力的平均收入的增長相聯繫的，因而養老基金的投資目標是以實際購買力水平來衡量的。而保險基金和投資基金等機構投資者的投資通常以名義貨幣的增長作為投資目標。因此，養老基金通常更多地選擇能夠抵禦通貨膨脹的資產，如股票和房地產投資等。2010年全球養老基金的另類投資中，房地產投資所占比重最大，為52%，其次為私人股權（21%）、對沖基金（13%）、基礎設施（12%）[①]。在有數據可查的OECD國家中，2011年養老基金房地產投資比例平均為5.9%，而保險資金的房地產投資比例約為3.2%，表明養老基金更青睞於房地產投資。除挪威、冰島外，其余13個國家的養老基金中，房地產投資比例明顯高於保險資金（見圖3-4）。

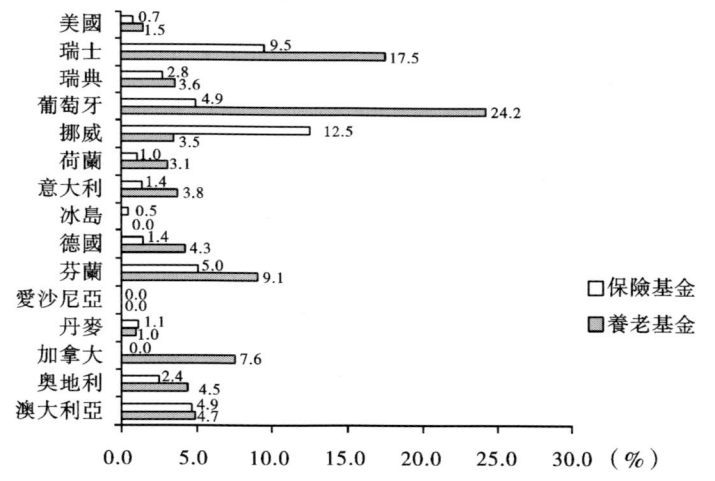

圖3-4　2011年部分OECD國家養老基金與保險資金房地產投資偏好比較

數據來源：OECD StatExtracts，筆者整理。

由於負債特性與負債時間的差別，債務驅動型投資（LDI）策略在養老基金投資中應用廣泛。在債務驅動的背景下，養老基金通過資產負債管理（ALM）利用大量的衍生工具來定制滿足其負債要求的現金流量[②]。因而，養老基金所選擇的投資工具通常包括對沖掉利率風險的長期債券和對沖掉通脹預

[①] Tower Watson. 2011. The global alternatives survey 2010 [EB/OL]. http://www.towerswatson.com/.

[②] Clara Severinson, Juan Yermo. 2012. The effect of solvency regulations and accounting standards on long-term investing [R/OL]. OECD Working Papers, http://www.oecd.org/.

期的通脹掛勾債券，特別是 20~30 年的超長期債券，此類投資工具在其他基金中較少運用。

同時，由於養老基金的長期投資特性，資產的增長通常與一國的經濟發展聯繫在一起。在發達國家的養老基金投資越來越關注新興市場的投資，國際投資在養老基金投資中也運用廣泛。2011 年，在部分國家養老基金與保險資金國外投資情況對比中，多數國家養老基金國外投資比例高於保險資金。除與各國的投資法規相關外，養老基金尋求多樣化配置和長期投資的策略也對養老基金的投資渠道產生了重要影響（見表 3-1）。

表 3-1　　　2011 年養老基金與保險資金國外投資情況對比　　單位：%

國家	養老基金	保險資金
愛沙尼亞	76.37	76.82
盧森堡	56.74	—
葡萄牙	55.40	1.33
荷蘭	42.92	13.34
斯洛伐克	41.64	22.34
斯洛文尼亞	41.53	1.98
瑞士	37.80	—
智利	36.47	36.32
加拿大	29.58	25.38
挪威	26.85	30.77
丹麥	26.75	13.84
冰島	24.85	
日本	19.83	—
捷克	13.90	
以色列	10.97	0
墨西哥	8.44	53.76
土耳其	0.84	—
波蘭	0.48	3.1
西班牙	—	33
瑞典	—	15.99
美國	—	15.01

說明：「—」表示無數據。

數據來源：OECD StatExtracts，筆者整理。

3.1.2.3　消極的投資策略

由於養老基金在目標上的特殊性，實際投資風格上養老基金多偏向於消極投資，指數化投資策略在養老基金中應用得更為廣泛。2000年年末，全球約有6萬億美元的養老金資產，其中投入各類指數基金約2.5萬億美元，美國約有4萬億美元退休金，投入指數基金的1.7萬億美元。2011年美國機構投資者約1/3的持股量被指數化，其中公共養老基金的指數化占到其資產的一半以上。例如加州退休金的股票資產中的75%投入股票型指數基金，紐約教師退休金的這一比例高達93%。企業年金基金的指數化比率約為1/3，共同基金經理則很少採用指數化戰略①。FinEx ETF的調查顯示，歐洲144個養老基金中，38%的基金計劃在未來12個月內增資ETF，其中17%的基金計劃將自己的ETF投資增加到10%以上，另外還有42%的基金表示在3年內增加ETF投資②。養老基金消極投資策略的另一個表現是養老基金的投資活躍程度。近年來，養老基金對於長期投資的關注，另類資產投資比重的增加，使得養老基金的資產持有期限大大高於流動性資產，同時資產的換手率（Turnover）逐漸下降。

從荷蘭有超過80%的投資組合在5年以上的6個大型機構投資者的調查來看，養老基金的平均每只股票的持股時間要略長於投資基金，月換手率低於投資基金（見表3-2）。

表3-2　　2008—2011年荷蘭機構投資者持股時間與換手率調查　　單位：%

基金名稱	基金類型	平均每只股票持有時間（月）	月換手率			
			平均	10	50	90
PEM	養老基金	52.6	9.30	3.70③	7.60	15.70
Spoorweg Pensioen Fonds	養老基金	27.9	8.40	4.00	6.90	13.80
PFZW	養老基金	73.8	2.80	0.10	0.80	5.40
ABP	養老基金	30.6	9.20	0.40	6.50	21.90
Teslin Capital Management	投資基金	42.7	7.40	1.50	4.30	17.90

---

①　BlackRock. 2010. ETFs gain foothold in institutional market [EB/OL]. http://www.blackrockinternational.com/.

②　Kin Ly. 2013. European pension funds up level of ETF investment [R/OL]. Working Papers, http://www.europeanpensions.net/.

③　表示該基金的投資組合中有10%的組合換手率在3.7%以下，以此類推。

表3-2(續)

基金名稱	基金類型	平均每只股票持有時間（月）	月換手率			
			平均	10	50	90
Robeco Hollands Bezit	投資基金	21.5	3.90	0	0	14.10

數據來源：Frans de Roon and Red Slager. 2012. Duration and Turnover of Dutch Equity Ownership: A Case Study of Dutch Institutional Investors, Vol. 38, No. 6, pp. 151–166.

  與其他機構投資者相比，全球養老基金在投資中除將資產配置於現金和存款、股票、債券、另類資產外，還將一部分資產投資放入其他投資基金中通過其他基金的資產配置來進一步分散風險。例如在2011年，34個OECD國家中的28個國家的資產配置中都包含了共同基金（Mutual Funds）投資，其中奧地利、比利時、愛沙尼亞、荷蘭等國家的共同基金投資都在50%以上。養老基金參與共同基金投資不僅滿足了其長期投資的需要，而且在一般情況下共同基金的投資回報要高於債券，短期風險低於直接股票投資，並且不需要養老基金投資管理人進行證券選擇和擇時等積極管理行為，能夠在一定程度上降低基金投資的操作成本（見圖3-5）。

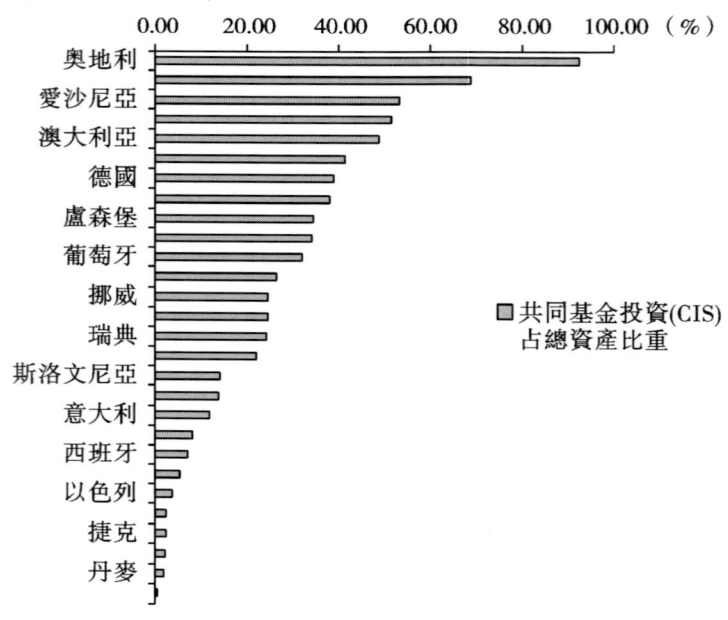

圖3-5 OECD國家共同基金投資占養老基金總資產比重

數據來源：OECD StatExtracts。

3.1.2.4 社會責任投資更多

另外，由於養老基金的特殊地位，人們通常認為養老金融資和就業穩定之間存在內在關聯性，基於這種壓力，養老基金通常會迫於社會壓力進行一些非財務目標的投資①。例如，美國的部分地方公共養老基金必須將部分資產投資於一些專門的項目，以創造更多的就業機會和增加政府的稅收收入，而這類投資的總體回報往往低於其他基金的回報②。同時，由於養老基金的社會屬性，規模龐大的養老基金的投資回報需要與宏觀經濟的總體發展相聯繫，養老基金的投資目標中還應包括促進長期經濟增長和社會發展的要求。因此，近年來，養老基金的社會責任投資在全球範圍內興起。2008 年，機構投資者占整個歐洲社會責任投資市場的 94%，其中養老基金所占份額最大，其次是慈善組織和教會機構③。在養老基金資產中通常包含社會責任投資理念，例如將一些菸草、賭博、軍火等負面投資排除，同時考慮一些能夠促進經濟和社會發展的資產。2011 年在所調查的 88 個歐洲養老基金的投資中，90% 的股票資產和 69% 的債券資產包含了社會責任因素④（見表 3-3）。

表 3-3　　　　　歐洲養老基金資產中包含 SRI 的比重　　　　單位:%

國家	股票	債券	對沖基金	房地產	私人股票/風險資本	現金和存款	其他
奧地利	100	80	0	20	20	80	0
比利時	100	100	50	100	50	100	0
法國	83	83	0	0	0	33	0
德國	50	75	0	50	25	50	0
義大利	100	67	17	0	0	0	0
荷蘭	100	50	29	64	14	0	14
挪威	100	100	44	56	33	44	11

---

① OECD. 養老基金治理與投資 [M]. 孫建勇，等，譯. 北京：中國發展出版社，2007：131.

② Mitchell O S and Hsin P L. 1994. Public pension fund governance and performance [R/OL]. Working Paper No. 4632, 1994, National Bureau of Economic Research.

③ European SRI Study. 2008. http://www.eurosif.org/.

④ Franck Amalric. 2006. Pension funds, corporate responsibility and sustainability [J]. Journal of Investment Management, Vol. 59, No. 4, pp. 440-450.

表3-3(續)

國家	股票	債券	對沖基金	房地產	私人股票/風險資本	現金和存款	其他
瑞典	100	63	63	38	25	50	25
瑞士	100	50	0	100	0	0	50
英國	95	62	43	57	24	0	0
平均（88個養老基金）	90	69	30	42	19	25	7

數據來源：Corporate Pension Funds and Sustainable Investment，2012.

同時，與共同基金、銀行、保險資金相比，養老基金更多地參與到公司治理當中①。相比於其他機構投資者，養老基金經理對來自客戶的壓力更加敏感，因為他們要直接面對客戶，而其他機構投資者不會②。因而他們的風險規避壓力更大，要求他們對投資組合進行消極管理，特別是DB計劃。

3.2 不同歷史時期的國際養老基金投資行為分析

養老金的發展歷史可以追溯到兩千多年前的羅馬帝國，即帝國統治者為保證其統治而建立的帶有強烈政治色彩和引導性的覆蓋公共部門管理者和士兵的養老金制度③。而養老金真正成為一種制度化安排則僅僅發生在近150年前。德國在19世紀80年代建立了第一個國家公共養老保險制度，與此同時，私人養老金計劃也在美國建立④。養老基金的大規模投資運行實踐則出現在二戰以後，戰後歐美國家養老基金開始呈現出爆發性的增長。例如美國的養老金計劃在二戰前僅有1,500個，僅覆蓋約70萬工人，而到1954年，美國共有2萬個

---

① Kochhar, R. David. 1996. Institutional investors and firm innovation: A test of competing hypotheses. Strategic Management Journal, Vol17, No. 9, pp. 73–84.

② Megumi Suto, Masashi Toshino. 2005. Behavioural biases of japanese institutional investors: fund management and corporate governance, Corporate Governance: An International Review, Vol13, No. 4, pp. 466–477.

③ Robert L. Clark, Lee A. Craig, Jack W. Wilson. 2005. A history of public sector pensions in the United States」, Journal of Sociology & Social Welfare, Vol. 32 Issue 1, pp. 155–156.

④ 最早的私人養老金計劃由美國運通公司（1875年）和巴爾迪摩和俄亥俄鐵路公司（1880年）建立。

養老金計劃，覆蓋了 1,000 萬工人，其基金規模也從二戰前的 7.5 億美元增長到 120 億美元。第二次世界大戰結束至今，美國的養老基金投資管理策略可大致分為四個階段：1950 年以前，養老基金投資以安全性為第一原則，主要選擇現金和債券作為投資工具；1950—1980 年，基金管理者將股票投資加入到投資組合之中；1980—2000 年，多元化投資成為主流；2000 年至金融危機，ALM（資產負債管理）成為養老基金投資中所遵循的基本原則。

3.2.1 20 世紀 50 年代以前的養老基金投資行為

由於早期的養老基金投資參照較為嚴格的保險基金投資標準，儘管當局沒有對養老基金持有多少股票資產進行過多限制，但養老基金投資管理人認為股票的投機性太強而將其排除在投資組合之外，將絕大部分資產投資到各類債券。1920—1950 年間美國非保險型私人養老基金投資組合中，政府債券和公司債券約佔到總資產的 3/4 左右，股票資產不到 20%（見表 3-4）。

表 3-4　1922—1952 年美國非保險型私人養老基金資產及投資狀況

單位：百萬美元

基金資產	1922 年	1933 年	1945 年	1952 年
總資產	90	700	2,900	9,000
現金	4	35	87	180
政府債券	9	70	1,305	2,250
固定收益債券	55	420	1,045	4,500
股票	18	140	347	1,800
其他	4	35	116	270

數據來源：James Stafford, The Class Struggle and The Rise of Private Pensions, 1900-1950.

而公共養老基金的投資更為保守，例如 1960 年的美國加利福尼亞養老基金的資產配置中，僅有大學養老基金配置了公司股票，而其他基金則將絕大部分資產配置在債券和政府投資中[①]（見表 3-5）。

---

① Paul L. Howell. 1962.「Management of california pension funds」, California Management Revievw, pp. 33-42.

表 3-5　　　1950 年美國加利福尼亞公共養老基金資產配置狀況　　　單位：%

資產類型	SERS	教師	大學	市政
美國政府證券	25	30	2	15
城市債券	9	8		7
公司債券	65	61	76	74
公司股票			18	
抵押貸款和房地產			1	
現金和其他資產	1	1	3	4

數據來源：Paul L. Howell. 1962.「Management of california pension funds」, California Management Revievw, pp. 33-42.

與美國相似，歐洲國家戰后的養老基金發展也受到保險公司的影響，絕大部分的單個養老金計劃都採取了直接保險的形式。少數國家，如丹麥、挪威、芬蘭、荷蘭等國也嘗試建立非保險型的養老基金，但政府對養老基金仍執行與保險基金監管類似的管理政策。美國的私人養老基金的監管則主要由國家稅務局負責，其監管的主要內容也僅僅涉及養老金計劃的雇員覆蓋率和雇主繳費等方面，直到 1942 年《稅收法》頒布，才開始對養老金計劃的信息披露進行要求。這種狀況一直持續到 1950 年以後。

3.2.2　1950—1970 年的養老基金投資行為

20 世紀 50 年代以來，以美國為代表的養老基金投資管理者開始將養老基金投資認為是「為退休者提供足夠的退休收入而不論是多少錢」的活動，相比於債券資產，股票投資更能夠對沖價格水平的變化，需要採取比保險基金投資更靈活的資產配置。隨著相關法案的出抬和人們對股票投機性質的重新認識，養老基金的股票投資開始逐漸增加。1951—1954 年間，美國養老基金的股票資產從 9.6 億美元增長到 25 億美元，股票資產占總資產的比重也從 15.2% 逐漸上升到 22.3%。到 1957 年年底，股票資產約占到養老金總資產的 1/3。此外，養老基金也逐漸成為美國股票市場重要的機構投資者，至 60 年代末，養老基金已經成為美國股市中最大的購買者。此時，養老基金作為股票市場的穩定器、平衡器的重要作用也開始顯現。1962 年，美國股票市場劇烈下

跌時，養老基金對股市的穩定起到了至關重要的作用①（見表3-6和表3-7）。

表3-6　　　1950—1977年美國私人養老基金投資組合變化

年份	總資產（百萬美元）	活期存款（%）	定期存款（%）	政府有價證券（%）	公司債券（%）	公司股票（%）	抵押（%）	其他（%）
1950	4,135	3.17	0.00	42.20	29.58	8.87	1.02	15.16
1960	38,148	1.43	0.00	7.03	41.15	43.37	3.41	3.61
1970	110,617	1.00	0.63	2.74	26.82	60.65	3.77	4.39
1971	130,520	1.00	0.25	2.09	22.23	67.92	2.80	3.71
1972	156,702	1.00	0.18	2.35	18.00	73.54	1.74	3.19
1973	135,202	1.00	0.80	3.26	22.44	66.95	1.76	3.79
1974	116,568	1.15	3.22	4.75	30.05	54.29	2.03	4.51
1975	148,883	0.97	1.62	7.23	25.39	59.48	1.60	3.71
1976	175,506	0.90	1.33	8.38	22.26	62.50	1.35	3.28
1977	185,467	0.90	2.59	10.86	24.57	54.93	1.47	4.68
1978	—	—	4.5	10.5	10.5	53.8	1.4	—

數據來源：Federal Reserve Flow of Fund Accounts.

表3-7　　　1950—1977年美國政府退休基金資產構成變化

年份	總資產（百萬美元）	活期存款（%）	定期存款（%）	政府債券（%）	公司債券（%）	公司股票（%）	抵押（%）	其他（%）
1950	3,207	2.65	32.33	58	5.92	0.31	0.78	0.01
1960	19,730	1.23	22.33	29.94	36.11	3.04	7.35	0
1970	60,303	0.99	3.37	10.93	58.13	16.75	9.82	0.01
1971	68,972	1.01	3.12	7.89	56.54	22.33	9.11	0
1972	80,568	1.19	2.52	7.07	53.64	27.55	8.03	0
1973	84,655	1.59	2	6.47	57.65	23.86	8.43	0
1974	87,983	2.04	1.12	6.27	63.18	18.64	8.75	0

① Geoffrey N. Calvert. 1969.「Land and real estate as a field of investment for pension funds」, The Appraisal Journal, April, pp. 247–273.

表3-7(續)

年份	總資產（百萬美元）	活期存款（%）	定期存款（%）	政府債券（%）	公司債券（%）	公司股票（%）	抵押（%）	其他（%）
1975	104,708	1.38	1.85	7.25	59.01	23.21	7.2	0.1
1976	120,800	1.17	2.78	7.65	57.07	24.92	6.4	0.01
1977	130,476	1.35	2.77	9.67	56.93	22.99	6.28	0.01

數據來源：Federal Reserve Flow of Fund Accounts.

同時，由於養老基金逐漸成為資本市場中獨立的投資主體，歐美各國針對養老基金投資的一些初步監管規則也先后出抬。在各國的監管規則中，除普遍要求投資需要多樣化以外，具體的規範細則各不相同。例如在歐洲國家中，法國要求養老基金至少將一半的資產投資於政府債券或有政府擔保的債券（Government-guaranteed Bond）中，並限制養老基金投資到雇主本人的商業中。丹麥在1959年出抬的法案中對養老基金投資進行了較為嚴格的規定，而這些規定基本與當時對保險公司的規定相似。這些規定中包括，投資單一公司的股票不能超過基金資產的1%，投資某一公司的股票不能超過該公司股權資本的15%等①。英國則規定，如果未參加人員登記辦公室（The Office of the Registrar of Non-participating Employments，RONPE）發現某一資產的投資比例較高，則要求養老基金降低其債權比例。而美國則是在1959年通過了《福利與養老金計劃披露法案》，法案要求養老金計劃發起人必須將計劃的年度財務報告提供給計劃參與者和受益人，並進行備案②。這一時期的養老基金仍處於發展的初期，各國養老基金投資遠未成熟，雖然養老基金規模快速增長，但養老基金（特別是職業養老金計劃）所提供的收入僅占退休者收入比重的3%左右。

3.2.3 1970—1980年的養老基金投資行為

隨著養老基金投資工具的豐富，20世紀70—80年代的養老基金投資者開始關注養老基金投資風險與收益之間的關係，並希望通過優化投資組合來盡量減少投資過程中的風險與不確定性以實現合適的預期收益率目標。這一階段中股票投資開始取代債券成為養老基金投資的主要領域。例如在1968—1976年

---

① Kleiler, Frank M. 1971.「Regulation of private pension plans」, Monthly Labor Review, No. 4, Vol. 94, pp. 34-39.

② Kleiler, Frank M. 1971.「Regulation of private pension plans」, Monthly Labor Review, No. 4, Vol. 94, pp. 31-34.

美國40個主要私人養老基金投資中,股票投資已經占到總資產的60%~70%,成為最重要的投資工具①。養老基金所持有的股票資產占到了美國股票市場總市值的9.6%,超過了其他機構投資者持股量的總和②(見表3-8)。

表3-8　　　　　　1968—1975年美國40個主要非保險型
　　　　　　　　私人養老基金資產配置與收益狀況　　　　單位:%

養老基金資產	1975	1974	1973	1972	1971	1970	1969	1968
股票	60	56	68	73	68	62	63	63
債券	24	28	21	17	21	24	24	23
其他資產	16	16	11	10	11	14	14	14
收益率(%)	0.03	-16.50	4.50	31.30	19.20	7.90	4.40	15.60

數據來源:SEC Slatistical Bulletin.

由於20世紀70年代中后期,資本主義世界陷入「滯脹」期,較高的通貨膨脹率和股票市場的低迷使得養老基金的實際收益率大打折扣,同時由於養老基金的持續增長和資本市場容量之間的矛盾,並且隨著現代投資理論的興起,養老基金開始尋找更多的投資渠道。例如荷蘭的養老基金中約有10%左右的資產投資於不動產,有些養老基金甚至達到20%~25%。英國的養老基金則將其不動產投資的領域集中在商業地產、城市中心等投資工具上③。專業的養老基金經理都紛紛試圖在可接受風險和潛在收益水平之間對整個投資組合進行具體設計,以達到適當的平衡。這一時期,養老基金的投資管理也逐漸走向成熟。1974年,美國頒布了《雇員退休收入保障法》(Employee Retirement Income Security Act,ERISA)形成了美國養老基金監管體制的完整框架,與ERISA出抬之前養老基金管理中的雇主裁量權不同的是,ERISA要求投資經理遵循「審慎人」規則。同一時期,英國養老基金管理制度也出現了新變化。雖然英國保守黨政府在1973年通過了《社會保障法》,加強職業年金的作用,但保守黨政

---

① Patrick J. Regan. 1977.「The 1976 BEA pension survey」,Financial Management,No. 1,Vol. 6,pp. 48-65.

② J. David Cummins,J. Rrancois Outtreville. 1984. The portfolio behaviour of pension funds in the US:an econometric analysis of changes since the new regulation of 1974」,Applied Economics,No. 5,Vol. 16,pp. 687-701.

③ Peter C. Aldrich,King Upton. 1977.「Real estate investment for pension funds」,Harvard Business Review,Vol. 16,No. 5,pp. 14-16.

府在 1974 年的大選中失敗，上臺工黨政府在 1975 年通過了新的《社會保障法》用國家收入養老金關聯計劃（State Earnings-Related Pension Scheme, SERPS）取代了分級養老金計劃，作為監管機構的未參加人員登記辦公室也被職業養老金管理委員會（The Occupational Pensions Board, OPB）取代，相比於 RONPE，OPB 的功能也得到了擴大，它可以向負責社會保障事務的國務秘書提供關於職業養老金計劃的立法建議，並且要求職業養老金計劃適當地披露信息、向受託人提供諮詢以便更好地遵守法律、幫助受託人修改養老金計劃的規則。

各國養老基金監管制度的完善也對養老基金的投資行為產生了一定影響，1974 年的 ERISA 通過后，美國養老基金投資變得相對保守，養老基金的高風險投資大規模收縮。基金減少了股票市場的投資而政府證券又重新得到一定的重視。同時受到 ERISA 的影響，諸如公司債券免疫、持續期匹配等投資管理方式也開始出現①。1974 年以后美國私人養老基金股票投資份額下降了約 10 個百分點，而政府有價證券的投資份額則逐年增加。此外，ERISA 的頒布還使得基金投資管理成本開始上升，養老基金開始關注指數基金等投資工具②。英國養老基金的投資狀況也較為類似，在整個 20 世紀 70 年代，英國養老基金的股票投資約占到總資產的一半，而債券資產從 40% 下降到 26%，房地產投資則從 2.5% 上升到 16%，年平均回報率約為 3.75%③。但在 70 年代中期，由於第一次世界石油危機和英國的二級銀行和地產危機，英國養老基金的股票資產在 1973 年第一季度到 1974 年第四季度的 8 個季度中下降了 2/3，流動性資產的份額則從 1973 年的 3% 增長到 17% 以上。而隨著股市行情的回升，1975 年以後，英國養老基金的股票資產和流動性資產又恢復到正常水平。隨著養老基金投資管理活動的日益活躍，基金管理成本也出現了大幅上升，例如 1965—1976 年，美國 40 個樣本企業的養老金成本增長了 229%，而這一時期美國的 CPI 指數僅增長了 86%。投資成本的上升也促使養老基金尋找一種最優化的投資組合，實現成本、風險與收益的多重匹配。

3.2.4　1980—1990 年的養老基金投資行為

進入 20 世紀 80 年代，受兩次石油危機的影響、人口老齡化問題凸顯所導

---

① Zvi Bodie. 1990.「Pension funds and financial innovation」, Financial Management, Vol. 19, No. 3, pp. 11-22.

② 美國「Samsonite pension fund」是第一只投資於指數基金的養老基金，投資了 600 萬美元。

③ David Blake. 1989. The investments and returns of private sector pension funds in the UK 1963-1978」, Journal of Economic and Social Measurement, Vol. 15, No. 3-4, pp. 181-224.

致的養老基金財務的不可持續性，使得全世界各個國家都先後走上了改革之路。新自由主義思想在與國家干預主義的交鋒中逐漸勝出，養老金體系私有化改革浪潮在全世界範圍內展開。1979年撒切爾夫人上臺後對英國養老金制度進行了廣泛的私有化改革，供給學派的里根也在積極壓縮公共養老金計劃，IRAs和401K計劃在20世紀80年代迅速發展，至此成為美國最大的兩類養老金資產，也是最具美國特色的養老金計劃。荷蘭、比利時等國家也紛紛出抬了鼓勵私人養老金計劃的政策。積極發展私人養老金計劃成了這一時期西方發達國家養老保險制度改革的主導思想。需要指出的是，以法國、德國為代表的歐盟國家此時仍固守傳統的現收現付模式，僅有瑞典開始探索「名義帳戶」的新模式。在各國的改革進程中，最為引人注目的是智利的個人帳戶式的養老金制度改革（見表3-9、表3-10）。

表3-9　　1970—1989年部分國家私人養老基金規模變化

單位：100萬美元

年份	澳大利亞	加拿大	法國	德國	日本	荷蘭	瑞士	英國	美國
1970			1,244			5,032	4,617	10,704	149,500
1975			3,782	14,681	6,739	18,070	14,478	21,422	289,600
1980		42,066	8,866	31,468	28,563	44,738	34,288	78,000	621,800
1981		44,286	7,948	29,646	36,168	40,225	31,935	79,635	659,200
1982		51,761	7,443	30,248	39,639	42,842	33,530	90,695	781,600
1983		63,371	7,252	31,528	50,278	45,114	35,728	102,071	923,200
1984		65,861	7,411		60,059	44,684	33,857	108,223	994,100
1985	15,362	74,173	8,238		70,805	47,548		130,980	1,186,000
1986	17,158	81,927	11,859		117,412	70,038		178,954	1,339,600
1987		89,741	14,022	55,636	159,219	89,183	78,222	218,579	1,436,000
1988		106,246	14,755		207,434	98,529		245,844	1,745,600
1989		124,432	14,486		218,681	99,710		216,973	

數據來源：Trends in pension 1992.

表3-10　　20世紀80年代部分國家私人養老基金資產配置狀況　　單位：%

資產類別	澳大利亞	加拿大	法國	德國	日本	荷蘭	瑞士	英國	美國
	1986	1989	1989	1989	1988	1989	1987	1989	1986
股票：									
國內	30	31		45	26	8	7	56	26

表3-10(續)

資產類別	澳大利亞	加拿大	法國	德國	日本	荷蘭	瑞士	英國	美國
國外	11	6			16	10		14	
債券：									
國內	19	34	80	37	38	15	30	8	15
國外		0				5		0	
房地產	6	3		6	0	11	17	11	
抵押貸款		3		9	0	4	8	0	
貸款/私募	2	0		0	16	37	17	0	
匯集基金①	18	10		0	0	7	3	19	
現金和短期資產	12	11		2	0	1	10	6	14
其他資產	2	2	20	1	4	8	4	2	26

數據來源：Lorna M. Dailey, John A Turner. 1992. Paying for pensions: an international comparison, Benefits Quarterly. Fourth Quarter, Vol. 8 Issue 4, p6-14.

　　隨著養老基金規模的不斷擴大，各國養老基金除投資於傳統的債券、股票等工具外不斷拓展新的投資渠道，其中養老基金的國際投資逐漸受到英美各國的重視，美國、英國、日本、澳大利亞四國的養老基金海外資產比重分別從1980年的0.7%、7.9%、0.5%、0%，上升到1990年的4.2%、17.8%、7.2%、10.3%。美國的養老基金甚至將投資範圍擴大到了風險投資領域，1981年約有23%的風險資本來源於養老基金，1996年達到了43%②。整個20世紀80年代，養老基金投資管理在全球呈現出多元化的發展趨勢，歐美發達國家的市場化改革、智利的私營化道路、以新加坡為代表的東南亞國家的中央公積金制度等，使得養老基金的投資營運成為全球性問題。各國對養老基金的管理模式與監管規則也不盡相同，集中管理與分散管理成為兩種主要的管理模式，審慎人原則和數量限制原則也體現了兩種不同的監管思路③。而在不同的管理模式和監管原則下，養老基金的投資表現也不同（見表3-11、表3-12）。

　　鑒於私人養老基金在資本市場投資獲得的巨大成功，基於降低管理成本、提高養老基金收益率和避免支付危機等方面的考慮，這一時期，各國政府紛紛通過市場化運動對公共養老金管理體制進行了改革。但事實上，直到今天，相

---

① 匯集基金（Pooled Funds）包括保險公司管理基金、共同基金、投資基金等。
② 蔡建春，等. 美國風險投資的發展模式及啟示［J］. 金融理論與實踐，2003（2）.
③ 林義. 社會保險基金管理［M］. 2版. 北京：中國勞動社會保障出版社，2007：109.

表 3-11　20 世紀 80 年代不同管理模式下部分國家養老基金平均投資收益

國家	管理方式	時期	收益率（%）
秘魯	政府集中管理	1981—1988 年	-37.4
土耳其	政府集中管理	1984—1988 年	-23.8
讚比亞	政府集中管理	1980—1988 年	-23.4
埃及	政府集中管理	1981—1989 年	-11.7
烏干達	政府集中管理	1980—1986 年	-10.0
肯尼亞	政府集中管理	1980—1990 年	0.3
新加坡	政府集中管理	1980—1990 年	3.0
馬來西亞	政府集中管理	1980—1990 年	4.8
美國	政府集中管理	1980—1990 年	4.8
荷蘭（職業年金）	私人分散管理	1980—1990 年	6.7
美國（職業年金）	私人分散管理	1980—1990 年	8.0
英國（職業年金）	私人分散管理	1980—1990 年	8.8
智利	私人分散管理	1981—1990 年	9.2

數據來源：董克用. 養老保險［M］. 北京：中國人民大學出版社，2000：113.

表 3-12　1980—1995 年不同監管規則下養老基金資產組合收益情況　　單位：%

	名義回報	標準差	實際回報	標準差
英國	15.8	8.7	9.8	9.7
美國	13.2	9.2	8.4	10.9
德國	9.7	7	6.7	6.9
日本	8.9	9.1	6.9	9.4
加拿大	12.4	10	7.5	10.6
荷蘭	9.2	6.3	6.3	6.7
瑞典	11.5	15.2	4.9	15.9
採用審慎人原則的國家	11.9	8.7	7.8	9.5
採用數量限制原則的國家	10.6	11.1	5.8	11.4

數據來源：OECD. 養老基金治理與投資［M］. 鄭秉文，譯. 北京：中國發展出版社，2007：161.

比於私人養老基金，大部分公共養老基金的投資渠道仍較為單一，政府限制太多，很少運用現代資產配置理論來指導公共養老基金的投資①。同樣作為市場經濟大國的日本則將養老基金主要投資於基礎設施建設領域，直到1986年才開始將部分年金積立金投資於資本市場。值得一提的是，日本養老基金在以後的大部分時間內受到疲軟的宏觀經濟和股市、房地產泡沫的嚴重衝擊（見表3-13）。

表 3-13　　1980—1991年部分國家公共養老基金資產配置情況　　　單位:%

	年份	政府公債/定期存款	貸款/抵押/住房債券	股票	房地產及其他
加拿大	1991	100	0	0	0
巴基斯坦	1981	100			
哥倫比亞	1982	100			
博茨瓦納	1981	100			
尼泊爾	1980	96	3	1	0
塞內加爾	1980	93	6	1	
盧旺達	1980	82	4	5	8
哥斯達黎加	1987	79	15	0	6
秘魯	1988	76	7	0	17
突尼斯	1990	43	30	0	27
英國	1982	26	58	0	16
厄瓜多爾	1986	10	83	3	3

數據來源：Palacios, Miralles. 2000. International patterns of pension provision. Social Protection Discussion Paper. World Bank.

這一時期養老基金投資領域的另一個新趨勢是以美國為代表的養老基金的機構投資者的意識開始覺醒。他們發現如果因為對上市公司管理者行為不滿而拋售股票，既不明智也不可行。一方面，養老基金可能持有大量的某一公司股票，所有的股票並不能夠如願拋出；另一方面，大量拋售所持有股票將遭受巨大的損失②。因而，養老基金開始放棄一直以來所遵循的「用腳投票」的投資

---

① 林義.社會保險基金管理［M］.2版.北京：中國勞動社會保障出版社，2007：109.
② 劉雲龍.養老金帝國：長期資本戰略的百年大計［M］.北京：中國財政經濟出版社，2012：251.

準則，轉而積極參與所持股的上市公司的經營管理，以期通過對上市公司價值的提升來提升其所持有的股票資產的市值。

3.2.5　1990—2000 年的養老基金投資行為

20 世紀 90 年代是 80 年代全球養老金改革浪潮的延續和發展，世界銀行的「三支柱」體系得到廣泛的認可，成為各國養老金制度改革的主要政策取向。與此同時，拉美國家開始借鑑智利模式對其養老金制度進行改革（墨西哥 1991 年；秘魯 1993 年；阿根廷 1994 年；烏拉圭 1995 年；玻利維亞 1997 年），柏林牆倒塌以後的東歐國家也在世界銀行、IMF 等國際金融機構的積極推動下不約而同地選擇了參照智利或拉美模式進行改革，其中玻利維亞、哈薩克斯坦、墨西哥等國選擇了類似智利的完全私有化做法，阿根廷、烏拉圭、匈牙利、波蘭等國則選擇了公共養老金和私人養老金共同發揮作用的體系①，全球養老基金規模進一步擴大（見表 3-14、表 3-15）。

表 3-14　　部分東歐國家養老基金發展狀況（1996 年年末）

國家	基金數量（只）	占 GDP 百分比（%）
匈牙利	212	0.4
捷克	44	0.14
俄羅斯	1,000	0.05

數據來源：Communication with EU task managers.

表 3-15　　部分南美國家養老基金發展狀況（1996 年年末）

	阿根廷	玻利維亞	巴西	智利	哥倫比亞	薩爾瓦多	墨西哥	秘魯	烏拉圭
總資產（10 億美元）	11.5	0.33	78.3	31.3	2.12	0.05	10.5	1.70	0.37
占 GDP 百分比（%）	3.3	3.90	10.2	40.3	2.10	0.40	2.70	2.50	1.30

數據來源：Villas D.. 1999. Pension reform and financial markets–central america reform project, Discussion Paper, No. 7, Cambridge.

在東歐國家養老基金逐漸發展的同時，東歐轉型國家的基金投資監管制度也逐漸建立起來。在東歐國家中，捷克採取了「審慎人」規則，匈牙利、波

---

① Gregorio Impavido. 1997. Pension reform and the development of pension funds and stock markets in eastern europe [J]. Public Administration and Development, Vol. 34, No. 4, pp. 320-331.

蘭等國則運用數量監管規則，而俄羅斯雖然有養老基金，但監管制度仍然沒有建立起來（見表3-16）。

表3-16　　　　　部分東歐國家的養老基金監管規則

國家	最低資本要求	稅收優惠	投資限制（占總資產百分比,%）			
			政府債券或現金（最低比例）	外國政府債券（最高比例）	股票（最高比例）	房地產（最高比例）
捷克	2,000萬捷克克朗	TTT	無	無	無	無
匈牙利	2,000萬匈牙利福林	EEE	10	30	60	30
波蘭	無	EET	10	30	30	10
斯洛伐克	3,000萬斯洛伐克克朗	EET	無	無	無	20
俄羅斯	無	無	無	無	無	無

數據來源：EBRD, Pension Fund Regulation, 1996.

到1998年年底，全球養老基金的金融總資產已超過10萬億美元。人口老齡化的壓力使1990—1996年OECD國家養老基金資產的年增長率為10.9%，平均占到GDP的38%。到2000年荷蘭、瑞士、冰島、英國、美國的養老基金資產分別占到GDP的113.7%、105.2%、86.4%、78.7%、69.3%[①]。在規模增長的同時，全球養老基金資本市場投資的步伐進一步加快，在20世紀90年代，養老基金投資股票的年增長率在北美地區達到15.2%，歐洲為12.4%，亞太地區為8%，其中日本、荷蘭、英國和美國在2001年的股票資產配置高達50%~90%[②]。不同國家的養老基金投資組合的差異與資本市場的深度、基金的負債結構、監管制度的限制以及投資文化相關[③]（見表3-17、表3-18）。

表3-17　　　　　1996—1997年部分國家和地區養老基金資產狀況

部分國家或地區	1996		1997		1998		1999		2000	
	資產總額（10億美元）	占GDP比重（%）	資產總額（10億美元）	占GDP比重（%）	資產總額（10億美元）	占GDP比重（%）	資產總額（10億美元）	占GDP比重（%）	資產總額（10億美元）	占GDP比重（%）
澳大利亞	192	46	193	46	205	55	271	67	275	70

---

① 林義. 社會保險基金管理 [M]. 2版. 北京：中國勞動社會保障出版社，2007：187.

② 林義. 養老基金與資本市場互動發展的制度分析 [J]. 財經科學，2005（4）.

③ E. P. Davis. 1995. Pension funds retirement income security, and capital markets [J]. An International Perspective, Clarendon Press Oxford, pp. 239.

表3-17(續)

部分國家或地區	1996 資產總額(10億美元)	1996 占GDP比重(%)	1997 資產總額(10億美元)	1997 占GDP比重(%)	1998 資產總額(10億美元)	1998 占GDP比重(%)	1999 資產總額(10億美元)	1999 占GDP比重(%)	2000 資產總額(10億美元)	2000 占GDP比重(%)
巴西							70	12	74	12
加拿大	429	70	517	81	424	69	652	96	668	92
法國	68		72	5	77	5	70	5	85	6
德國	204	8	192	9	172	8	188	9	188	10
中國香港	25	16	17	10	21	13	23	14	31	18
愛爾蘭	33	44	37	45	46	52	49	54	50	52
日本	2,007	43	1,901	45	2,285	59	2,630	54	2,418	52
荷蘭	349	85	365	94	470	117	400	103	441	114
南非							76	57	67	51
瑞士	261	86	294	111	350	128	310	123	310	124
英國	950	79	1,050	79	1,159	81	1,385	92	1,256	85
美國	6,774	87	7,893	95	9,027	103	10,195	109	10,141	102
全球	11,292	58	12,531	64	14,236	72	16,319	76	16,004	

數據來源:Watson Wyatt, Global Pension Assets Study, 2007-2010.

表3-18　　　　　1996—1999年七個國家的養老金市場養老基金資產配置情況　　　　　單位:%

	1994 股票	1994 債券	1994 其他	1996 股票	1996 債券	1996 其他	1997 股票	1997 債券	1997 其他	1998 股票	1998 債券	1998 現金	1998 其他	1999 股票	1999 債券	1999 現金	1999 其他
澳大利亞				51	21	28	51	21	28	53	26	12	9	55	30	7	8
瑞士	11	64	25	16	55	29	16	55	29	18	56	5	21	22	53	4	21
日本	29	63	8	37	48	15	37	48	15	55	45			60	38	1	1
荷蘭	30	58	12	29	59	12	29	59	12	39	39	1	21	47	43	1	9
英國	80	11	9	78	11	13	76	11	13	70	15	4	11	77	13	5	5
加拿大				55	37	8	55	37	8	54	38	3	5	49	39	6	6
美國	52	36	12	58	33	9	58	33	9	65	25	3	7	64	27	3	7

數據來源:Watson Wyatt, Global Pension Assets Study, 2007-2010;EBRD, 1996;De Ryck, 1995.

在20世紀90年代,養老基金與資本市場之間的互動作用受到了充分的重

視。養老基金通過對沖策略和衍生工具的使用激發了資本市場的創新，例如養老基金對固定期限投資工具的要求，導致了零息債券和抵押按揭債務等新金融工具的產生；養老基金的長期負債也刺激了在免疫策略基礎上產生長期CPI指數債券和與指數掛勾的抵押貸款等工具。資本市場的發展又反過來影響養老基金投資組合多樣化的投資產品的範圍和程度。養老基金投資和資本市場隨著養老基金投資管理的逐漸成熟，基金的投資策略也在不斷完善。90年代初期，養老基金的資產配置策略仍以傳統模式為主，即股票債券資產的「四六」分配，並按各資產相關的穩定性以及合理性定價風險，重視管理人的挑選。而到90年代后期，養老基金開始考慮如何通過資產策略和負債管理的整合來發展出一個基於回報與風險的整體投資管理框架。在這種框架下，養老基金在確定投資組合時需要考慮防止利率變化的負債對沖保護、提供一個與由工資增長和通貨膨脹帶來的長期債務增長相匹配的有適度增長潛力的限制風險系數以提高投資回報率，降低資產之間的相關性來最大化基金增長潛力並降低風險等新策略①。在進行資產配置時，基金經理通過改變每個策略的資產配置和風險縫補來校準整個計劃的投資策略，以更好地與資產的責任流相匹配。這種投資管理策略擴展了傳統的股票—債券投資方式，股票用來支持資產的增長，債券則是對沖利率風險的重要工具。在這種投資策略的影響下，使得各國的養老基金資產配置在整個20世紀90年代以及21世紀前10年逐漸趨於穩定。

監管方面，這一時期由於內部治理規則和外部監管缺失導致養老基金損失的最著名案例就是英國麥克斯維爾醜聞（Maxwell scandal）。20世紀90年代初期，麥克斯維爾養老基金向麥克斯維爾所擁有的私人公司借出了一大筆資金，並且在基金的投資組合中大量資產直接投資於該公司。在羅伯特·麥克斯維爾的指導下，基金經理利用貸款抵押去支撐該集團的股價，而增加了基金自我投資的風險。當麥克斯維爾集團倒閉時，8.5萬人的養老金遭受了巨大的損失，有的甚至喪失了全部年金。麥克斯維爾醜聞對90年代養老基金監管政策產生了巨大影響，英國政府於1995年頒布了新的養老金立法——《1995年養老金法案》（The Pension Act 1995），該法案對英國養老金投資監管制度進行了大量的改革，例如引入5%的自我投資比例限制，並提出了一系列的治理標準和基本的審慎投資管理原則。英國政府的角色也從計劃的提供者轉換到市場的規範和監督者的角色上來。《1995年養老金法案》的頒布也確立了當今英國養老基

---

① Mercer Investment Consulting. 2004. Evolutionary changes in pension plan investment strategies [J]. Pension Benefits, No. 9, Vol. 13, pp. 2-3.

金投資監管的基本框架。

3.2.6　2000年至今的國際養老基金投資行為

進入21世紀，養老基金資產總額繼續增加。以OECD國家為例，至2013年年末OECD國家包括職業和個人養老金安排在內的私人養老金市場資產已達36萬億美元，其中養老基金資產為24.7萬億美元，占68.6%；由銀行或投資管理公司提供的退休資產約為7.1萬億美元，占19.7%；由保險公司提供的個人養老保險資金為4.2萬億美元，占11.7%[①]（見圖3-6）。

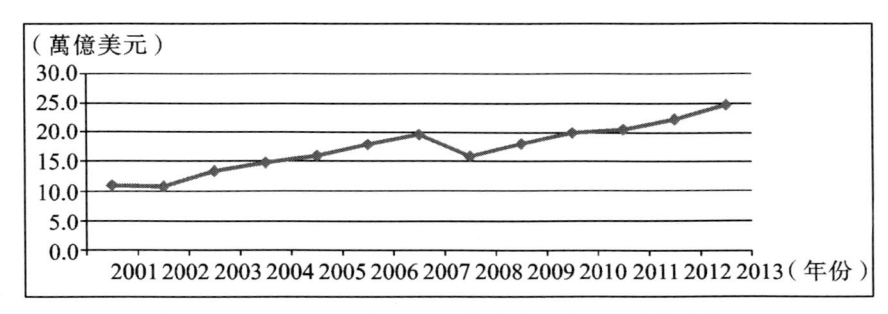

圖3-6　2001—2013年OECD國家養老基金資產變化情況

數據來源：OECD Global Pension Statistics.

近十年中，除主要國家的養老金資產持續增加外，非七國集團的OECD國家的養老金資產也快速增加。其資產占OECD國家養老基金資產總額的比例從2003年的5.2%增長到2013年的7.6%。其中愛沙尼亞、波蘭、捷克等國的資產增長最為迅速，年均增長分別為95.4%、32.6%、25.9%，而美國的資產份額則從61.9%下降到56.3%（見表3-19）。

表3-19　　近十年OECD國家養老基金占OECD國家養老基金總資產的比重變化　　單位：%

國家	2003	2007	2013
美國	61.9	57.5	56.3
英國	9.6	11.2	10.8
澳大利亞	2.7	5.0	5.9

---

① OECD. Pension markets in focus 2012 [EB/OL]. 2012. http://www.oecd.org/els/public-pensions/indicators.htm.

表3-19(續)

國家	2003	2007	2013
荷蘭	4.6	5.8	5.6
日本	9.6	5.9	5.4
加拿大	3.6	4.9	5.1
瑞士	2.7	2.7	3.3
其他國家	5.2	7.0	7.6

數據來源：OECD Global Pension Statistics.

另外，由於人口老齡化程度的逐漸加重，2000年以來各國也在積極提高公共儲備養老金部分的資產。2010年年末，此類資金的規模也達到4.8萬億美元左右①。

表 3-20　　2000年以來部分國家養老儲備基金發展情況

國家	基金或機構名稱	建立時間（年）	資產		
			10億美元	占GDP百分比（%）	增長率（%）
美國	社會保障信託基金（Social Security Trust Fund）	1940	2609	17.9	2.7
日本	政府養老投資基金（Government Pension Investment Fund）	2006	1,313	25.9	
韓國	國家養老基金（National Pension Fund）	1988	280	27.6	16.7
加拿大	加拿大養老金計劃（Canadian Pension Plan）	1997	136	8.6	13
瑞典	國家養老基金（National Pension Fund）	2000	124.7	27.2	8.1
西班牙	社會保障儲備基金（Social Security Reserve Fund）	1997	85.3	6.1	7.3
法國	AGIRC-ARRCO		71.7	2.7	
澳大利亞	未來基金（Future Fund）	2006	65.8	5.5	8.4
法國	養老儲備基金（Pension Reserve Fund）	1999	49	1.9	11.1
愛爾蘭	國民養老儲備基金（National Pension Reserve Fund）	2000	32.3	15.9	9.3

① Robert Holzmann. 2013. Global pension systems and their reform: worldwide drivers, trends, and challenges [J]. International Social Security Review, No. 2, Vol. 66, pp. 1-29.

表3-20(續)

國家	基金或機構名稱	建立時間(年)	資產		
			10億美元	占GDP百分比(%)	增長率(%)
比利時	Zilverfonds	2001	23.3	5	4.3
挪威	政府養老基金（Government Pension Fund）	2006	23.1	5.6	16.9
葡萄牙	社會保障財務穩定基金（Social Security Financial Stabilization Fund）	1989	12.8	5.6	2.5
新西蘭	新西蘭退休基金（New Zealand Superannuation Fund）	2001	11.2	7.9	17.1
智利	養老儲備基金（Pension Reserve Fund）	2006	3.8	1.9	12.2
墨西哥	IMSS Reserve		3.6	0.3	-6.7
波蘭	人口儲備基金（Demographic Reserve Fund）	2002	3.4	0.7	39.1
沙特	General Organisation for Social Insurance	1969	400	106.4	
中國	全國社會保障基金	2001	126.5	2.2	10.3
阿根廷	發展保證基金（Sustainability Guarantee Fund）	2007	45.7	12.3	26.4

數據來源：OECD, Pension Market in Focus, 2011.

　　這一階段，全球養老基金投資更加多元化。隨著「審慎人」規則受到越來越多的國家的青睞，養老基金的投資渠道也變得更加豐富。農地投資、森林投資、綠色投資等概念逐漸加入到養老基金投資當中。由於資產—負債匹配策略的影響，養老基金資產中的非股票—債券比重逐漸增加。從圖3-7中可以看到，首先，股票、債券、現金以外的其他資產投資在1999—2012年增長了14%，多元化投資組合更加完善。其次，養老基金投資的區域化也進一步分散，新興市場投資得到相當程度的重視。最后，資產配置也呈現出動態化趨勢，「債務驅動」型投資策略得到進一步發展。

　　整個21世紀前十年，對養老基金投資活動影響較大的事件是2008年以來的國際金融危機和歐洲債務危機。雖然作為一種長期資產配置，並不十分看重短期金融經濟波動帶來的影響，但短期的巨額損失仍讓養老基金重新審視投資中面臨的各種風險。2008年以後各國對養老基金投資策略也進行了部分調整。金融危機對養老基金帶來了至少三個方面的影響：①資本市場的快速下跌使得養老金資產大幅度縮水，2008年度OECD國家私人養老金資產共損失5.4萬億

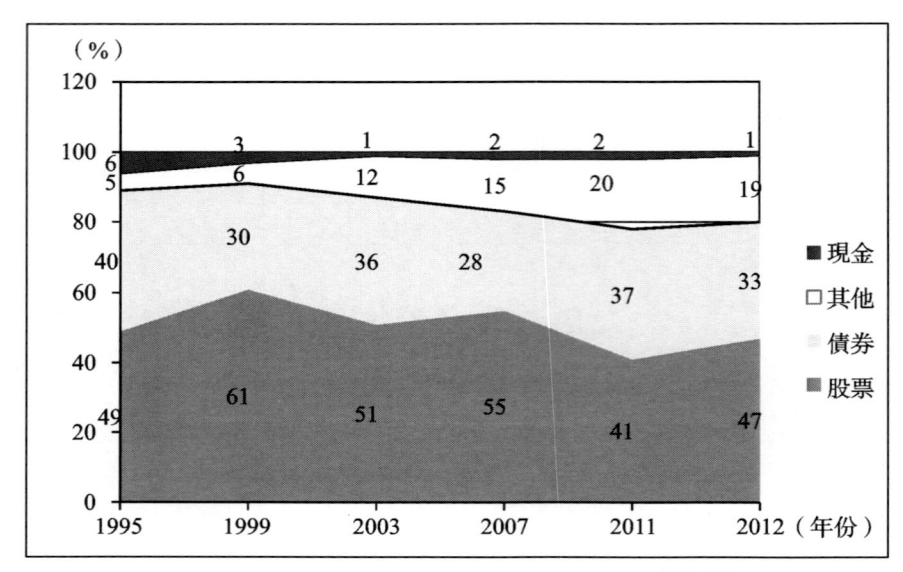

图 3-7　1995—2012 年 7 个主要养老金市场资产配置变化

数据来源：Watson Wyatt, Global Pension Assets Study, 2013.

美元，平均缩水 23%[①]。②金融危机大幅降低了养老基金的投资回报率，提高了养老基金的负债水平。③金融市场风险的增加降低了养老基金的风险偏好，债券等保守资产持有量增加（见图 3-8）。

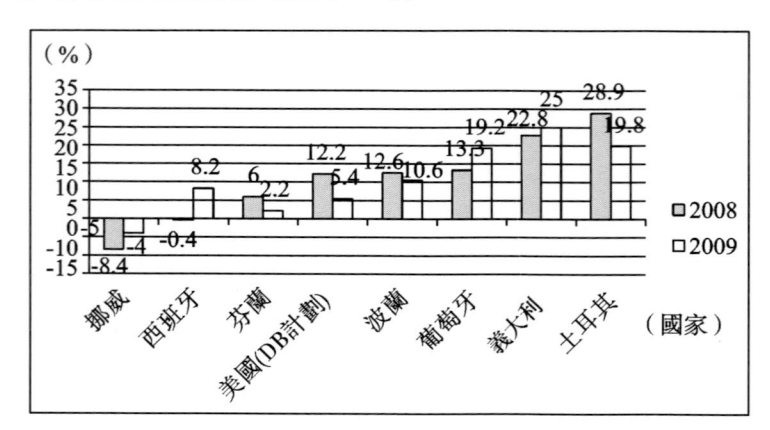

图 3-8　2008—2009 年部分国家债券投资比例增减变化

数据来源：OECD, Pension Market in Focus, 2011.

[①] OECD. 2009. Pensions at a Glance 2009 [EB/OL]. http://www.oecd.org/els/public-pensions/indicators.htm.

除挪威外，圖3-8中8個國家的養老基金債券投資比例都有不同程度的增加。但在股票投資方面，一些國家在金融危機後減少了股票投資的比例。而挪威、義大利、土耳其、波蘭等國則增加了股票投資的比例，養老基金對穩定股票市場發揮了一定的作用。全球金融危機後，由於投資週期變短，且股票和債券間的關聯度變高，養老基金的資產配置也更動態化①（見圖3-9）。

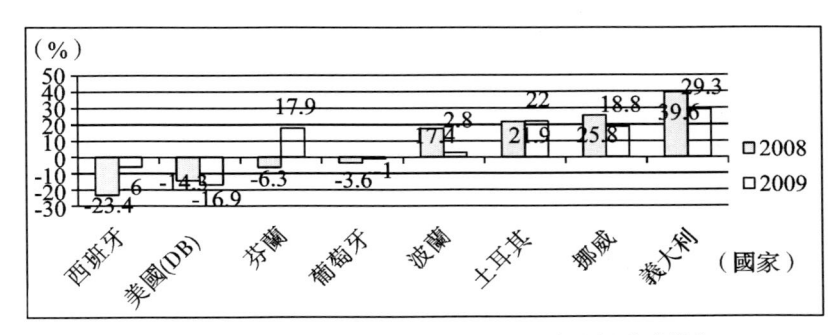

圖3-9　2008—2009年部分國家股票投資比例增減變化

數據來源：OECD，Pension Market in Focus，2011.

全球金融危機也促使養老基金重新考慮另類資產在多樣化投資中的作用。另類投資中，對沖基金、股權私募基金等投資比例有一定的增加。例如2009年3月，丹麥社保基金ATP宣布制訂一個可持續的「綠色」戰略投資計劃，該計劃以森林作為投資對象和一種新型資產，旨在將重心放在「氣候變化投資」上。該社保基金還宣布，第一筆綠色投資行動是在美國紐約州哈得遜流域上游購買一塊3.8萬公頃（9.5萬英畝）的森林，首次付款3,500萬美元，合同額高達5.7億美元。2009年4月3日，挪威財政部在呈交給議會的一份報告中稱，作為世界最大的主權養老基金，「挪威政府全球養老基金」在未來5年將在新興市場國家投資環保業330億美元②。

除投資組合的變化外，金融危機的出現也使得養老基金對投資監管、治理結構、風險防控等因素進行了重估。風險防控與預測方面，傳統的如VAR、信用風險模型等風險管理工具受到了養老基金研究者和投資者的批評，投資者開始尋找一些新的能夠完善現有風險計量的新工具，並試圖開發更完善的風險評估框架。養老金的負債對養老基金的投資管理起著至關重要的作用，傳統的

---

① Pablo Pablo Antolin, Fiona Stewart. 2009. Private pensions and policy responses to the financial and economic crisis [J]. Financial Market Trends, No. 1, Vol. 48, pp. 127-141.

② 鄭秉文. 金融危機引發社保制度改革不斷深化 [N]. 中國證券報，2009-07-06.

養老基金投資管理將重點放在跑贏市場指數，但投資戰略卻有明顯的局限性，低利率的市場環境增加了養老基金的負債，導致養老基金的短期巨大損失。養老基金開始意識到投資中最重要的並不是如何複製債券和指數，而是如何平衡資產的負債規模與負債時間。因此，資產與負債共同移動時的整體風險特徵越來越受到投資管理者的重視，部分大型養老基金還專門成立了內部風險防控部門。在監管規則方面，大部分國家仍維持了原有的監管制度，僅有部分國家在2008年以後做出了一些新的小範圍的調整（見表3-21）。

表 3-21　　　　2008 年以后部分國家養老基金監管政策調整

國家	時間	調整內容
哥倫比亞	2009	允許開發新的投資渠道，包括「基金的基金」、商品基金、國外發行的結構性產品
墨西哥	2009	增加新的投資工具，包括在墨西哥股票市場上市的私人股本、IPO、不包括任何授權的股票指數的個股。
斯洛伐克	2009	國外共同基金投資（CIS）上限從50%調整到25%，單一銀行的現金和存款不超過10%
瑞士	2009	國外投資不超過30%，將外幣資產的分項限額改為單一外幣的資產不超過30%。房地產投資的上限從50%降為30%，抵押貸款上限從75%降為50%
智利	2010	提高國外投資的上限，五種基金分別為：85%（A）、75%（B）、65%（C）、35%（D）、30%（E）
匈牙利	2010	回購交易不超過養老基金的20%，且只能是政府發行的證券
土耳其	2010	投資基金和銀行存款的上限從10%增加到20%，在特定條件下允許投資衍生工具

數據來源：OECD, Survey Of Investment Regulation Of Pension Funds（2009-2011）.

3.3　不同制度模式下的國際養老基金投資行為分析

3.3.1　不同管理模式下的養老基金投資行為

養老基金根據管理機構的不同可分為公共養老基金和私人養老基金。公共養老基金[①]一般指由政府部門或其委託的公共管理部門負責的養老基金；私人

---

① 這裡所比較的公共養老基金不包括公共儲備養老基金。

養老基金則由私營的基金管理機構用市場機制管理。公共養老金在很多國家仍然實行低儲備的現收現付制，但也有大量發達國家和發展中國家在公共養老金領域進行了部分的基金累積。從目前全球養老基金支付情況看，公共養老基金仍是養老基金中的主要部分。圖 3-10 中的 OECD 國家，公共養老基金的養老保險支出占 GDP 的 7%左右，私人養老基金為 GDP 的 2%，僅有澳大利亞、冰島的私人養老基金支出高於公共養老基金。然而在養老金資產方面，七個主要的養老金市場中，私營養老基金資產占到了 65%，另 35%的資產來自於公共部門，英國和澳大利亞的私人養老基金分別持有 88%和 85%的養老基金資產，只有日本和加拿大兩國的公共部門養老金資產超過了私營部門，公共部門分別持有 71%和 61%的養老基金資產。

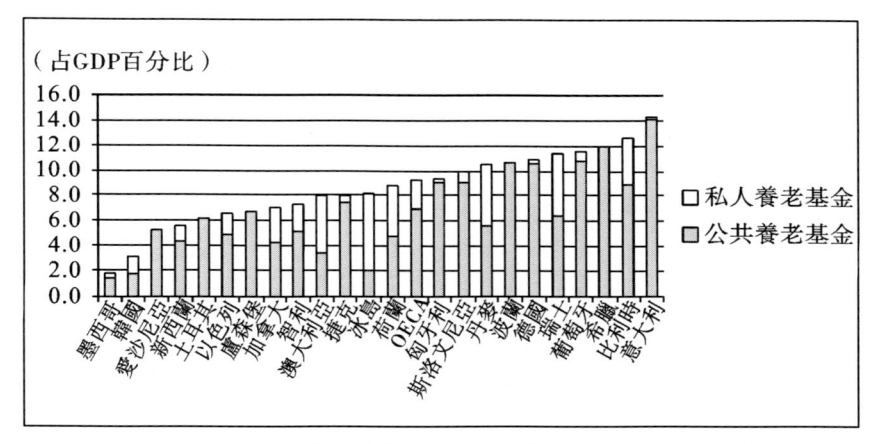

圖 3-10　2012 年公共養老基金支出與私人養老基金支出比較

數據來源：OECD, Pension Market in Focus, 2013.

由於管理機構性質的不同，兩類養老基金在投資行為上存在著一定的差異。通常，公共養老基金由於政府集中管理具有規模效應，可以避免市場競爭帶來的成本。但是在大多數國家這種優勢通常被薄弱的治理結構、低水平的透明度和由於政府干預帶來的獨立性不足所帶來的低投資績效所抵消[1]。相比之下，分散的私人養老基金雖然在市場競爭的作用下有較高的管理成本，但投資收益率也往往較高[2]。資產配置方面，公共養老基金容易受到政治壓力和國家

---

[1]　Gregorio Impavido, Ronan O'Connor, Dimitri Vittas. 2008. Improving the investment performance of public pension funds: lessons for the social insurance fund of cyprus from the experience of four OECD countries [J]. Cyprus Economic Policy Review, Vol. 2, No. 2, pp. 3-35.

[2]　林義. 社會保險基金管理 [M]. 2 版. 北京：中國勞動社會保障出版社，2007：71.

社會發展目標的影響，甚至向正在衰落的國有企業提供貸款，而私人養老基金則能夠更單純地追求高回報。歷史上大量的公共養老基金被迫投資於政府債券、住房貸款等低利率的資產，同時被禁止投資於外國資產。例如全球最大的公共養老基金之一的日本養老基金的資產配置中，75%左右投資於債券，股票投資約為20%①。20世紀80—90年代，絕大部分國家的公共養老基金都以債券投資為主，較少涉及股票和另類資產投資（見表3-22）。

表3-22　　1980—1990年部分國家公共養老基金投資組合情況②

國家	年份	政府債券/固定收益	租借/抵押貸款/住房債券	股票	房地產/其他
加拿大（CPP）	1991	100	0	0	0
埃及	1995	100	0	0	0
巴基斯坦	1981	100	0	0	0
斯里蘭卡	1997	100	0	0	0
瑞士	1997	100	0	0	0
美國	1997	100	0	0	0
也門	1996	100	0	0	0
哥倫比亞	1982	100	0	0	0
印度	1995	100	0	0	0
委內瑞拉	1981	100	0	0	0
尼日爾	1980	96	3	1	0
塞內加爾	1980	93	6	1	0
牙買加	1987	91	9	0	0
坦桑尼亞	1996	90	0	0	10
韓國	1997	89	3	3	6
盧旺達	1980	83	4	5	8

① Nobusuke Tamaki. 2012. Managing public pension reserve funds: the case of the Government Pension Investment Fund (GPIF) of Japan [J]. Rotman International Journal of Pension Management, Vol. 5. No. 2 pp. 135-148.

② Augusto Iglesias, Robert J. Palacios. 2000. Managing public pension reserves Part I: evidence from the international experience [EB/OL]. The World Bank, http://www.worldbank.org/sp.

表3-22(續)

國家	年份	政府債券/固定收益	租借/抵押貸款/住房債券	股票	房地產/其他
埃塞俄比亞	1996	80	0	0	20
哥斯達黎加	1987	79	15	0	6
布隆迪	1981	77	9	6	8
秘魯	1988	76	7	0	17
肯尼亞	1994	73	0	11	16
烏干達	1994	68	8	1	23
日本	1995	64	17	19	0
馬來西亞	1996	63	21	15	1
多哥	1981	59	1	3	37
摩洛哥	1994	58	32	7	3
喀麥隆	1989	57	40	2	1
毛里求斯	1996	56	0	2	42
約旦	1995	52	25	17	6
菲律賓	1995	44	38	10	8
突尼斯	1990	43	30	0	27
瑞典	1996	42	40	0	18
蘇丹	1982	26	58	0	16
厄瓜多爾	1986	10	83	3	4

數據來源：Palacios and Pallares (2000).

在部分高通脹的國家，公共養老基金的實際利率往往為負，即使在名義利率高於通脹率的國家中，公共養老基金的投資收益也要遠遠低於私人養老基金的投資收益[1]。20世紀80—90年代，大部分國家的公共養老基金投資收益率遠遠低於私營養老基金。整個80年代，在10個進行投資運作的中央公共養老基金中，僅有馬來西亞、新加坡、印度三國的實際投資收益為正，智利、英

---

[1] Impavido G. 2007. Governance of public pension plans: the importance of residual claimants, in John Piggott, Michael Orszag and John Evans (eds): Pension Fund Governance: a Global Perspective on Financial Regulation. Sydney: Elgar.

國、美國、荷蘭等國的私人養老基金則取得了良好的投資收益（見表3-23）。

表3-23　20世紀80年代公共養老基金與私人養老基金投資收益比較　　單位：%

基金類型	國家	實際投資收益率
公共養老基金	秘魯	-37
	土耳其	-23.8
	讚比亞	-23.4
	委內瑞拉	-15.3
	埃及	-15.3
	厄瓜多爾	-11.7
	肯尼亞	-3.8
	印度	0.3
	新加坡	3
	馬來西亞	4.6
私人養老基金	荷蘭	6.7
	美國	8
	英國	8.8
	智利	9.2

數據來源：World Bank 1994.

對此，近年來部分國家為了提高公共養老基金的投資績效通過改變治理結構和投資管理機制等方式在公共養老基金投資領域進行了一系列改革，有的國家甚至建立了一個擁有強有力的治理結構和獨立於政府的高透明度的投資管理機制的新基金。在資產配置方面，公共養老基金開始向更廣泛的投資領域延伸。例如加拿大的公共養老基金將重點放在基礎設施和物業投資領域，並通過內部管理投資組合和直接投資獲得了高投資回報[①]。美國公共養老基金的固定收益和現金持有比例從20世紀80年代的57%下降到28%左右，股票資產比重從38%上升到52%。2012年，美國公共養老基金的另類資產比重與固定收益比重相當。在另類資產方面，20世紀80、90年代美國公共養老基金的另類資產投資幾乎為房地產，而近年來他們已經開始投資於私募股權和對沖基金等領域[②]。到2012年，美國公共養老基金的資產配置與私人養老基金資產配置情況基本一致（見表3-24、圖3-11）。

---

① Montreal, Toronto. 2012. Canada's pension funds Maple revolutionaries Canada's public pension funds are changing the deal-making landscape.

② Ronnie G. Jung, Nari Rhee. 2013. How do Public Pension Invest?

表 3-24　近 30 年來美國公共養老基金資產配置占總資產百分比的變化

單位:%

年份	股票	固定收益	現金等價物	另類資產
1984—1994 年	38	49.8	7.3	4.9
1995—2000 年	57.5	34.2	2.4	5.9
2001—2007 年	60.1	28.7	1.6	9.6
2008—2011 年	52.2	26.7	1.7	19.4

數據來源：Pension&Investments annual plan sponsor survey，1984-2011. 筆者整理。

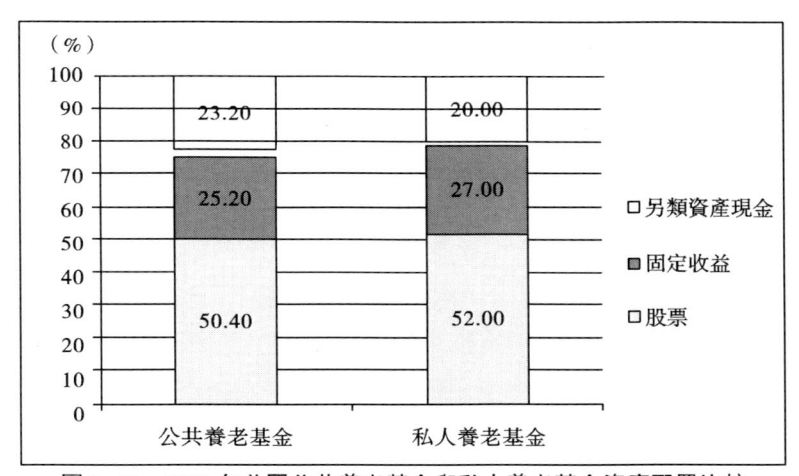

圖 3-11　2012 年美國公共養老基金與私人養老基金資產配置比較

數據來源：Towers Waston and secondary sources（2013），Federal Reserve Statistical Release（2005-2012）。

雖然公共養老基金的股票投資比例與私人養老基金類似，但是在股票選擇上，美國各州和地方養老基金所持有的大公司股票（S&P 500）占到所有股票投資的 84%。儘管公共養老基金正在努力脫離政治干擾，但投資決策中仍受到本地政府發展目標的影響。例如美國各州和地方養老基金的股票中約有 1/3 為本地區股票，約占到市場權重的 1.5%[①]，而私人養老基金的本地區持股比例約為 15%～24%。另外，公共養老基金中的腐敗問題要比私人養老基金嚴重得多。但從具體的風險控制和市場反應來看，公共養老基金表現得更為謹慎，主要表現在：積極地回應價格變化，對資產進行定期再平衡。當雇主繳費率較高時持有較少量的股

---

① Jeffrey R. Brown. 2009. The investment behavior of state pension plans［R/OL］. Working Paper, http：//citeseerx. ist. psu. edu/.

票資產，這表明公共養老基金在虧損后想要避免更積極投資的壓力。當累積水平較高時持有較高比例的風險資產，並根據財務狀況調整計劃的資產配置。

而在另一些國家，公共養老基金的投資仍然要比私人養老基金保守得多。例如在對印度尼西亞的公共養老基金和私人養老基金的投資比較中，政府管理的三大類公共養老基金①（TASPEN、ASABRI、JAMSOSTEK）的資產配置主要以存款和債券為主，其中 TASPEN 和 ASABRI 的固定收益投資分別為總資產的 97%和 99%，JAMSOSTEK 的資產配置要豐富一些，但固定收益投資比重仍占到總資產的 84%。私人養老基金的資產配置更為多樣化，非固定收益投資占到了總資產的 26%，遠遠高於公共養老基金（見表 3-25）。

表 3-25　　　　　　2006 年印度尼西亞公共養老基金與
私人養老基金投資組合比較　　　　　　單位:%

基金	定期存款	政府債券	公司債券	股票	直接投資	共同基金	房地產
TASPEN	22	63	12	3			
ASABRI	68	26	5			1	
JAMSOSTEK	48	27	9	13		2	1
私人養老基金	25	26	23	10	8	4	4

數據來源：Angelini, Kenichi Hirose. 2008. Extension of social security coverage for the informal economy in Indonesia, ILO Working Paper.

政府對所有形式的養老基金投資政策產生了影響，在投資管理中，私人養老基金依賴於有利的稅收待遇，但需要受到一定的投資限制，公共養老基金在此方面的限制則要少得多。即便如此，總體來看，私人養老基金的投資活動要比公共養老基金活躍得多，公共養老基金的投資行為更為謹慎，但無論在投資分散化程度和投資績效上私人養老基金都要高於公共養老基金。

3.3.2　不同受益方式下的養老基金投資行為

DB 計劃與 DC 計劃的優劣一直是養老金領域的爭論焦點之一。在基金的投資行為方面，DB 計劃與 DC 計劃也存在著一定差異。從資產份額來看，目前全球 OECD 國家養老基金中 DB 計劃約占 65%左右，DC 計劃資產為 35%。DC 計劃資產的份額在近十年中有所上升，從 30%上升到 35%（見圖 3-12）。

---

①　在印度尼西亞的公共養老基金中，JAMSOSTEK 的資產最多，約占 67%，其次為 TASPEN，約為 28%。

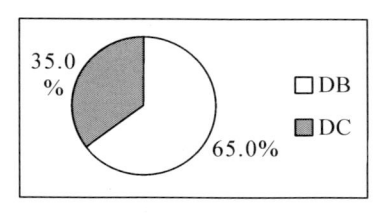

图 3-12 OECD 國家 DB 和 DC 計劃資產比例

數據來源：OECD Global Pension Statistics

　　從各國的實際選擇看，在圖 3-13 所選擇的 33 個國家或地區中，有 12 個國家的養老金全部採用 DC 計劃，如東歐的塞爾維亞、保加利亞、波蘭、斯洛伐克、捷克等國和南美的智利、秘魯等國。有 3 個國家的養老基金卻只有 DB 計劃，包括北歐的芬蘭、挪威等國。加拿大的 DC 計劃也只占養老金總資產的 3%。17 個國家則 DB 和 DC 計劃皆有，但比重各不相同，美國的 DB 計劃約為 60%，DC 計劃為 40% 左右。

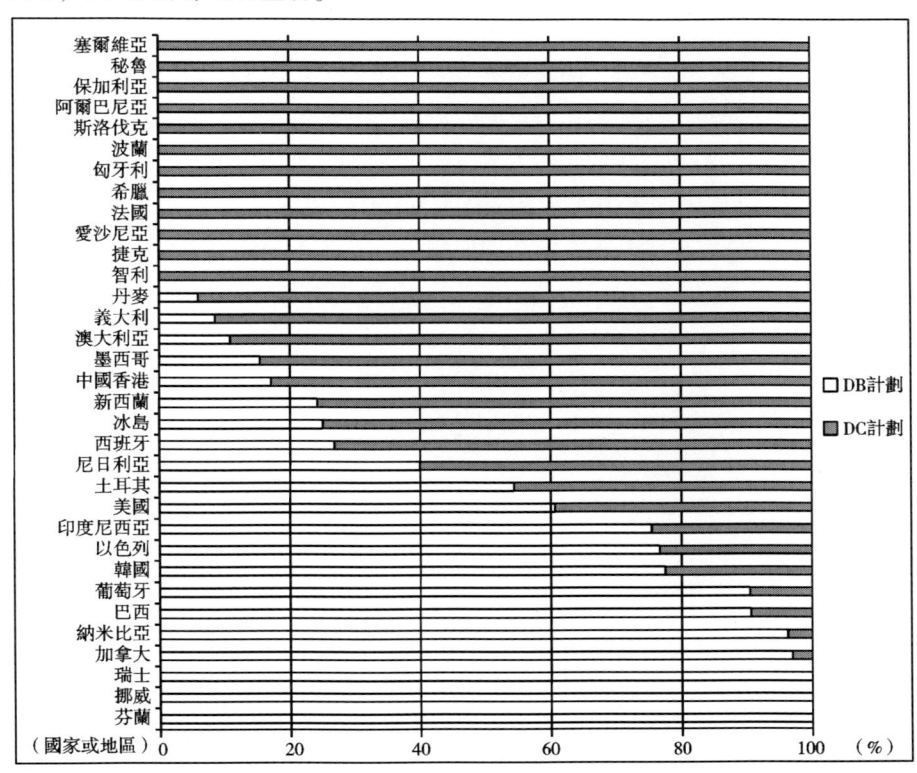

圖 3-13　部分國家或地區養老基金資產中 DB 計劃與 DC 計劃所占份額

數據來源：OECD Global Pension Statistics.

3　國際養老基金投資行為及其影響因素分析 | 79

由於兩種計劃所承擔的風險和負債結構的差異，DB 和 DC 計劃的關注點也不一樣，在實際投資風格和行為上各有不同。DB 型養老基金有確定的負債義務，而 DC 計劃的負債義務是不確定的，因而 DB 計劃存在償付風險和資產負債不匹配的風險，DC 計劃的風險要小於 DB 計劃。但無論是 DB 還是 DC 都同樣面臨市場風險、信用風險、操作風險、流動性風險和法律風險。對 DB 計劃投資管理人來說其面臨的主要風險包括契約風險、聲譽風險、監管風險、通脹風險和利率風險，而操作風險和支出風險對其影響較小。Investment & Pensions Europe（2008）的調查發現，在投資管理過程中，DB 計劃的基金經理最關注的內容是計劃的籌資水平和資產負債的匹配程度，其次為改善資產配置結構，並通過另類投資尋求高的投資回報。再次為降低財務報表的波動性和應對監管變化，而較少關注為計劃參加者提供更高的退休收入和尋求簡單的和高品質的投資選擇，最不關心的問題是尋找新的基於生活方式和年齡變化的投資產品。對於 DC 計劃的投資管理人來說，他們並不關心籌資水平和資產負債的匹配程度，他們最關心的問題是如何在保證資金安全的情況下獲得穩定的投資收益、追求簡單和有質量的投資以及尋求與生活方式和年齡結構變化相適應的投資工具。同時他們還關注資產配置結構的改善和避免短期業績下滑，以及盡可能地提高計劃參與者的退休收入。

從圖 3-14 中可以看到，有 80% 以上的 DC 計劃資產管理人認為獲得穩定的投資收益和資本保護是最重要的問題之一，幾乎不關注資產與債務的匹配

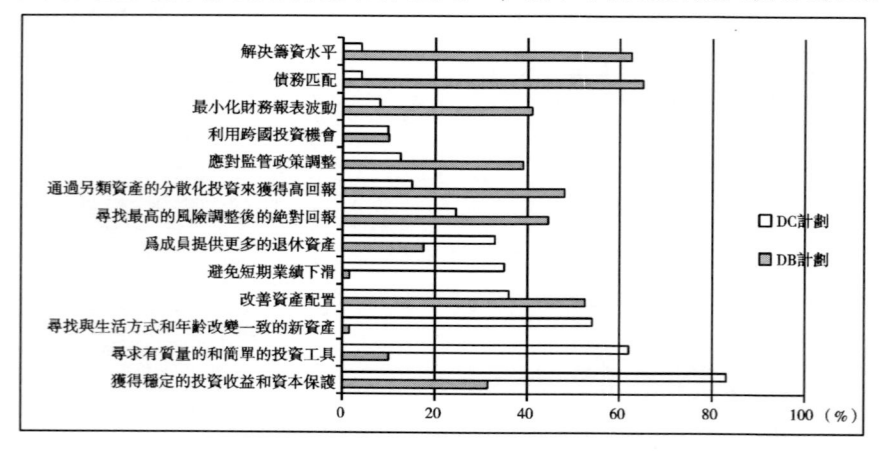

圖 3-14　DB 和 DC 計劃基金經理最關注的問題的調查結果

數據來源：Amin Rajan. 2011. DB & DC plans: strengthening their dlivery, investment & pensions Europe. http://www.create-research.co.uk.

性。而60%以上的DB計劃管理人認為提高籌資水平和負債匹配是最重要的工作。

不同的關注重點也表現在不同的投資行為上。在資產配置方面，韜睿惠悅2011年對142個養老基金的調查，也體現出DB計劃希望通過另類資產的分散化配置來獲得較高的收入。

表3-26中可以看到，DB計劃的房地長投資和其他投資占到資產的17%，而DC計劃僅有8%[1]，同時DB計劃持有更多的固定收益資產，DC計劃的股票投資更多，表現出DB計劃更希望減少短期財務報表波動。2010年DB計劃的固定收益工具的平均持續時間為7.8年，2011年這一指標上升到9.0年，表明DB計劃投資人希望通過增加長期債券的持有對沖掉利率的下降，使得資產與負債能夠更好地匹配。在投資工具的利用上，DC計劃更偏向於一些簡單的、有質量的投資工具，例如，2011年，有48%的DC計劃投資於共同基金，DB計劃的這一比例只有14%，但高比例的共同基金投資也在一定程度上增加了DC計劃的成本。同時，DB計劃在改善資產配置方面表現得更為積極。2008—2009年，美國的養老基金中，42%的DB計劃改變了資產配置，其中最普遍的改變是增加了固定收益類資產的投資，而減少了股票資產投資，同時增加了另類資產投資，且部分DB計劃還停止了新成員的加入。而約有30%的DC計劃改變了投資產品，其中18%的計劃提高了投資的多樣性，16%的計劃則增加目標日期基金（Target-Date Fund），15%的計劃將資產投入到了政府支持的渠道。同時由於經濟低迷，16%的計劃減少或消除了雇主匹配[2]。

表3-26　　　對2011年142個DB、DC計劃資產配置比較　　　單位:%

計劃	債券	股票	房地產	其他
DB計劃	36	47	4	13
DC計劃	29	63		8

數據來源：Towers Watson, Global Pension Assets Study 2012.

在投資目標上，尋找風險調整后的最大投資回報是一直是DB計劃的最主要目標，而DC計劃的首要目標是在保證本金安全的基礎上獲得穩定的投資收益。DB計劃的投資決策由專業投資經理做出，其活動受到受託人的監督。因

---

[1] 2010年這一數據分別為19%和5%。
[2] Kleiler, Frank M. 2009. DB, DC plans changing investing composition [J]. Money Management Executive, Vol. 17 Issue 21, p4-4. 1/3p.

而 DB 計劃遵循長期投資策略，具有廣泛分散的投資組合①。而 DC 計劃通常要求參與者個人進行一系列的投資選擇，較為重視與個體生活方式一致的投資工具，而個體參與者往往通過非專業的經驗來假定那些影響他退休後收入的風險回報②。在投資組合的分散化和投資回報最大化上受到一定的損失。通過專業投資管理的 DB 計劃的投資收益一般要比 DC 計劃高，DC 計劃的投資風格也較為消極。

從長期投資績效看，1995—2011 年間 DB 計劃的年均投資收益高出 DC 計劃 0.73 個百分點③（見表 3-27、表 3-28）。

表 3-27　　1995—2011 年部分 DB 計劃和 DC 計劃投資收益率比較　　單位:%

年份	投資回報率		差額
	DB 計劃	DC 計劃	
2011	2.74	-0.22	2.96
2010	12.79	11.81	0.98
2009	15.46	20.86	-5.40
2008	-23.44	-26.12	2.68
2007	7.49	6.77	0.72
2006	13.07	11.89	1.18
2005	7.57	6.69	0.88
2004	10.94	9.78	1.16
2003	21	19.63	1.37
2002	-8.88	-10.96	2.08
2001	-4.02	-6.07	2.05
2000	-0.61	-2.76	2.15
1999	13.23	14.41	-1.18

① Peticolas, Bob, Helena Stolyarova. 2003. Pension estimation program users guide [R]. Working Paper, University of Michigan Institute for Social Research.

② Anderson, Gary W., Brainard Keith. 2005. Myths and misperceptions of defined benefit and defined contribution plans [J]. National Association of Retirement Administrators, pp. 15.

③ 需要指出的是，DC 計劃的行政成本往往包括在投資費用之中，在投資收益報告中一併扣除，而 DB 計劃的收益報告中卻往往只扣除投資成本。例如由於大約 1/3 的共同基金管理費用捆綁了行政成本，使得 DC 計劃的投資回報率降低了 0.1 個百分點。

表3-27(續)

年份	投資回報率		差額
	DB 計劃	DC 計劃	
1998	14.22	15.24	-1.02
1997	18.80	19.65	-0.85
1996	14.36	13.91	0.45
1995	20.99	18.72	2.27
平均	7.98	7.25	0.73
近十年平均	5.87	5.01	0.86
近五年平均	3.01	2.62	0.39

數據來源：Towers Watson, Global Pension Assets Study 2012.

表 3-28　1995—2011 年不同規模的養老金計劃投資收益比較　　單位:%①

	大型 DB 計劃	大型 DC 計劃	小型 DB 計劃	小型 DC 計劃
平均投資收益	7.93	6.94	5.04	6.18
十年平均收益	5.66	4.84	3.63	4.40
近五年平均收益	3.04	2.64	1.56	1.96

數據來源：Towers Watson, Global Pension Assets Study 2012.

　　但從基金規模和投資收益的關係來看，不論是 DB 計劃還是 DC 計劃，大型基金的投資規模都要高於小型基金。大型的 DB 計劃投資收益高於 DC 計劃，小型的 DB 計劃投資收益則比 DC 計劃要低。同時，在投資成本上，DC 計劃的成本往往和參與人數多少呈線性關係，但 DB 計劃的成本在參與人數超出一定規模后其上升速度會逐漸降低。大規模的 DB 計劃投資成本要低於 DC 計劃，小規模 DC 計劃的成本要低於 DB 計劃②。

　　通過以上的分析可以看到，DB 計劃由於其確定的負債，往往通過更為專業的投資管理，進行更為廣泛的分散化投資並更多地利用與負債匹配的投資工具，在投資風格上也更為積極，投資效率高於 DC 計劃。DC 計劃則給予了計劃參與者更多地選擇，投資成本要高於 DB 計劃，偏好一些簡單、有效的投資

---

① 資產最多的 1/6 的計劃與資產最低的 1/6 的計劃。
② Beth Almeida, William B. Fornia. 2008. The economic efficiencies of defined benefit pension plans [J]. National Institute on Retirement Security.

工具，但整體投資效率低於 DB 計劃。

3.3.3　不同監管規則與治理結構下的養老基金投資行為

養老基金的治理結構和外部監管規則是基金安全運行的基本保障，也是影響基金的投資戰略的關鍵因素。治理結構決定了基金經理的投資目標、投資策略和投資工具選擇，外部監管則會影響基金的資產配置。

3.3.3.1　不同監管規則下的養老基金投資行為

監管規則方面，數量監管和「審慎人」監管模式一直是爭論的焦點和主要內容。從受益者的角度考慮，數量監管限定了高風險資產的投資比例，限制了投資組合的多元化程度，從而阻礙了養老基金投資績效的提高。戴維斯（1995）認為，採用審慎人規則的國家的養老基金投資績效往往要比採用數量限制的國家要好。但從實踐角度看，審慎人規則主要在英國、美國、荷蘭、日本等少數國家應用，而大多數國家仍多採用特定的數量限制規則。一個國家選擇何種監管模式往往受制於多方面因素的影響，其中包括本國金融市場的發育程度，養老基金治理結構和專業機構運作的規範程度，監管機構的行政執法能力，監管報告制度的完備情況，以及司法救濟和法律責任制度等①。OECD（2009）則建議，投資法規需要以「審慎人」作為基礎進行設立，以便專注於投資管理過程的質量問題，同時也要運用量化模式，特別是數量限製作為審慎人原則的補充。

從本書附錄 1 中可以看到：①英國、美國、日本、愛爾蘭、荷蘭、加拿大等實施「審慎人」規則的國家基本上不對投資組合進行明確的限定，但仍有一些「審慎人」規則的國家對資產配置進行了明確的限定，如芬蘭。同時，在實行「審慎人」監管規則時通常伴隨著自我投資的限制。②由於養老金計劃的性質與構成的差異，監管政策也存在明顯的不同。一般用於基本保障的基金，監管更為嚴格，投資規定較為保守，而對第二、三支出的基金，政府限制則相對寬鬆。例如德國的兩類基金，智利更是針對五種類型的養老基金分別進行了不同的細緻規定。同樣的情況也出現在俄羅斯、韓國、瑞典、亞美尼亞等國家，其中俄羅斯的規定較為嚴格和具體，如俄羅斯強制性供款計劃的默認選項和保守選項基本不允許股票、房地產、借貸等投資方式，而對債券投資的具體類型也進行了較為細緻的比例限制。③由於資本市場發展程度、基金規模和治理結構等方面的不完善，多數發展中國家都傾向於更嚴格的數量監管。④在

---

① 林義. 社會保險基金管理 [M]. 2 版. 北京：中國勞動社會保障出版社，2007：112.

實行以數量監管為主的國家中,絕大多數都對股票投資和境外投資進行了限制。⑤在境外投資方面,一些 OECD 國家如義大利、丹麥、芬蘭等對非 OECD 國家投資進行了限制,非 OECD 國家對境外投資則要更為嚴格。雖然各國在基金投資方面的約束都不相同,但經過長期的實踐,目前各國都達成一致的認識,即在不損害計劃連續性的情況下監管規則的改革是為了更好地滿足收益的安全性。因而各國在監管實踐中往往綜合運用數量監管和審慎人原則,極少有國家單純運用一種監管模式。即使在進行了嚴格數量監管的國家,其實際資產配置幾乎都遠遠低於監管規則所要求的比例。如圖 3-15 所示,除芬蘭、波蘭的實際投資比例較為接近最高投資限制之外,其他國家的實際股票投資遠遠低於限制要求,即數量限制的約束力並不強。

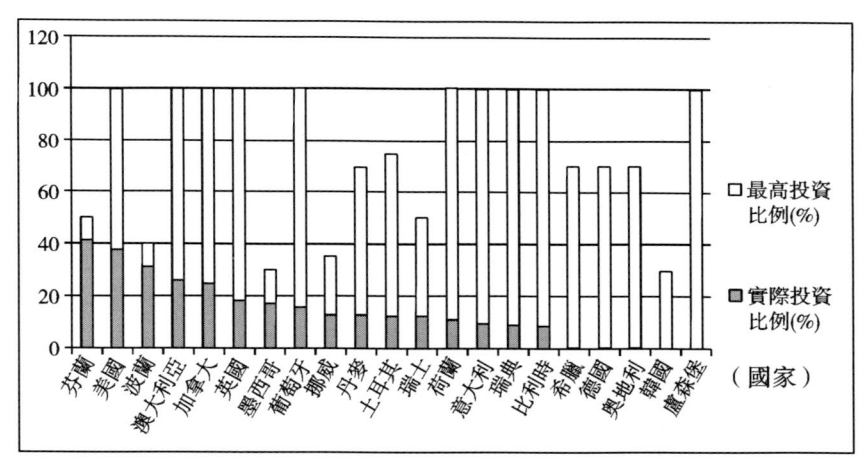

圖 3-15　部分 OECD 國家股票投資數量限制與實際投資比例①

數據來源:OECD, Pension Market in Focus, 2013.

在投資行為上,由於數量監管規則對投資進行了具體、明晰的規定,能夠較為有效地避免投資管理人的道德風險和不謹慎行為。但嚴格的數量限制下的養老基金投資管理人的主要任務是如何符合監管部門對各投資工具的比例限制要求,而不是在保證基金安全的前提下盡可能地獲取投資回報。因此,養老基金的投資管理人缺乏提高投資管理能力的動機。與數量監管相比,「審慎人」規則並不通過外部限制,而是希望通過有效決策程序和市場機制來實現基金投

---

① 芬蘭的限制比例為法定養老基金;波蘭的限制為強制個人養老金計劃;德國的最高限制是針對互助保險協會(Pensionskassen)的;土耳其的數據僅為個人養老金計劃;韓國的數據為企業年金 DB 計劃。

資風險與收益的平衡。其賦予了投資管理人更多的自主權，在資產配置上也較數量限制靈活。如表3-29所示，實行「審慎人」規則的OECD國家的養老基金在股票投資和其他另類投資方面要比實施數量監管的國家更為積極，平均投資比例分別為33.09%和25.75%，而數量監管的國家平均股票投資比重僅為18.1%。實施數量監管的國家將更多的資產配置在債券和存款之上，債券和存款的平均投資比重達到了70%，而採用「審慎人」規則的國家的比例僅為41%。

表3-29　　2013年部分OECD國家養老基金資產配置與監管規則

國家	股票（%）	債券和票據（%）	現金和存款（%）	其他（%）	監管規則
美國	49.48	20.76	0.90	28.85	審慎人
澳大利亞	49.12	8.42	17.67	24.78	審慎人
比利時	39.01	42.00	3.88	15.10	審慎人
荷蘭	37.48	42.94	3.31	16.28	審慎人
挪威	35.51	57.24	2.31	4.95	審慎人
加拿大	31.74	34.65	3.55	30.06	審慎人
英國	24.06	30.74	3.32	41.88	審慎人
葡萄牙	20.24	44.04	12.00	23.72	審慎人
日本	11.21	37.14	5.54	46.10	審慎人
義大利	19.18	47.98	3.62	29.22	數量限制
瑞典	15.41	75.24	3.58	5.77	數量限制
土耳其	13.97	69.00	0.00	17.03	數量限制
盧森堡	21.46	68.73	5.02	4.79	數量限制
西班牙	10.40	63.28	15.04	11.28	數量限制
智利	42.08	56.71	0.30	0.91	數量限制
波蘭	41.47	51.76	6.00	0.76	數量限制
芬蘭	38.17	31.12	3.96	26.75	數量限制
奧地利	34.39	48.10	12.77	4.74	數量限制
愛沙尼亞	33.85	48.63	17.42	0.11	數量限制
瑞士	29.24	33.63	8.17	28.96	數量限制

表3-29(續)

國家	股票(%)	債券和票據(%)	現金和存款(%)	其他(%)	監管規則
墨西哥	23.65	75.14	0.90	0.31	數量限制
冰島	22.73	52.75	7.56	16.96	數量限制
丹麥	15.34	66.42	0.47	17.78	數量限制
匈牙利	6.23	83.10	8.04	2.64	數量限制
希臘	5.39	68.36	24.61	1.64	數量限制
德國	4.41	51.81	3.74	40.04	數量限制
斯洛伐克	1.27	74.81	23.10	0.82	數量限制
斯洛文尼亞	1.22	78.08	17.21	3.49	數量限制
捷克	0.32	86.54	10.58	2.56	數量限制
韓國	0.00	8.96	56.45	34.58	數量限制

數據來源：OECD，Pension Market in Focus，2013.

另外，由於實行「審慎人」規則的國家賦予了投資管理人更多的投資決策權，其養老基金投資的穩定性要強於實施數量監管的國家。例如在2007年以來的金融危機中，採用「審慎人」規則的國家的養老基金較好地堅持了基金投資的長期性目標，並未隨著金融市場的波動而大幅調整養老基金的資產配置比例。如圖3-16所示，與2007年相比，採用「審慎人」規則的國家，如美國、澳大利亞、比利時、荷蘭、挪威等國的股票和債券投資比例並未出現大幅度調整，2013年的資產配置基本與金融危機之前相同。相反，實行數量監管的國家迫於金融危機的衝擊而對投資比例進行了大幅調整，大量減少股票投資的比例增加債券等資產的比例，以保證養老基金的安全性，導致養老基金的資產配置出現大幅變動。但監管者的政策調整往往是滯后於市場變動的。隨著2010年以后金融危機的逐漸消退，這種調整反而使得養老基金喪失了獲得市場復甦階段資產價格上漲所帶來的回報的可能性。

3.3.3.2 不同治理結構下的養老基金投資行為

養老基金治理結構主要取決於養老金計劃的基本性質。從理論上講，養老金計劃可以分為兩大類，一類是專門針對特定參與者的計劃，稱為封閉式基金，另一類是沒有限定參與者的計劃，稱為開放式基金。一般而言，封閉式基金往往支持職業或雇主發起的養老金計劃，而開放式基金支持的計劃通常是由金融機構（銀行、保險公司、共同基金等）發起的。因而，封閉式基金通常

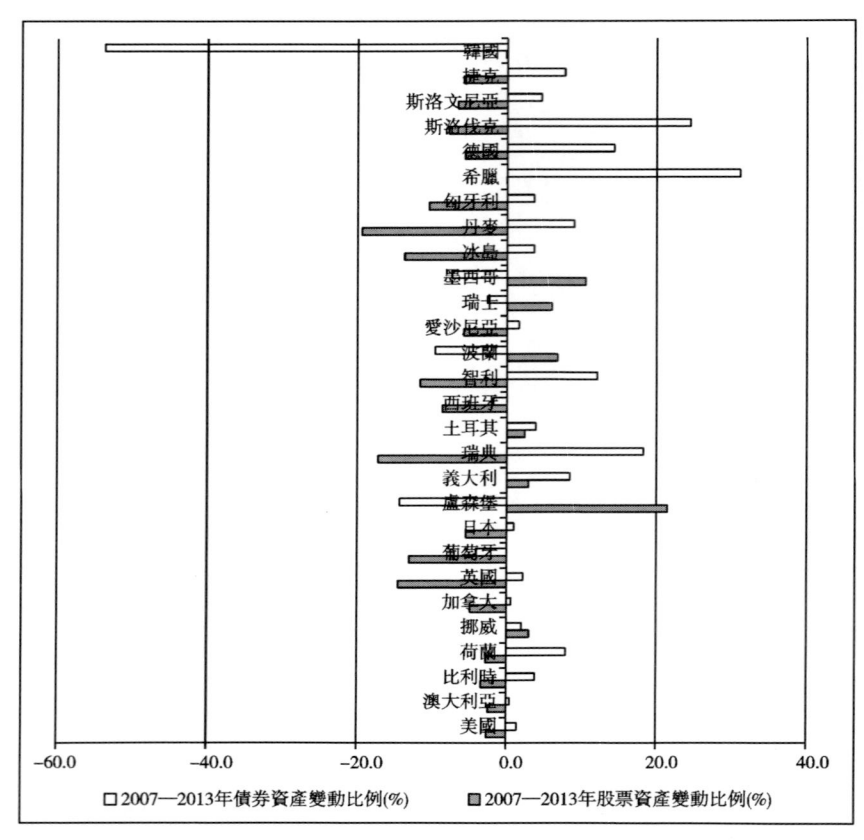

图 3-16 2007—2013年部分国家债券与股票投资比例变动比较
数据来源：OECD的 Pension Market in Focus， 2013

会设立雇主或职业协会。开放式基金则设立金融公司对养老基金进行管理。在大多数国家的法律体系中，封闭式基金是建立在信托形式的基础上的，而开放式基金通常是建立在企业的基础上的。澳大利亚、加拿大、义大利、荷兰、英国、美国等国家的封闭式养老基金是以信托模式[①]运作的，而德国、匈牙利等国的封闭式基金是以互助储蓄或保险协会等形式进行运作。在这种方式下，计划的参与者是这些机构的拥有者。开放式基金通常是由具有法人资格的金融公司所管理。与其他公司一样，管理养老基金的公司通常设置董事会，董事会参

---

① "信托"是一个盎格鲁撒克逊概念，即委托人基于对受托人的信任，将其财产权委托给受托人，由受托人按照委托人的意愿以受托人自己的名义，为受益人（委托人）的利益或其他特定目的进行管理或处分的行为。养老金计划参与者是这种信托模式的受益人。

與公司的內部治理，並對購買養老基金的投資者負責。拉美國家和東歐一些國家在養老金制度改革的過程中引入了開放式基金形式，但匈牙利等國的封閉式基金（互助儲蓄協會形式）也同樣具有開放式基金的法人資格。從目前各國的情況看，對開放式基金和封閉式基金的法人形式的界定較為模糊，以養老基金的所有權和法人資格為標準，現有各國養老基金的法定形式可分為四類（見表3-30）：

表3-30　　　　　　　　自治型養老基金的法定形式

	對養老金資產有法定所有權	對養老金資產沒有法定所有權
具有法人資格和能力	法人型	基金會型
沒有法人資格和能力	契約型	信託型

資料來源：OECD.養老金治理與投資［M］.鄭秉文，等，譯.北京：中國發展出版社，2007：6.

法人型也稱公司型，具有法人資格，計劃成員對資產具有所有權，通常由董事會進行內部治理。德國的互助保險協會、匈牙利的互助儲蓄協會、比利時的封閉式養老基金的共同保險協會、義大利的封閉式基金、奧地利的股份公司形式的養老基金都屬於此類形式。基金會型，養老基金也具有法人資格，但計劃成員對養老基金資產沒有法定所有權，只擁有法定收益權。基金會型的治理機構也是董事會。比利時、義大利、丹麥、芬蘭、荷蘭、瑞典、挪威等國的一些封閉式基金都是以基金會形式運行的。在英美法系國家，信託型養老基金則是其主要的養老基金法定形式，此類形式的養老基金既沒有法人資格，計劃成員也不擁有資產的法定所有權。受託人擁有基金的所有權，也是基金的法定治理機構。契約型的法定形式主要出現在波蘭、葡萄牙、西班牙和義大利的一些養老基金中，養老金計劃成員對基金具有法定所有權，但養老基金不具備法人資格[①]。由於養老金計劃的性質和法人形式的不同，養老基金的治理結構存在著較大差異。

從本書附錄2中可以看到，封閉式的養老基金在受益人代表制度上通常要求雇主和雇員（或受益人）具有相同數目，如奧地利、義大利、愛爾蘭、瑞典、瑞士等。雇員代表的參與往往能夠較好地協調受益者和管理委員會之間的利益。同時雇員代表也是向計劃參與者提供信息的重要渠道，能夠強化對管理

[①] Michael Orszag, John Evans. 2013. Pension fund governance: a global perspective on financial regulation［R/OL］. OECD Working Paper］, http://www.oecd.org/.

委員會的問責機制。基金會型的養老基金的治理機構通常由董事會擔任，契約型則通常要求股東大會、董事會和監事會共同治理。英國、美國、澳大利亞、加拿大、愛爾蘭五國的基金治理機構基本一致，主要以信託方式構建養老基金，在進行基金治理時通常要求計劃成員直接參與，而封閉式契約型養老基金的參與成員則通過監事會對基金進行監督。瑞典、挪威、冰島、荷蘭等北歐國家也較為相似，主要採用封閉式基金會型。

　　通常，治理結構的不同會影響到養老基金的實際投資行為。例如英國以封閉基金形式建立的 DB 計劃具有更積極的投資組合，股票投資接近 80%，且投資的主動性較強，而開放式基金，尤其是東歐和拉美國家的養老金計劃則受到嚴格的數量監管，投資的積極程度和資產類別的選擇都較為保守。治理結構的好壞會影響到養老基金的投資績效，通常好的治理結構能夠將基金的投資回報提高 1%～2% 左右[1]。在對基金治理結構與養老基金投資行為的比較中可以發現一些規律。封閉式基金一般具有穩定的、有保障的會員數目，成本方面較開放式基金低，而開放式基金需要花費一定的行銷費用，這一部分費用會轉嫁到計劃參與者身上。開放式基金則具有較好的攜帶性，並且當某一開放式基金表現較差時，計劃參與者可以離開，並轉換基金。

3.4　國際養老基金投資中的非理性行為及成因分析

　　馬克維茨曾這樣說：「告訴人們應該怎麼做，分析人們實際怎麼做，二者是傳統經濟學和行為經濟學的區別。」作為機構投資者的養老基金相比於個人投資者具有高度專業化和組織化的投資運作模式，能夠較為理性地進行投資決策。但大量的研究表明，機構投資者同樣存在有限理性的問題，有效市場假設中的「理性經濟人」在現實當中並不存在，行為金融學所描述的各種非理性特徵在機構投資者身上同樣存在，只是在影響程度上與個人投資者有所不同。雖然理論上養老基金與資本市場存在良性互動的關係，但由於非理性行為的存在，這種互動機制可能受到嚴重影響。隨著養老基金規模的不斷擴大，其非理性行為對資本市場和基金自身安全的影響也會越來越大。因此，有必要對目前養老基金投資過程中的非理性行為及其造成這些行為的原因進行探索。

---

[1]　Ambachtsheer K., R. Capelle, H. Lum. 2006. Pension fund governance today: strengths, weaknesses, and opportunities for improvement [J]. Financial Analysts Journal, Vol. 23, No. 1, pp. 23-38.

3.4.1 國際養老基金投資中的羊群行為及成因

羊群行為是金融市場中存在的一種普遍的特殊非理性交易行為，它指在信息環境不確定的條件下，投資者過度依賴於輿論，而忽略自有的有價值的信息，簡單地跟從或模仿他人決策的行為。不同學者通過 LSV 及其修正模型[1]對不同國家養老基金的羊群行為進行的測量發現，養老基金的羊群行為在各國普遍存在（見表 3-31）。

表 3-31　　　　各國養老基金羊群行為指數（HM）情況　　　　單位:%

	荷蘭[2]	美國[3]	英國[4]	智利[5]	西班牙[6]	波蘭[7]
平均羊群指數（HM）	8.14	2.7	11.67	2.26	16.1	22.6

說明：1% 表示如果有 100 個養老基金在進行市場操作，和這些基金的交易行為相互獨立即不存在「羊群行為」的情況相比，處於單邊市場即賣方或買方中的基金數目要多出 1 個。

國際養老基金投資中的羊群行為存在以下幾個特點：

（1）大量的指數複製或領導者跟隨。Blake（1997）發現，大多數養老基金的收益模式與 FT ALL Share 指數相似，其股票投資組合變動都緊跟 FT ALL Share 指數[8]。美國公共養老基金投資中普遍存在領導者追隨（Follow the Leader）現象，州立養老基金計劃的股票投資中，當領導者（具有高回報率的計劃）前期做出增加或減少某一股票資產的時候，追隨者的相同改變比例達

---

[1] Lakonishok，Shleifer 和 Vishny（1992）提出的檢驗羊群行為的經典方法。

[2] G. Rubbaniy and I. P. P. van Lelyveld, 2011,「Herding Behavior and Trading among Dutch Pension Funds」, Financial Market Trends, Vol. 33, No. 5, pp. 122–156.

[3] Lakonishok, J., Andrei Shleifer, and Robert W. Vishny, 1992,「The impact of institutional trading on stock prices」, Journal of Financial Economics, Vol. 32, pp. 23–44.

[4] Laura Andreu, Cristina Ortiz, José Luis Sarto, 2012,「Herding Behaviour in Strategic Style Allocations: Empirical Evidence on UK Pension Plan Managers」, Applied Financial Economics, Vol. 54, No. 3, pp. 109–126.

[5] Raddatz, C., and Sergio L. Schmukler, 2008. Pension funds and capital market development: How much bang for the buck? World Bank Working paper.

[6] Laura Andreu, Cristina Ortiz, José Luis Sarto, 2012, Herding in the strategic allocations of Spanish pension plan managers, Journal of Economics and Finance, Rotman International Journal of Pension Management, Vol. 14. No. 7 pp. 95–1168.

[7] Voronkova, S., and M. T. Bohl, 2005. Institutional traders' behavior in an emerging stock market: Empirical evidence on Polish pension fund investors. Journal of Business Finance and Accounting, Vol. 32, pp. 1537–1560.

[8] 林義. 社會保險基金管理 [M]. 2 版. 北京：中國勞動社會保障出版社，2007：268.

到44.6%，地方養老基金的追隨率為33.5%[1]。而在智利，各養老基金管理公司都傾向於複製一種具有市場平均權重的自然的指數化組合，其投資收益變動與市場平均回報之間的相關性達到了99%。在股票投資選擇上，養老基金85%的股票資產集中配置在30只股票當中。各AFPs之間有很大的相似性，大部分基金都在投資策略上模仿市場上最大的三家基金公司，並且這三個公司之間也相互模仿[2]。

（2）不同資產類別和經濟部門之間的羊群行為程度不同。在智利的養老基金投資中，羊群行為在企業債券和金融機構債券的買賣中表現得最為強烈，在抵押貸款和政府債券中，羊群行為較弱，股票的羊群行為居中。當某一資產類別作為PFAs的交易對象時，其羊群效應顯著增加。在荷蘭的養老基金資產中，低風險資產的羊群行為高於高風險資產，貨幣市場票據（MMP）的羊群行為最高，達到了13.57%，其次為債券，為5.39%，股票最低，為4.92%。養老基金表現活躍的一些資產中羊群行為更明顯。養老基金的羊群行為差異還體現在不同經濟部門的選擇上，智利的養老基金在能源、電信、食品三類行業投資的羊群指數較高，分別為3.03%、4.77%、3.44%，製造業、林業等行業較低，分別為0.84%、0.82%[3]。在波蘭，羊群行為最集中的行業分別為建築業（16.3%）、計算機服務業（14.1%）、銀行業（12.8%）、金屬製造業（11.4%）、醫藥業（9.8%）。

（3）買入羊群指數與賣出羊群指數存在差異。2003—2007年，在西班牙的養老基金投資中，買入羊群指數平均為19.5%，高於賣出羊群指數的15.7%。同時，在牛市時的買入和賣出羊群指數都較高。而在熊市時，養老基金的賣出羊群指數較低，為10.6%[4]。在荷蘭，情況則有所不同，表現為：低風險資產的買入羊群行為指數高於賣出羊群行為指數，高風險資產的賣出羊群行為指數高於買入羊群行為指數。

---

[1] Christian E. Weller & Jeffrey B. Wenger, 2008,「Prudent Investors: The Asset Allocation of Public Pension Plans」, The University of Georgia working paper, http://www.uga.edu/.

[2] José A. Olivares, 2005,「investment behavior of the chilean pension funds, Encuentro Anual 2005 de la Sociedad de Economistas de Chile」, Encuentro Anual 2005 de la Sociedad de Economistas de Chile, http://www.economia.puc.cl/Sechi2005/Olivares_joli.pdf.

[3] José A. Olivares, 2005,「investment behavior of the chilean pension funds, Encuentro Anual 2005 de la Sociedad de Economistas de Chile」, Encuentro Anual 2005 de la Sociedad de Economistas de Chile, http://www.economia.puc.cl/Sechi2005/Olivares_joli.pdf.

[4] Laura Andreu, Cristina Ortiz, José Luis Sarto, 2012,「Herding Behaviour in Strategic Style Allocations: Empirical Evidence on UK Pension Plan Managers」, Applied Financial Economics, Vol. 54, No. 3, pp. 109-126.

（4）同一類別或有競爭關係的基金之間羊群行為更明顯。不同類型間的養老基金的羊群行為要弱於同一類型的養老基金的羊群行為。Claudio Raddatz（2008）發現，同一類型的養老基金的羊群指數為 5.22%，而所有基金之間的羊群指數僅為 2.26%。在荷蘭，小型養老基金的羊群行為更為明顯，原因在於：小型的養老基金通常會聘請一些大型基金的基金經理，而這些基金的投資組合可能與大基金一樣。即使沒有這種情況，小基金也會模仿大型基金的投資組合①。

由於羊群行為的存在，一方面使得養老基金投資偏離多元化、分散化的投資目標，另一方面由於養老基金對資本市場的影響日益增加，當養老基金的羊群行為達到某種界限時，將導致資本市場出現盲目的過度反應，即在下跌的市場中盲目殺跌而加快市場衰退速度，反之在上升的市場中盲目追漲而製造市場泡沫。無論哪一方面都不是理性的養老基金管理者所願意看到的。心理學將羊群行為的出現解釋為人們的從眾心理。現實生活中，人與人之間、個人與群體之間頻繁地發生著相互作用，個人的認知、情感、意向、行為都或多或少地受到群體和其他個體的影響。個體在面對各種外界的影響時可能自覺地接受也可能迫於群體壓力，傾向於跟隨大多數人的想法或態度，表現出與群體或群體中多數人相一致的行為。社會心理學的實驗研究認為，影響從眾行為的最重要原因不是意見或態度本身，而是持有這種意見或態度的人數的多少。凱恩斯在《通論》中用「選美博弈」說明了投資過程中的從眾行為。他指出，在投資收益日復一日的波動中，顯然存在著某種莫名的群體偏激，甚至是一種荒謬的情緒在影響著整個市場的行為②。根據真正的長期預期而進行投資已經很難成為現實。那些企圖這樣做的人肯定要比那些試圖以超過群眾的精確程度來猜測群眾的行為的人花費更多的精力並且會冒更大的風險③。在投資決策過程中，投資者的從眾行為可分為「理性從眾」和「非理性從眾」，如果參與者的從眾行為可以增加個人的經濟福利，那麼這種從眾行為就是理性從眾行為。由於信息獲取的困難、行為主體的激勵因素以及支付外部性的存在，經過理性分析後，從眾行為成為行為主體的最優策略。非理性從眾行為則是行為主體忽視了理性分析的重要性，盲目地相互模仿。非理性的從眾行為將加劇證券市場的不穩定

---

① G. Rubbaniy and I. P. P. van Lelyveld, 2011, 「Herding Behavior and Trading among Dutch Pension Funds」, Financial Market Trends, Vol. 33, No. 5, pp. 122-156.
② 凱恩斯. 就業、利息和貨幣通論 [M].高鴻業，譯. 北京：商務印書館，2008：142.
③ 凱恩斯. 就業、利息和貨幣通論 [M].高鴻業，譯. 北京：商務印書館，2008：144.

和波動性①。

　　基於從眾行為的心理因素,養老基金投資中的羊群行為的產生可能是因為以下原因:①聲譽。雇主或受託人對養老基金投資經理的業績評價可能通過與其他投資經理的比較來進行判斷,當某一基金經理對自己的投資決策把握較小時,最好的辦法是與其他基金經理的投資決策保持一致,而當其他基金經理也這樣考慮時,羊群行為就產生了。②報酬。在基金經理的報酬與投資回報掛勾的情況下,如果其業績表現落后於基準基金經理,則將面臨極大的壓力。因而,謹慎的決策是避免過於獨特的投資決策,以免落后於其他同行。③信息。在市場環境不確定和信息不充分的情況下,每個基金經理都擁有某種私有信息,投資者在無法獲得他人的私有信息時只能通過觀察他人的交易情況來推測其私有信息。對於養老基金的基金經理而言,他們相互之間能夠更多地瞭解同行的交易情況,並且具有較高的信息推斷能力。一些大型的養老金計劃的投資管理人可能擁有比小型基金更多的信息渠道,小型計劃的基金經理由於不願意被別人發現由於自己與別人的不同而不犯明顯的或低級的錯誤,通常傾向於模仿自己認為擁有較多信息的人即大型養老金計劃的基金經理。通常,投資工具的信息越不透明,養老基金的羊群行為越明顯,養老基金會相互複製投資決策以克服信息問題。因此,養老基金所獲得的信息量越少,其從眾傾向也就越嚴重②。④模仿。標準金融理論認為,投資者都是在理性約束下相互獨立地進行投資決策。然而,在現實中,投資者的決策受到其他投資者的影響,他們之間存在相互學習和互相模仿。模仿他人的投資行為往往能夠節約創新成本,獲得模仿優勢。但非理性的模仿行為則會產生羊群效應。監管政策對養老基金的羊群行為也產生重要的影響。例如智利在養老基金投資的規定中規定了最低投資回報,導致了基金經理為避免懲罰機械地複製平均投資組合③。在 1999 年 10 月,監管當局將基金經理的實際投資回報與最低投資回報的評價期間從 12 個月延長為 16 個月之后,希望通過延長評價期來降低養老基金的羊群行為,但是並沒有證據顯示延長評價期之后羊群行為明顯減少。同時,由於智利養老基金對五類不同類型的養老基金的投資進行了分別規定,也導致了羊群行為的程

---

　　① 陸劍清. 投資行為學 [M]. 北京: 清華大學出版社, 2012: 231.
　　② Claudio Raddatz Sergio L. Schmukler, 2011,「Deconstructing Herding: Evidence from Pension Fund Investment Behavior」, World Bank, Policy Research Working Paper, http: //www. worldbank. org.
　　③ Claudio Raddatz Sergio L. Schmukler, 2011,「Deconstructing Herding: Evidence from Pension Fund Investment Behavior」, World Bank, Policy Research Working Paper, http: //www. worldbank. org.

度在不同類型的養老基金之間有所不同。在五類養老基金中，類型 A 的羊群行為要強於類型 B，類型 C 的羊群行為比類型 D 和類型 E 明顯。

3.4.2　國際養老基金投資中的處置效應及成因

一般而言，投資者買入資產是為了獲得收益，賣出資產是為了實現獲利或者避免進一步損失。但隨著投資者持有某一資產的帳面損失增大，其惜售傾向增加，於是出現了投資者長時間持有虧損資產，而過早賣出盈利資產的現象。這種投資者傾向於實現盈利而不願實現虧損的現象被稱為處置效應（Disposition Effect）。處置效應是一種較為典型的投資者認知偏差，通常被認為是前景理論和心理帳戶的結合，原因在於投資者對一些投資是風險厭惡的，而對另一些投資是風險喜好的，而投資者對於不同帳戶的風險態度導致了處置效應的產生，損失厭惡（Loss Aversion）、后悔厭惡（Regret Aversion）以及過度自信（Overconfidence）都是產生處置效應的主要原因。

塞勒（1980）首先提出了后悔厭惡理論。此后 Bell（1982）、Loomes and Sugden（1982）將后悔厭惡理論的實用性進行了擴展，使這一理論在不同的領域中延伸。后悔厭惡是人性中不可避免的弱點。在進行投資決策時，人們往往因為做出了錯誤的決策而產生自責心理。為了避免后悔帶來的心理痛苦，投資者往往會採取一些非理性的行為。目前關於后悔厭惡的研究中，研究者普遍認為：①在受迫情況下做出的行為所帶來的后悔程度較非受迫情況下輕微；②不採取任何行動而帶來的后悔程度較錯誤行動帶來的后悔程度低；③若決策人無須對採取的行動負責，則錯誤行動帶來的后悔程度較需要對最終結果負責的情況下低。謝夫林（Sheftin）和斯塔特曼（Statman）認為，投資者為了避免后悔，傾向於繼續持有虧損的股票，而賣出盈利的股票，導致處置效應的產生[1]。

從現有對處置效應的實證研究結果看，機構投資者是否存在處置效應仍有較大的爭論。Shapira 和 Venezia（2001）認為，機構投資者的處置效應要小於個人投資者，並將機構投資者較低的處置效應歸結為機構投資者所接受過的專業訓練和豐富的投資經驗[2]。但 Jin 和 Scherbina（2005）則發現，在新的共同

---

[1]　Shefrin and Statman, 1985, The Disposition to Sell Winners Too Early and Ride Losers Too Long: Theory and Evidence, The Journal of Finance Volume 40, Issue 3, pages 777-790.

[2]　Shapira, Zur, and Itzhak Venezia, 2001, Patterns of behavior of professionally managed and independent investors, Journal of Banking and Finance 25, 1573-1587.

基金經理更傾向於賣掉損失的股票，具有更低的處置效應[1]。Locke 和 Mann（2004）也發現，專業的投資者由於擁有信息優勢，具有更大的處置效應，但這種行為不會產生額外的損失[2]。Frazzini（2006）的實證結果發現，共同基金經理通常不願意接受損失[3]，但也有研究者對此持反對意見。例如，Cici（2005）認為，共同基金經理賣掉有損失的股票要比賣掉獲益的股票要快[4]。David 和 Doukas（2006）認為當信息的模糊程度增加時，機構投資者傾向於賣掉已經盈利的股票，處置效應在短期內變得較為明顯。因為當信息變得模糊時，投資者會天真地認為價格會反轉，再加上他們的過度自信（Overconfidence），增加了處置效應的程度。處置效應的存在將使得投資者會遭受一定的損失。養老基金關注於長期投資，重視通過資產配置來獲得長期穩定的投資收益。凱恩斯曾經批評道：由於種種原因，擇時的想法是不可求的，也是現實的。投資者經常賣出太晚、買入太晚或者同時買入和賣出太晚，因此要承擔巨大的代價，而且擇時會助長投資者不安定的投機心理[5]。但短期的擇時策略的運用在投資中也不可避免，特別是在投資組合在短期內背離長期資產配置目標時，需要基金經理通過再平衡操作維持組合穩定的風險水平。但是，在操作中養老基金是否也和共同基金、IPO一樣也存在著處置效應？目前的研究者沒有給我們現成的答案。

3.4.3 國際養老基金投資中的過度自信及成因

過度自信是行為金融學經常用來解釋各種投資行為的一種心理現象。心理學認為，由於自我歸因偏差的影響，人們通常把成功的事件歸功於自身的能力，而把失敗的事件歸因於運氣等客觀因素，導致人們在決策過程中表現出過度自信。具有過度自信的人往往過於相信自己的判斷能力，高估自己的投資機會，主要表現為：高估高概率事件的發生概率，低估低概率事件的發生概率；

---

[1] Jin, Li, and Anna Scherbina, 2005, Change is good or the disposition effect among mutual fund managers, Working Paper.

[2] Locke, Peter R., and Steven C. Mann, 2004, Professional trader discipline and trade disposition, Journal of Financial Economics 76, 401-444.

[3] Frazinni, Andrea, 2006, The disposition effect and under-reaction to news, Journal of Finance 62, forthcoming.

[4] Cici, Gjergji, 2005, The impact of the disposition effect on the performance of mutual funds, Working Paper.

[5] John Maynard Keynes, Memorandum for the Estates Committee, King's College, Cambridge, 1938.

用於估計的置信區間過於狹窄。在金融市場上，投資者的過度自信可以表現為以下三個方面：①高估自身對證券價值的估價能力，而低估了估價過程中的預測誤差；②投資者過度自信導致對風險的低估，從而願意持有高風險的投資組合；③投資者高估了私人信息產生的信號的準確性，即錯誤地認為私人信息產生的信號要比公共信息產生的信號更準確[①]。Odean 和 Barber（2001）認為，過度自信在交易中表現為投資者過度頻繁交易，導致了投資回報降低。Weber 和 Langer（2003）認為專業人士比初學者更加過度自信。Odean 和 Gervais（2001）認為經驗和過度自信之間的關聯度很小。

毫無疑問，由於個體認知、情緒、感覺等主觀因素的影響，過度自信的心理偏差在每個人身上都有所體現。實證研究發現，諸如證券投資基金、共同基金等機構投資者由於在投資能力方面高於一般個人投資者，造成了他們在自己的分析能力、知識、市場預測方面表現出過分的樂觀和自信，過度自信的非理性現象也非常明顯[②]。那麼養老基金的投資管理人在投資過程中是否表現出過分的過度自信呢？Gort（2008）的調查研究發現，瑞士的養老基金投資者低估了資產的歷史波動和下行風險，對價格變化的預測也表現得非常自信。這種過度自信的偏差使得他們低估了股票等資產的風險，使得這類資產更具吸引力。這將導致股票等資產在養老基金資產配置中的權重增加，使得投資組合的變動性和下行風險增加，但養老基金的投資決策者往往不會意識到這種風險。但從養老基金投資中的總體表現來看，養老基金的過度自信相對較弱[③]。

首先，養老基金投資中的換手率要低於其他投資基金。例如，1999—2009年美國養老基金與共同基金在換手率上存在較大差距，11 年間共同基金的平均年換手率為 92%，養老基金則要低 24 個百分點，表明共同基金比養老基金表現出更頻繁的交易（見表 3-32）。

表 3-32　　1999—2009 年美國養老基金與共同基金換手率比較　　單位：%

年份	共同基金		養老基金	
	平均換手率	換手率中位數	平均換手率	換手率中位數
1999	93.4	70	66.8	45
2000	100.5	75	67.5	45

[①] 陸劍清. 投資行為學 [M]. 北京：清華大學出版社，2012：231.
[②] 王晉忠，張志毅. 過度自信理論文獻綜述 [J]. 經濟學家，2013（3）.
[③] Christoph Gort, Mei Wang, 2008, 「Are Pension Fund Managers Overconfident?」, Journal of Behavioral Finance, Vol. 9, No. 3, pp. 45-49.

表3-32(續)

年份	共同基金		養老基金	
	平均換手率	換手率中位數	平均換手率	換手率中位數
2001	106.8	77	74.6	46
2002	102.7	71	73.5	46
2003	91.7	65	73.1	44
2004	83.9	62	63.8	45
2005	82.7	62	61.6	43
2006	81.2	64	61.6	42
2007	80.6	62	62.3	45
2008	93.5	69	65.8	46
2009	95.4	69		
平均	92.0	67.8	67.1	44.7

數據來源：Bidisha Chakrabarty, Institutional Holding Periods, 2013.

其次，從投資組合的風險水平和分散化程度看，養老基金在投資中顯得較為謹慎。以 CAPM 模型的 β 系數來衡量養老基金投資組合的風險水平，波蘭養老基金投資組合的 β 系數在 0.98~0.99 之間，表明投資組合與整個市場變動基本一致[1]。美國公共養老基金的平均 β 系數也在 0.93~0.98 之間[2]。但不同的投資管理者在實際操作中存在一定的不同。例如義大利 11 個養老基金的投資組合中，5 個基金的 β 系數小於 1，6 個基金則表現出較高的風險，β 系數大於 1，但都接近於 1，表明投資組合的風險並不大，也表現出了養老基金投資經理在投資過程中的謹慎（見表 3-33）。

表 3-33　　　義大利養老基金投資組合 β 系數比較

	GEST	ARC	APFP	BIPI	AZUR	CARM	GIUS	PRSY	PRMS	GEDS	SELL
β 系數	0.84	1.14	1.16	0.99	0.95	1.02	1.03	1.07	1.03	0.85	0.91

數據來源：Angela Gallo, 2008, The performance of pension funds: the case of Italy, Investment Management and Financial Innovations, Volume 5, Issue 4, pp. 127-138.

從衡量過度自信的兩個指標來看，養老基金在投資中整體表現出比較謹慎

---

[1] Martin Bohl, Judith Lischewski, and Svitlana Voronkova, 2005, Pension Funds' Performance in Strongly Regulated Industries in Central Europe: Evidence from Poland and Hungary, ftp: //ftp.zew.de/pub/zew-docs/dp/dp10076.pdf.

[2] Junbo Wang, Chunchi Wu and Ting Zhang, 2010, An Empirical Analysis of the Effect of Corporate Pension Risk on the Cost of Debt.

的一面，但仍有部分養老基金的基金經理表現出了一定的過度自信。但除換手率和投資組合的風險系數外，另一種投資表現也可能是過度自信導致的，即投資中的正反饋交易。

正反饋交易（Positive Feedback Trading）是指投資者在股票價格上漲時買入股票、在價格下跌時賣出股票，並且價格上漲越多購買得越多、價格下跌幅度越大賣出越多的一種交易行為。行為金融學也把正反饋交易看成是一種特殊的羊群行為。雖然這種行為在標準金融理論看來是非常愚蠢的，將會導致資產的大量損失，但行為金融理論卻認為正反饋交易現象會在市場中長期存在。DeLong 等（1990）指出，由於不同的人對同一件事情有不同的看法，因而每個人從過去的教訓中獲得的經驗是不同的，即使正反饋交易者受到了損失，他們在泡沫破滅后仍會進入市場交易。雖然正反饋交易者所持頭寸的市場風險比理性投資者高，但他們的盈利也可能更高。市場中投資者的正反饋交易策略也解釋了股票市場中存在的過度反應與反應不足的現象。過度自信與正反饋交易存在著相互影響的過程。當市場中存在著利好的私有信息時，過度自信的投資者會買入股票，隨后股票價格上漲，投資者繼續買入股票，導致正反饋交易的出現。當股票價格進一步上漲時，投資者會將投資獲益歸因於自己的操作能力，進一步引發過度自信[1]。

相比於共同基金和其他投資基金中存在的大量正反饋交易，大部分研究者認為養老基金的正反饋交易情況並不明顯。例如 Lakonishok（1991）對 700 個養老基金股票投資的調查中發現並不存在明顯的正反饋交易[2]；Badrinath（2002）指出美國養老基金的正反饋交易程度比共同基金、保險基金等機構投資者要輕[3]。Jones、Lee 和 Weis（1999）則發現養老基金的正反饋交易只有在購買過去有高績效的小型股票時才會出現[4]。Khorana（1996）將這種現象歸結為短期的業績壓力，通常共同基金經理如果在 6~8 個季度中表現不佳，就會被解雇。這導致了共同基金為了避免短期業績下滑而採用動量交易策略，例如正反饋交易。但在很多時候養老基金繳費者卻不能因為養老基金的業績表現不佳而退出計劃，因而養老基金投資管理人追求短期業績的動力要低於共同基

---

[1] 楊春鵬，吳衝鋒. 過度自信與正反饋行為 [J]. 管理評論，2005 (11).

[2] Lakonishok, J., Andrei Shleifer, and Robert W. Vishny, 1992,「The impact of institutional trading on stock prices」, Journal of Financial Economics, Vol. 32, pp. 23–44.

[3] Badrinath, S. G. and S. Wahal, 2002,,「Momentum Trading by Institutions」, Journal of Finance, Vol. 57, pp. 2449–2478.

[4] Jones, S. L., D. Lee, and E. Weis, 1999,「Herding and Feedback Trading by Different Type of Institutions and the Effects on Stock Prices」, Working Paper, Kelley School of Business, Indiana University.

金管理人①。但 Voronkova（2005）則發現養老基金中存在較明顯的反饋交易現象，波蘭養老基金會積極地賣掉前一期表現不佳的小公司股票，同時購買表現良好的大市值股票②。

　　從上述分析來看，養老基金表現出了相對理性和謹慎的一面，過度自信的心理異象在投資過程中並不明顯，且由於更重視長期投資，養老基金的反饋交易現象總體上較弱，但在不成熟的資本市場中仍出現了「追漲殺跌」的正反饋交易。Odean（1998）指出，在金融市場中那些對自己的能力表現得過度自信的人是那些被需要進行財務決策的工作所吸引的人。但是瑞士的養老基金的投資決策者的過度自信要比門外漢低。受過良好教育和擁有更多投資經驗的年輕人比年紀較大、受過較少教育和擁有較少經驗的參與人的過度自信要低。

3.5　國際養老基金投資行為比較對中國的啟示

3.5.1　充分發展第二、三支柱養老基金

　　20世紀80年代以後，國際養老金制度私有化程度越來越高，私人養老基金已成為目前歐美國家養老基金的重要組成部分。而在養老基金的投資過程中，最活躍與資本市場實現良好互動的也是私人養老基金。雖然反覆發生的金融危機不斷衝擊著養老基金投資的穩定性，但從長期來看，私人養老基金獲得了令人滿意的投資回報。從另一個角度來看，金融危機的發生也印證了多支柱養老金體系不僅是應對老齡化的有效手段，也是防範金融風險的重要措施。在金融危機來臨時，單一支柱的養老金體系極易受到系統性風險的衝擊而導致整個養老金計劃的破產。多元化的養老金體系則將風險分散到政府、企業、家庭等各個主體，強化了養老金體系的抗風險能力。而在市場經濟改革逐漸成熟的今天，我國養老金體系仍然主要依靠第一支柱，並且基本養老保險基金仍停留在「銀行存款」的投資體制之下，遲遲未能邁出市場化的步伐。究其主要原因，仍有多數人認為我國目前的資本市場環境不好，養老基金投資市場存在著非常嚴重的貶值風險。但筆者認為，我們不應消極地等待市場環境改善之後再

---

①　Khorana, Ajay, 1996, Top management turnover: An empirical investigation of mutual fund managers, Journal of Financial Economics, Vol. 40, 403-427.

②　Voronkova, S., and M. T. Bohl, 2005. Institutional traders' behavior in an emerging stock market: Empirical evidence on Polish pension fund investors. Journal of Business Finance and Accounting Vol. 32, pp. 1537-1560.

將資金投入養老金市場，而是應該通過養老基金的多元化投資來積極改善市場環境，並實現資本市場發展與養老基金投資回報的雙贏。我國養老基金的規模僅有數萬億人民幣，不到我國資本市場容量的3%，也僅為機構投資者資金總量的13%，遠遠低於世界平均水平。目前全世界資本市場總額中約有20%是養老基金資產，OECD國家養老基金約占資本市場資金量的25%~50%。這與我國全球第二大經濟體的地位嚴重不符，也不能滿足未來應對老齡化的要求。因此，在積極提高基本養老保險個人帳戶資金的基礎上，發展第二、三支柱的養老基金成為我國未來擴大養老基金規模以應對老齡化和金融波動的重要選擇。目前我國企業年金的參與率不到2%，還遠不能成為一個普遍參與的養老支柱，而商業養老保險仍缺乏有效的政策支持，發展趨勢也較為緩慢。第二、三支柱的養老基金不能有效發展壯大，養老基金的治理結構、監管體系的完善也就無從談起。

3.5.2 盡快發展壯大養老基金投資管理公司

隨著全球養老基金資產的快速擴張和積極投資戰略得到了更多的認同，養老基金逐漸向專業化、規範化的道路邁進。近年來，隨著很多大型養老金資產的湧現，需要為養老金計劃參與者提供更加複雜的服務，包括美國的401（K）計劃，取代了許多養老基金的內部財務和資金流程（Flow-of-fund）管理。專業化金融服務公司的增多，以及複雜的實施財務軟件在領先型共同基金公司的推廣使用，推動了養老金計劃外部管理市場的發展，養老基金獲取專家投資戰略建議及對特殊投資管理服務的需要強化了這種趨勢。養老金計劃紛紛將投資和資金流程職能外包[1]。過去30年間，一個全球性的投資管理行業因為養老基金投資管理服務的外部需求已經逐漸形成。雖然各國養老基金投資收益情況各不相同，但專業的養老基金投資管理服務無疑是基金提高長期收益水平的重要條件之一。越來越多的中國養老基金將進入資本市場，通過專業化、市場化的投資營運實現基金的保值增值，對養老基金投資管理的服務需求也將逐漸增加。雖然我國各類專業投資機構在過去20年中數量和質量都明顯提升，但專門從事養老基金管理的專業金融管理機構在數量和經驗方面仍顯不足。目前我國養老基金公司主要包括保險公司專門設立的從事年金管理業務的養老保險股份公司，如平安養老、太平養老等。另一類是由一些大型企業發起設立專門承接其年金業務投資營運的，如長江養老保險公司。而此類公司主要從事企業年

---

[1] 克拉克. 養老基金管理與投資[M]. 洪錚，譯. 北京：中國金融出版社，2008：51.

金帳戶管理服務，較少參與投資營運業務。基金的實際投資營運工作則通常交由各基金管理公司承擔。雖然我國基金公司有專業的投資團隊和研究團隊，並有能力按照養老基金規模特點、資金性質、收益目標和風險政策的要求開發出適合養老基金投資需求的產品，其公司治理結構相對完善，透明度也較高。但未來我國養老基金多元化投資不僅要求基金進入資本市場，其投資主體、投資工具和投資對象也應是多元化的。目前的基金管理公司仍缺乏證券投資以外包括實業投資、另類投資等領域的專業投資能力。因此，在現有基金公司、證券公司、保險資產管理公司等專業投資機構的基礎上，應積極發展專門從事長期養老基金投資管理業務的投資機構，以適應未來我國養老基金多元化投資的管理與服務需求。

3.5.3 堅持養老基金的投資理念與投資責任

在多元化的投資體制下，養老基金必然面臨著經濟波動帶來的影響。2008年以來的金融危機帶來的衝擊雖然正在逐漸消退，但仍暴露出養老基金投資管理方面的嚴重缺陷。①養老基金管理者對危機缺乏應有的敏感性，危機爆發後未能及時將注意力轉向相關問題；②養老基金管理機構未能對迅速變化的市場環境做出有效應對，缺乏良好的風險管理能力；③養老基金的傳統投資理念不能適應危機到來時錯綜複雜的環境①。而筆者認為更為嚴重的是不少養老基金並未能堅持原有的投資方式，在遭受巨額損失後迅速大幅調整自身的養老保險政策，造成養老金體系的動盪。如曾經的養老保險改革先鋒——阿根廷在危機中終結了已經經營14年之久的完全累積制養老保險模式轉而回到原有的現收現付型養老保險模式，其對養老保險參保人和國家權威造成的影響可想而知。同樣，一些金融市場較為發達的國家也因為金融危機的到來紛紛調整了自己的資產配置，如表3-34所示：

表3-34　　2007年以來部分國家資產配置變動及收益率情況　　單位：%

國家	2007—2013年債券資產變動比例	2007—2013年股票投資變動比例	2009—2013年年平均收益率
澳大利亞	0.4	-2.5	2.1
比利時	3.8	-3.4	5.5
加拿大	0.6	-4.9	7.4

---

① 熊軍. 養老基金投資管理 [M]. 北京：經濟科學出版社，2014：37.

表3-34(續)

國家	2007—2013年債券資產變動比例	2007—2013年股票投資變動比例	2009—2013年年平均收益率
智利	12.1	-11.6	6.5
捷克	7.7	-5.8	0.2
丹麥	9.0	-19.4	4.1
愛沙尼亞	1.6	-5.8	2.8
德國	14.3	-5.7	2.9
希臘	31.1	-0.1	-0.3
冰島	3.6	-13.7	3.3
以色列	-8.6	0.0	5.6
義大利	8.4	2.9	2.3
日本	0.9	-5.5	3.8
韓國	-53.7	-0.2	1.1
盧森堡	-14.3	21.5	2.5
墨西哥	-7.4	10.6	4.6
荷蘭	7.9	-2.8	7.4
挪威	2.0	3.0	5.8
波蘭	-9.6	6.7	2.1
葡萄牙	-4.1	-13.0	2.2
斯洛伐克	24.5	-7.8	-0.3
斯洛文尼亞	4.6	-6.6	2.2
西班牙	-1.8	-8.6	2.7
瑞典	18.2	-17.2	5.3
美國	1.4	-2.7	5.7

數據來源：OECD, Pension Market in Focus, 2013.

　　一些國家在短期內大規模調整養老基金的資產配置。如斯洛伐克、希臘等國紛紛增加債券資產的比例而降低其他資產的比重，韓國、葡萄牙等國則同時降低債券和股票資產的比重轉而投向現金和其他資產，而這些國家在金融危機逐漸消退時未能充分享受到資本市場復甦帶來的資金收益，近5年來的平均收益很低，甚至為負。反觀一些堅持既定資產配置，保證基金長期投資的國家，

如美國、加拿大、比利時、荷蘭、挪威等國僅對投資比例進行了輕微調整卻獲得了較高且穩定的投資回報，而這些國家也恰恰是養老基金投資體制、投資理念和方式最為成熟的國家。因此，對我國未來養老基金投資而言，需要形成與養老基金資產負債特性相匹配的投資理念，並形成長期而持續的投資特徵。例如，在我國基本養老保險中個人帳戶基金與統籌基金投資目的和期限、財務機制的不同決定了兩類基金在投資模式上的區別。帳戶基金的投資期限較長，需要應對通貨膨脹、工資增長率等因素的挑戰，要求投資主體具有更高的專業化水平。雖然目前部分地區將基本養老保險個人帳戶基金委託給全國社會保障基金進行投資，且取得了較好的效果，但這種模式畢竟是一種過渡方式。在做實個人帳戶以後，養老保險個人帳戶基金將遠遠超過全國社會保障基金規模，把巨大的帳戶基金的保值增值壓力集中於全國社會保障基金理事會顯然並不合理。因此，需要針對我國各類基本養老保險個人帳戶基金建立一個專業化的投資營運機構，對帳戶基金進行統一管理。在營運過程中可借鑑全國社會保障基金理事會的委託—託管方式進行營運，將投資決策轉換為市場化行為。由於各類統籌制度在財務機制上要求以豐補歉、自我熨平，因而結余基金的流動性要求高、短期市場風險承受度較低，基金的投資管理宜在政府的完全控制之下。新加坡中央公積金的管理模式可作為此類基金的主要參考模式。

在投資渠道與風險防範方面，基本養老保險基金的公眾敏感度比全國社會保障基金更高，因而在進行市場化投資之前應制定細緻的投資監管政策。例如嚴格的數量監管策略、對風險波動較大的投資品種的限制，同時應堅持以「防禦」為主的投資理念，並且通過嚴謹的操作流程避免投資決策的失誤。在投資渠道選擇方面，應盡快走出目前的「銀行存款」投資體制，個人帳戶基金應以長期投資為主，投資工具除債券、股票等傳統領域外，可適當考慮與基金資產負債匹配的長期實體經濟投資。鑒於我國資本市場中仍存在較大的系統性風險，政府應有針對性地發行超長期國債或定向國債以保證帳戶基金的長期穩定收益。統籌結余基金則應以中短期投資為主，中短期國債和股票市場投資應是其最重要的投資渠道。但無論哪種性質的基金投資，合理的資產配置應是投資中最重要的工作，各國社會保險基金的投資實踐已證明資產配置是投資最重要的收益來源。基本養老保險基金在資產配置上應採用漸進式的管理方式，初期投資應以安全性為主，待投資技術成熟和公眾對基金投資的可接受程度提高后可逐漸轉向「主動型防禦」的投資策略。

綜上所述，無論從國際養老基金投資發展趨勢還是未來我國養老基金投資環境與任務來看，養老基金在投資過程中獲得長期穩定的收益並成功應對老齡

化所帶來的挑戰需要堅持專業化的多元化投資策略，而如何在今后不斷波動的經濟金融環境中獲得穩定的投資回報則需要堅持養老基金既定的投資策略，克服投資過程中所面臨的恐懼和各種阻礙因素。當然，如何堅持保證養老基金長期投資策略，保證基金投資管理機構合理的投資行為，也正是本書研究的重要任務之一。

4 中國養老基金投資管理制度對投資行為的影響分析

經過 30 年的探索與嘗試，中國已經形成了較為完整的社會養老保障體系。從總體上看，中國養老保險制度偏向累積制，部分累積制在城鎮職工基本養老保險和城鄉居民養老保險中實施，完全累積制出現在企業年金以及機關事業單位的職業年金制度中。因而基金累積規模的大小將決定我國養老保險待遇水平的高度，而基金長期投資回報率又是基金累積規模的重要影響因素。退休人員退休收入的提高和基礎養老金的支付壓力需要養老基金獲得較好的投資回報。因此就養老保險而言，獲得長期穩定的較高投資回報是中國養老保險制度能否成功的關鍵。在整個制度中，全國社會保障基金的地位較為特殊，儲備金的性質決定了其沒有明確的債務目標，其基金營運管理類似於主權財富基金。在不同的制度安排下，養老基金也呈現出不同的投資行為。較低的統籌層次、嚴格的行政化管理使得基本養老基金仍未擺脫以銀行存款為主的投資狀態；DC 模式的企業年金市場化投資營運發展較快、成績顯著，但有待完善的治理結構、基金理事會專業投資人員的缺乏導致企業年金基金無法充分保證其投資的長期性；作為儲備基金的全國社保基金在沒有明確負債的情況下專注於基金的投資水平，在管理模式、資產配置、風險控制等方面進行了充分的探索和創新，為其他類型的養老基金市場化投資提供了豐富的經驗。

4.1 基本養老保險基金管理制度對投資行為的影響

4.1.1 基本養老保險基金管理制度與投資行為變遷

我國城鎮職工基本養老保險於新中國成立後即開始建立，計劃經濟時期的勞動保險制度經歷了從 20 世紀 50 年代的制度確立到 60 年代全面實施並逐步

放寬退休條件與提高待遇標準，再到 20 世紀 60 年代中期至 70 年代中期「文革」期間遭到嚴重破壞，並退化為「企業保險」並一直延續到改革開放后等幾個階段。勞動保險制度將養老保險基金分為勞動保險總基金和勞動保險基金兩大部分。勞動保險總基金由全國總工會掌握用於舉辦集體勞動保險事業，約占基金總額 70% 的勞動保險基金則存於各企業工會基層委員會，用於支付職工個人勞動保險待遇。勞動保險基金每月結算，余額轉入省、市工會組織或產業工會委員會，作為勞動保險調劑金。這套制度下的基金管理模式是採用現收現付的確定給付制，並且基金是集中管理的①。1966 年開始的「文革」使得整個勞動保險制度遭到破壞，勞動保險基金也因為工會組織和勞動部門的癱瘓而無法進行基金的統一徵收、管理、調劑和支出，養老制度也被迫中斷。1969 年《關於國營企業財務工作中幾項制度的改革意見》的頒發則停止了國營企業提取勞動保險金的制度，企業的退休職工、長期病號工資和其他勞保開支改為營業外支出，勞動保險制度至此演變為各單位的內部事務，社會保險退化為企業保險，保險基金也不復存在。改革前機關事業單位的養老保險則全部由當期財政支出，也沒有建立相應的保險基金。

現階段的城鎮職工養老保險制度始於 20 世紀 80 年代中期。隨著市場經濟體制的確立，支撐勞動保險制度的經濟基礎和組織基礎開始動搖。廣東、四川、江蘇、遼寧等地開始進行退休費用社會統籌的改革試點，鐵路、郵電、電力等行業也開始實行養老保險行業統籌。到 90 年代初，在總結各地經驗的基礎上，國務院頒布了《關於企業職工養老保險制度改革的決定》（國發〔1991〕33 號文），開始探索基本養老、補充養老和個人儲蓄養老相結合的多層次養老保障制度。1993 年的中共十四屆三中全會又明確提出實行「社會統籌和個人帳戶相結合」的基本養老保險制度，1997 年頒布的《關於建立統一的企業職工基本養老保險制度的決定》（國發〔1997〕26 號文）則使得我國現階段城鎮職工基本養老保險制度的整體框架得以確立。在城鎮職工基本養老保險基金管理營運方面，制度運行之初由於新制度與舊制度之間的制度轉型成本未能得到很好解決，國家未對「隱性債務」進行明確補償，基金收支營運實質上演變為對社會統籌和個人帳戶基金進行混帳管理，個人帳戶形成「空帳」。直到 2000 年以後，國家才開始提出要逐步做實個人帳戶，而直到目前為止，個人帳戶依然還有相當一部分空帳。本應作為投資基金的個人帳戶基金幾乎不能參與投資。

---

① 林義. 社會保險基金管理 [M]. 北京：中國勞動和社會保障出版社，2007：279.

在農村，由於新中國成立后日益形成的城鄉二元經濟結構，城鄉養老保險方面亦存在明顯差異。到 20 世紀 80 年代，農村養老保障主要依賴土地與家庭的基本保障功能，除集體供養的五保制度外，政府很少介入農民的養老問題。隨著 20 世紀 80 年代家庭聯產責任承包制、計劃生育政策等制度的相繼實施，家庭養老保障功能逐漸弱化，農民的養老保險制度才受到關注。到 90 年代初國家開始在部分地區開始農村社會養老保險制度的試點工作，實行以個人交費為主、集體補貼為輔，國家政策支持的個人帳戶累積制養老保險。至 1997 年年底，全國共有 2,000 多個縣（市、區、旗）開展了農村養老保險工作，8,000 多萬農村人口參加保險，基金累積近 140 億元。而 1997 年后，由於宏觀經濟的巨大變化，老農保制度開始出現基金支付困難，參保人數下降等問題，部分地區的老農保制度陷入停頓狀態①。在基金管理上，《縣級農村社會養老保險基本方案》規定，基金實行以縣級為單位的統一管理營運，主要以購買國家財政發行的高利率債券和存入銀行實現保值增值。但在現實運行中，由於缺乏專業人才，基金主要以銀行存款為主。雖然在基金建立之初，銀行存款利率較高，存入銀行能夠獲得較高的資金利息，但隨著宏觀經濟形勢的變化，銀行利率的下調，再加上通脹等因素，存款利率已不能滿足農保基金的保值增值要求。再加上老農保基金在管理方面缺乏相應的法律保護，基金擠占挪用和違規使用的現象時有發生，基金流失情況嚴重②。2000 年以後，隨著農村社會保障制度再次被提上政府議事日程，各地又開始建立農村社會基本養老保險制度。2009 年國務院《關於開展新型農村社會養老保險試點的指導意見》（國發〔2009〕32 號文）的頒布標誌著新農保制度開始在全國範圍內統一實施。在基金管理體制上新農保基金納入社會保障財政專戶實行收支兩條線管理，統籌層次以縣級為主，基金投資渠道仍以銀行存款和國債為主。而此時城鎮居民社會養老保險制度也在各地開始探索實施，2011 年，國務院頒布的《關於開展城鎮居民社會養老保險試點的指導意見》（國發〔2011〕18 號文）確立了城鎮居民養老保險制度的基本框架。由於在制度設計與運行機制上的相似性，2014 年 2 月國務院常務會議決定合併新型農村社會養老保險和城鎮居民社會養老保險，建立統一的城鄉居民基本養老保險制度，城鄉居民基本養老保險基金納入社會保障基金財政專戶，實行收支兩條線管理。國務院《關於建立統一的城鄉居民基本養老保險制度的意見》（國發〔2014〕8 號）要求各地在整合城鄉

---

① 胡秋明. 可持續養老金制度改革的理論與政策研究 [M]. 北京：中國勞動社會保障出版社，2011：235.

② 楊禮瓊. 從老農保的制度缺陷看新農保實施的必要性 [J]. 求實，2011（5）：89.

居民養老保險制度的基礎上逐步推進城鄉居民養老保險基金省級管理。

到目前為止，我國社會基本養老保險已經從制度上實現全覆蓋，社會養老保險基金逐漸增多，到 2013 年我國城鎮職工基本養老保險結餘基金達到 28,269 億元，城鄉居民養老保險基金達到 3,006 億元。在基金管理層次上，城鎮職工基本養老保險已經在制度上實現省級統籌，城鄉居民養老保險也在逐步向省級過渡。但從整體上看，基金管理層次仍較低，導致基金過於分散，使用效率受到一定的影響。基本養老保險基金除部分個人帳戶基金進行委託投資外，絕大部分財政專戶基金的主要保值增值渠道仍是銀行存款和國債，如表 4-1 所示：

表 4-1　　2012 年我國基本社會養老保險基金財政專戶資產情況

單位：億元

資產項目	財政專戶存款	支出戶	暫付款	債券投資	委託營運	協議存款	資產總額
城鎮職工基本養老保險	20,170	1,139	1,816	196	918	1,058	25,297
城鄉居民社會養老保險	2,247	55	46	32			2,380

數據來源：人力資源和社會保障部，《2012 年全國社會保險情況》．

4.1.2　現行基本社會養老保險基金管理制度對投資行為的影響

4.1.2.1　投資體制對投資行為的影響

作為最具權威的正式制度，相關法律法規是養老基金投資所遵循的最基本的行為準則。現階段我國關於基本養老保險基金管理的法律法規可以追溯到 1991 年的《關於企業職工養老保險制度改革的決定》，但到目前為止中國基本養老保險基金管理相關法律制度仍處在建設階段。《社會保險法》對基金管理僅有一些原則上的指導[1]，其他關於社保基金的法規或以「暫行規定」「試行辦法」「暫行條例」，或以「通知」「決定」等方式發布，發布機關也以人力資源和社會保障部、財政部等部委為主，其法律效力較弱。而事實上，這些法規在實施過程中也一直未得到完全落實。在投資安排方面，養老基金需要一個統一的、細化的、具有可操作性的法律文件以確保將基金的投資管理行為置於

---

[1] 《社會保險法》第十四條規定：養老保險個人帳戶記帳利率不得低於銀行定期存款利率；第六十八條規定：社會保險基金在保證安全的前提下，按照國務院規定投資營運實現保值增值。

有效的法律控制之下。顯然這方面的投資規定還有待進一步完善。1993年《企業職工養老保險基金管理規定》（勞部發〔1993〕117號）① 曾將基金保值增值的主要方式規定為國庫券和銀行發行的債券。1994年財政部、勞動部《關於加強企業職工社會保險基金投資管理的暫行規定》（〔1994〕財社字第59號）② 明確規定，基金結餘的80%左右應用於購買特種定向債券。1996年國務院辦公廳頒布的《關於一些地區擠占挪用社會保險基金等問題的通報》（國辦發明電〔1996〕6號）也做出了類似規定。而1997年《關於建立統一的企業職工基本養老保險制度的決定》（國發〔1997〕26號）這一確定我國城鎮職工養老保險制度基本框架的文件則將基金的投資渠道模糊地規定為購買國家債券和存入專戶。2000年《關於完善城鎮社會保障體系的試點方案》（國發〔2000〕42號）也僅是進一步規定了基金的投資收益率要高於銀行同期存款利率。此后由於社保基金案件的頻發，勞動部門對養老基金的投資實行了嚴格的監管。如2006年勞動和社會保障部頒布的《關於進一步加強社會保險基金管理監督工作的通知》（勞社部發〔2006〕34號）就明令：禁止社會保險基金違規投資營運，並嚴格管理社會保險累積基金，除預留必要的支付費用外全部存入銀行和購買國債。后來相繼實施的新型農村社會養老保險和城鎮居民社會養老保險，以及合併后的城鄉居民基本養老保險的基金投資制度也基本上延續了城鎮職工基本養老保險的相關規定。此后，基本社會養老保險基金的投資體制未有重大突破，存款利息成為基金的主要投資收益來源。社保管理部門對基金保值增值的創新工作也僅限於如何通過計息政策的調整來提高基金投資收益。例如部分地方財政部門在分析國家金融貨幣政策等多方面信息的基礎上通過選擇社保基金的汛期使社保基金收益最大化。當國家宏觀調控抑制通脹上調利率時，財政專戶選擇一年定期存款，在國家開始執行寬鬆金融貨幣政策之初，則選擇三年定期存款。在社保基金財政專戶開戶銀行的選擇上，各地通過公開招標選擇資金實力雄厚、資產狀況良好、具有較強的風險控制能力和較好的經營業績的銀行作為開戶銀行，並通過與銀行協商、談判獲得高於居民存款的利息率。在投資方式上，基金通過國庫存款、活期存款、定期存款、購買債

---

① 第二十一條：「基金保值、增值的方式：（一）、購買國庫券以及國家銀行發行的債券；（二）、委託國家銀行、國家信託投資公司放款。」第二十二條：「各級社會保險管理機構不得經辦放款業務，不得經商、辦企業和購買各種股票，也不得為各類經濟活動作經濟擔保。」

② 《關於加強企業職工社會保險基金投資管理的暫行規定》：「職工養老保險基金收支相抵后的結餘額，除留足兩個月支付費用外，80%左右應用於購買特種定向債券，在國務院沒有做出新的規定前，不得在境內外進行其他直接投資和各種形式的委託投資。社會保險基金購買國家債券以后仍有結餘的部分，應按社會保險基金管理的有關規定存入銀行的專戶。」

券等方式以獲得收益實現保值增值。同時，結合養老基金的普遍性和特殊性，根據各項基金收支運行特點和支付需求，各基金分類別規定了基金活期存款預留額度和保值增值額度的條件，確保基金保值增值效應最大化。截至2013年，作為中國養老基金三大支柱之一的基本養老保險基金已累積結餘31,275億元，其中城鎮職工基本養老保險基金28,269億元，城鄉居民社會養老保險基金3,006億元[①]。然而巨額的基金結餘仍只能通過一個較為落后的投資體制進行保值增值。

4.1.2.2 管理模式對投資行為的影響

雖然基本養老保險基金由各級社會保險事業管理中心負責具體管理和投資營運，但從政策制定到具體的徵收、管理和營運，還是由相關的各行政部門多頭管理。這使得基金缺乏強力的統一管理，沒有法人資產和獨立經濟利益的約束，內部很難建立規範的會計審計體系和公開透明的信息披露機制。除基本養老保險實現制度上的省級統籌外，其他制度的管理層次均以縣、市為主，全國範圍內的社會保障管理局達2,000多個，且不同險種基金的管理核算又是獨立的，基金在全國事實上被分割成上萬個獨立管理的基本單位[②]。分散化的管理模式增加了基金的管理難度，且各地方政府出於自身利益考慮往往會影響基金的管理行為，當基金徵繳與被徵繳部門發生衝突時，地方政府往往以犧牲社保資金為代價來換取經濟的短時間的發展。而且，地方政府對社保基金具有很大的支配權，不規範管理、損害基金安全的現象時有發生。從審計署公布的2011年全國社會保障資金審計情況來看，在徵繳環節中，各種應徵未徵、欠繳、擅自減免、隱瞞欠費、以少報基數等方式少繳等不規範業務管理造成約570億元的基金流失，占到了總徵收額的3%。各類擴大範圍支出或違規營運社會保險基金達7.1億元，374.5億元社會保險基金未納入財政專戶管理（見表4-2）。

分散化的管理也降低了基金的使用效率，各基金單位各自為政，基金只能在小範圍內自我週轉，調劑性大大降低。由於基金累積狀況的不平衡，各地的支付能力存在較大差別。從全國範圍的城鎮職工基本養老保險收支情況來看，

---

① 人力資源和社會保障部. 2013年度人力資源和社會保障事業發展統計公報 [EB/OL]. http://www.mohrss.gov.cn/.
② 鄭秉文. 社保基金結餘2萬億元，負利率下長期處貶值狀態 [N]. 新京報, 2010-10-29.

表 4-2　　2011 年全國基本社會養老保險基金不規範管理行為　　單位：億元

	城鎮職工基本養老保險	城鄉居民養老保險
大範圍支出或違規營運基金	1.97	2.37
未納入財政專戶管理	220.67	40.26
應徵未徵	19.31	
擅自減免	8.8	
少繳保費	51.4	
隱瞞欠費	74.03	
欠繳	270.97	

數據來源：國家審計署，2012 年，《全國社會保障資金審計結果》。

廣東、浙江、江蘇等省的基金累積超過千億元，但有十幾個省份卻出現了收不抵支的情況，遼寧、黑龍江的收支缺口超過 100 億元①。而在當期結餘最多的廣東省內部，養老金結存中 70%~80% 集中在 20%~30% 的縣（市），而大部分縣（市）是持平或赤字，全省 148 個核算單位中 80% 的單位有赤字，其中極端困難的縣（區）從 3 個增加到 5 個，這些縣（區）完全靠省級調劑金過活②。另外，中國社會保險基金存在著巨額的基金結餘與大量的財政補貼共存的現象。大量的基金得不到充分利用，只能「沉睡」在財政專戶存款中。2011 年，5 項城鎮職工社會保險徵繳收入為 18,957.61 億元，支出 16,300.67 億元，收支差為 2,656.94 億元，但在 2,000 多億元淨結餘的情況下，各級財政補貼卻達到了 2,315.11 億元。這種分散化管理不僅帶來了基金使用效率的低下，也增加了財政負擔。

在基金的監管模式方面，雖然基金的監管主體包括各級人大、社保行政部門、財政部門、審計部門甚至監督委員會，監管方式包括人大監督、行政監督、財政監督、內部監督、社會監督等多種方式，多重管理主體不僅使得各監管主體角色模糊、缺乏獨立性，也造成了機構重疊、業務交叉，在實際操作中往往出現政出多門、相互推諉等弊端。在監管機制上，行政部門往往集基金的投資營運和監管於一身，形成管理者與監督者的身分重疊。按照現行體制規定，人力資源和社會保障部門負責基金的行政主管和投資營運，社會保險經辦

---

① 鄭秉文．養老保險基金持續「縮水」亟須「走出」銀行 [EB/OL]．中國新聞網，2012-10-22．

② 張利軍．中國養老保險統籌層次的改革路徑與發展方向探討 [J]．中國勞動關係學院學報，2009（4）．

機構負責監督基金的使用。但經辦機構隸屬於人力資源和社會保障部門，造成社保基金管理信息不透明，以及各種暗箱操作、權力尋租行為的產生。

4.2 企業年金基金管理制度對投資行為的影響

4.2.1 企業年金基金的管理制度與投資行為變遷

中國的企業年金脫胎於公共管理的公共養老金體系。20世紀80年代末至90年代初，各地在進行退休養老費用社會統籌的基礎上開始探索建立企業補充養老保險制度。一些行業和地方性的補充養老保險基金開始建立，社會保險公共管理機構主要負責年金業務的經辦與管理，對基金的投資沒有明確的規定。1995年勞動保障部《關於印發<關於建立企業補充養老保險制度的意見>的通知》中，除了較為詳細地說明了制度的組織程序和管理、繳費方式與水平、記帳方式和計發辦法、參保人的權利和義務之外，對基金投資管理則僅僅做出了原則性的描述①。這一時期補充養老保險基金的投資範圍僅限於銀行存款、國債和少量的企業債及金融債。企業年金的說法來自於2000年國務院頒布的《關於完善城鎮社會保障體系的試點方案》（國發〔2000〕42號文），我國企業年金制度進入發展完善階段。但2004年之前，雖然在試點中提出企業年金進行市場化管理，但投資制度仍沒有具體明確，包括在管理模式、營運方式、資產配置管理等方面都沒有做出具體規定。基金管理機構包括地方社保經辦機構、行業經辦機構、企業自辦、商業保險公司等多個主體。直到2004年《企業年金試行辦法》《企業年金基金管理試行辦法》頒布以後，我國企業年金制度才具有了一個統一的基本框架，投資管理中的一些基本內容——管理模式、管理流程、各管理主體的基本職責、年金基金投資的資產配置比例、投資渠道、風險控制方法、基金監管機制等才得以明確，企業年金基金營運才進入規範化和市場化階段。經過20多年的發展，中國企業年金已初具規模，截至2014年年底，中國企業年金企業帳戶數已增加到73,261個，覆蓋人數超過2,292萬人，累積基金7,688.95億元。但目前企業年金的覆蓋範圍與基金規模仍不能滿足中國龐大的養老基金資產需求。目前，企業年金覆蓋的職工數僅為參加城鎮職工基本養老保險人數的9%左右。而在全球範圍內，法國、丹麥、瑞士等國的企業年金幾乎實現全覆蓋，美國、加拿大、英國的覆蓋率也達到

---

① 楊長漢. 企業年金基金管理 [M]. 北京：經濟管理出版社，2011：42.

50%以上，1/3 的國家的企業年金覆蓋率超過 30%。而企業年金 5%左右的替代率水平也遠低於發達國家 20%~30%的替代率水平（見圖 4-1）。

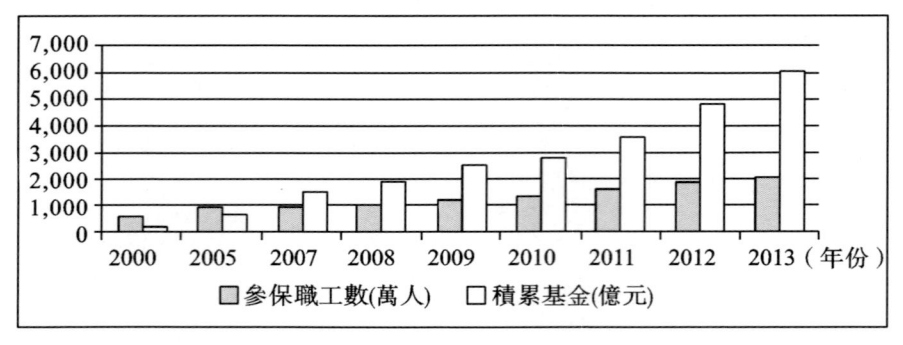

圖 4-1　2000—2013 年中國企業年金發展狀況

數據來源：人力資源和社會保障部，《歷年全國企業年金業務數據摘要》。

在基金管理模式上，中國企業年金在本質上是信託型模式，即作為委託人的企業和職工將基金交由受託人進行管理運作，在計劃運作中形成了包括發起人和受益人委託年金理事會或外部受託機構管理資產，同時受託人確定投資管理人，帳戶管理人和託管人對基金的投資管理進行具體運作、帳戶管理和資產託管職能的雙層委託代理關係（見圖 4-2）。

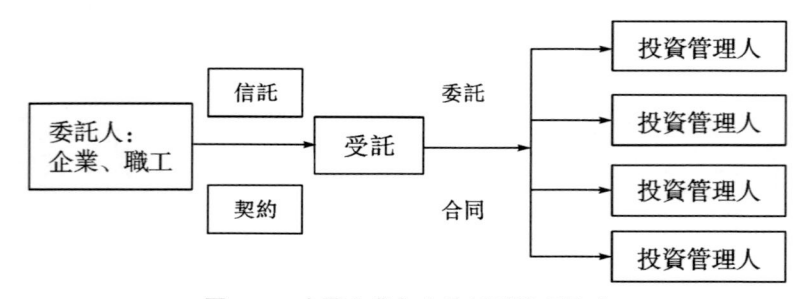

圖 4-2　中國企業年金信託型管理模式

按照進行市場化營運的企業年金基金投資手段較為多樣化。其中，2014 年全國企業年金基金實際投資運行金額為 7,402.86 億元，實現了 581.31 億元的收益，加權平均收益率為 9.30%，投資運作滿全年的 1,766 個投資組合中，有 586 個為固定收益類投資組合，1,739 個為含權益類投資組合①，其中固定收益類投

---

① 期初合同或備忘錄明確約定不能投資權益類的組合為固定收益類；沒有明確約定或期間發生類別變動的，都為含權益類。

資組合投資收益為 6.49%，含權益類投資組合收益為 9.88%①。在投資工具選擇和投資比例上，中國《企業年金基金管理辦法》從年金資產的安全性和收益性角度進行了相應規定。2007—2014 年企業年金年平均收益率為 7.87%，高於通貨膨脹水平，在市場化運作的條件下基本實現了基金的保值增值。經過 10 年的投資實踐和經驗累積，企業年金的投資渠道也從最開始的存款、債券、股票等傳統資產向新型金融資產擴展。2011 年的《企業年金基金管理辦法》將投資範圍擴展到了包括銀行存款、國債、中央銀行票據、債券回購、萬能保險產品、投資連結保險產品、證券投資基金、股票，以及信用等級在投資級以上的金融債、企業（公司）債、可轉換債（含分離交易可轉換債）、短期融資券和中期票據等金融產品在內的投資工具②。近期出抬的《擴大企業年金基金投資範圍的通知》又增加了銀行理財產品、信託產品、基礎設施債權計劃和專項資產管理計劃等與市場化利率掛勾的金融產品③（見表 4-3）。

表 4-3　　　　2007—2014 年全國企業年金基金投資管理情況

年份	投資組合數（個）	資產金額（億元）	當年加權平均收益率（%）
2007	212	154.63	41
2008	588	974.9	-1.83
2009	1,049	1,591.02	7.78
2010	1,504	2,452.98	3.41
2011	1,882	3,325.48	-0.78
2012	2,210	4,451.62	5.68
2013	2,520	5,783.60	3.67
2014	2,740	7,402.86	9.30
年平均			7.87

數據來源：人力資源和社會保障部，《2014 年企業年金業務數據摘要》。

說明：投資組合數為年末全部組合情況，資產金額為實際投資營運金額。

---

① 人力資源和社會保障部. 全國企業年金基金業務數據摘要 [EB/OL]. 人力資源和社會保障部網站，2015-03-31. http://www.mohrss.gov.cn/shbxjjjds/SHBXJDSgongzuodongtai/201503/t20150331_155345.htm.

② 《企業年金基金管理辦法》.

③ 《關於擴大企業年金基金投資範圍的通知》（人社部發〔2013〕23 號）.

4.2.2 現行企業年金基金管理制度對投資行為的影響

4.2.2.1 受託模式對投資行為的影響

按照《企業年金基金管理辦法》的規定，在我國企業年金投資決策中，受託人、投資管理人、投資顧問公司共同作出戰略資產配置，而戰略資產配置決策由受託人完成，受託人還要根據年金計劃受益人的特點和不同資產的風險與預期收益對資產進行優化組合。同時，受託人還要對投資管理人進行選擇、兼顧和更換。基金的投資管理人則根據投資管理合同和戰略資產配置實施戰術資產配置。因此，受託人不僅是整個企業年金業務管理的核心，也是年金基金投資管理的核心[1]。

根據企業年金受託人的行為能力以及基金的分類標準和方法，我國企業年金的運作模式可以分為法人受託全分拆、法人受託部分分拆、理事會受託全分拆和理事會受託部分分拆四種模式。法人受託全分拆中的法人受託機構只承擔受託管理職責，將資金託管、帳戶管理和投資管理分別委託給第三方機構承擔。法人受託部分分拆模式是將年金的某一項或幾項管理職能捆綁到一起交由一個法人機構承擔，具體可以分為受託人與帳戶管理人捆綁、受託人與投資管理人捆綁、受託人與帳戶管理人、投資管理人捆綁三種模式。在全分拆模式下的專業職能分工程度最高，各參與人的職責根據合同關係所確定，受託人是各機構之間信息傳遞的中樞，在信息處理中起著非常關鍵的作用。在受託人與帳戶管理人捆綁的模式下，受託機構還兼任了帳戶管理的業務。這種服務通常只有少數實力強大的金融機構才能提供。在投資管理人與受託人捆綁模式下，受託機構則將承擔年金基金的風險評估、戰略資產配置、戰術資產配置以及擇時等全部投資行為。若受託人與帳戶管理人、投資管理人進行捆綁，受託機構除要承擔所有投資業務之外，還要承擔日常帳戶管理的職責，這對受託機構綜合能力的要求非常高。在各細分模式下，法人受託機構所承擔的角色如表4-4所示：

表 4-4　　　　　各種法人受託模式下受託人承擔的職責

模式種類	受託人	帳戶管理人	託管人	投資管理人
全分拆	√	×	×	×
受託人與帳戶管理人捆綁	√	√	×	×
受託人與投資管理人捆綁	√	×	×	√
受託人與帳戶管理人、投資管理人捆綁	√	√	×	√

---

[1] 楊長漢. 企業年金基金管理 [M]. 北京：經濟管理出版社，2011：166.

按照受託人職責的不同,理事會受託也可分為全分拆和部分分拆模式,但由於年金理事會是自然人的集合,沒有法人資格,不能擔任帳戶管理人、託管人和投資管理人,因此理事會受託模式無法像法人受託那樣衍生出不同的細分模式。其部分分拆模式通常為年金理事會與帳戶管理人捆綁模式,即理事會作為受託人,設立年金計劃的企業專門設立一個帳戶管理機構來負責本企業年金計劃的管理,同時委託外部法人機構承擔託管人和投資管理人的職責。由於帳戶管理需要有較為完善的管理、客戶服務等系統的支持,專業要求較高,因此只有極少數的大型企業採用這種理事會受託的部分分拆模式。在理事會受託模式下,養老基金的投資管理決策主要由年金理事會做出,但由於理事會主要由職工代表和企業代表組成,理事不得收取任何形式的費用。因而雖然允許理事會選聘外部專業人士參與,但現實中很難通過理事會來聘請到合適的專業投資人士。即使通過一些方式外聘到專業投資顧問,投資顧問的意見能否被採納取決於理事會成員的偏好,而理事會成員的專業性普遍較弱。與之相比,法人受託投資管理機構往往是獲得認定的專業金融機構,這些機構通常擁有較強的專業化管理能力和投資決策能力,在實踐經驗和專業能力上都較基金理事會更具優勢。因此,採用理事會模式的通常是一些擁有專業投資機構的大型集團化企業,而中小企業一般採用法人受託模式。從目前我國企業年金的實際運作情況來看,法人受託投資管理機構的單一計劃數為1,090個,理事會受託僅為205個,法人受託投資管理機構管理的資產為4,613.5億元,占全國年金總資產的60%以上[①]。

無論是法人受託還是理事會受託,都存在受託人與投資管理人相分離的情況。在投資管理人未與受託人捆綁的情況下,受託人通過簽訂投資合同來選擇、監督投資管理人的行為,投資管理人則按照合同負責在受託人所確定的戰略資產配置框架下進行戰術資產配置和時機選擇等工作。這種情況下往往會出現由於受託人和投資管理人投資目標的不一致而導致的短期化投資行為。在目前的實際操作中,大量的年金投資管理合同短期化,一般都不超過三年,甚至很多合同期限僅有一年,這樣的短期化合同既不符合企業年金基金長期性的特點,也導致企業年金基金投資行為的短期化。一些企業年金根本就沒有指定明確的長期目標,有的則只是籠統地要求當年的投資不虧損,有的企業年金則是在每年期初時設置一個絕對收益目標[②]。在具體的投資過程中,基金投資管

---

① 人力資源和社會保障部.全國企業年金基金業務數據摘要[EB/OL].人力資源和社會保障部網站,2015-03-31. http://www.mohrss.gov.cn/shbxjjjds/SHBXJDSgongzuodongtai/201503/t20150331_155345.htm.

② 熊軍.養老基金投資管理[M].北京:經濟科學出版社,2014:134.

人由於過度追求短期目標，其資產配置大比例選擇銀行存款、中短期債券等產品，投資策略變化頻繁、短線操作、追漲殺跌、羊群效應等行為較為明顯，投資收益波動較大。而長期目標的缺失容易讓基金在市場波動中迷失投資方向，也必然給基金的風險防範帶來更大的挑戰。

4.2.2.2 收費模式與業績評估對投資行為的影響

由於中國企業年金採取獨立帳戶管理形式，導致組合數量較多產生營運難度較大、管理成本較高等問題。如 2013 年中國企業年金基金投資總額約為 5,873.5 億元，投資組合數為 2,519 個，組合平均資產規模僅為 2.3 億元左右。若再考慮年金管理中的信息披露、數據共享、合同談判等成本，企業年金獨立帳戶管理模式的效率則將更加低下。此外，在中國企業年金投資管理運行中，各管理機構分別收取一種費用。相比於目前較小的資產規模，參與企業年金業務的各類管理機構卻有數量眾多的參與者、複雜的業務流程以及相對有限的規模，導致了年金在業務費率上的惡性競爭。按照《企業年金基金管理辦法》，年金基金需要支付的受託管理費、託管費、投資管理費合計上限為基金財產淨值的 1.6%。但目前市場上大部分年金計劃費率未達到上限，無論企業還是受託人都要反覆對單項收費進行詢價、比較等反覆低效的工作，並且受託人承擔年金管理的權責卻無法在收費環節上控制託管費和投資管理費等。在費率上的惡性競爭將直接損害年金管理機構的利潤，導致當前的投資管理模式不具有可持續性，並最終影響我國企業年金制度的發展壯大。目前建立企業年金計劃的企業對基金的投資業績多按照年度甚至更低期限進行考核，並根據短期業績排名優勝劣汰。這種評價機制導致基金經理採取看重短期收益的投資策略，將資產主要投資於風險較低的固定收益類工具，並嚴格控制權益類資產的比例，以獲得穩定的正回報。而作為長期性質的基金投資無疑應更注重基金資產規模與資本市場和宏觀經濟的同步長期發展，過分重視短期業績不僅無法獲得較高的投資收益，也增加了基金長期投資的風險。

4.3　全國社會保障基金管理制度對投資行為的影響

4.3.1　全國社會保障基金管理制度與投資行為變遷

2000 年 9 月，國務院決定建立「全國社會保障基金」，以應對今後可能發生的各種社會保障支付，其基本性質是為了應對未來人口老齡化壓力而建立的儲備型基金，其基金來源主要包括中央財政撥款、國有股減持、各類彩票劃撥資金和

基金投資收益等。作為社會保障儲備基金的全國社會保障基金，有專門的資產管理機構——全國社會保障基金理事會進行投資管理營運。全國社會保障基金理事會採用直接投資與委託投資相結合的方式，對基金進行投資運作，其中直接投資58.83%、委託投資占41.17%。全國社會保障基金的投資工具則包括了境內外銀行存款、債券、信託投資、資產證券化產品、股票、證券投資基金、股權投資和股權投資基金等多個方面。至2012年年末全國社會保障基金權益為8,932.83億元，年均收益率達到8.29%，累計投資收益3,492.45億元。2006年起，全國社保基金理事會開始受託營運部分個人帳戶基金，並獲得了較好的收益，為中國個人帳戶基金的大規模投資營運提供了豐富的經驗（見表4-5）。

表4-5 2001—2012年全國社會保障基金資產規模與投資收益率情況

年份	資產規模（億元）	全國社保基金投資收益率（%）	通貨膨脹率（%）
2001	805.09	1.73	0.7
2002	1,241.86	2.59	-0.8
2003	1,325.01	3.56	1.2
2004	1,711.44	2.61	3.9
2005	2,117.87	4.16	1.8
2006	2,724.16	29.01	1.5
2007	4,139.75	43.19	4.8
2008	4,803.81	-6.79	5.9
2009	6,927.73	16.12	-0.7
2010	7,809.18	4.23	3.3
2011	7,727.65	0.84	5.4
2012	8,932.83	7.01	2.6
年均		8.29	2.47

數據來源：全國社會保障基金理事會。

經過十餘年的發展，中國社會保險基金投資管理逐步完善並進行了多方面的創新。目前，中國社會保險基金真正進行市場化投資營運的只有全國社會保障基金與企業年金基金。其中以全國社會保障基金的投資管理活動更為豐富，其主要投資經驗有：

4.3.1.1 投資管理模式

全國社會保障基金自成立以來，在投資模式上進行了多方面探索。現有投資模式包括：證券委託投資管理模式、直接實業投資模式、境外證券委託投

模式、股權投資基金模式，以及個人帳戶受託管理模式等。

全國社保基金將創新的委託—託管方式用於證券投資上，通過專業化投資管理人的完全自主決策將投資轉化為一種市場化行為。不僅將資產配置於不同的投資策略、投資風格的投資組合中減少了投資風險，並且通過專業投資機構提高了基金的投資收益。現有的52個境內委託投資組合中，設有股票型、債券型、穩健配置型等多種投資類型，分別由16家基金公司進行管理。全國社保基金的境外委託投資始於2006年，現有投資產品涵蓋了全球股票積極型、亞太股票積極型、美國股票指數型、新興市場股票積極型、自然資源股票、全球不動產股票、新興市場本幣債等多類型產品。

採用委託投資方式還實現了投資過程中投資營運與投資監管的分離。社保基金理事會作為委託人通過相關法律和合同約定對投資組合管理人進行監督和行為約束，並通過績效評估機制對投資組合管理人進行激勵，促進投資水平的提高。2006年以後，全國社保基金委託投資比重一直穩定在40%以上，成為基金的主要收益來源。

全國社保基金的實業投資主要採取兩種方式，一種為直接股權投資，一種為股權投資基金模式。直接股權投資方面，全國社保基金主要投資於中央直屬企業和改革試點項目。截至2010年，社保基金共參與9個項目的直接投資，帳面價值為1,287.59億元，占總資產的20.29%[1]（見圖4-3、圖4-4、表4-6）。

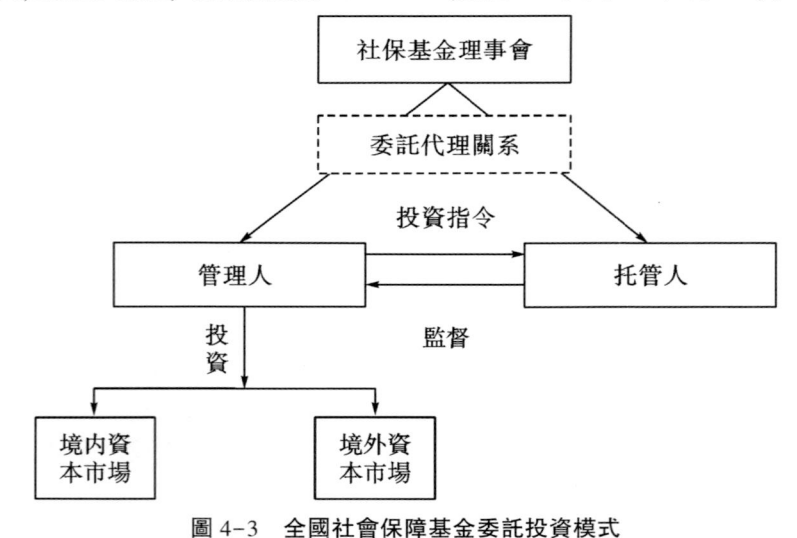

圖4-3　全國社會保障基金委託投資模式

---

[1] 全國社保基金理事會. 全國社保基金直接股權投資情況［EB/OL］. 中國社會保障基金理事會網站，2010-10-22. http://www.ssf.gov.cn/jnsytz/201205/t20120509_5131.html.

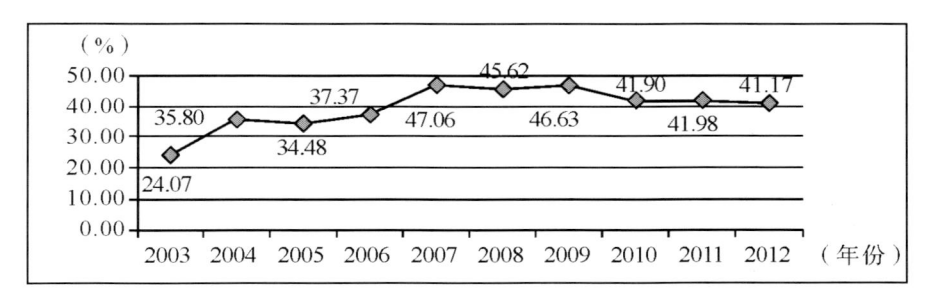

圖 4-4　全國社會保障基金委託投資比重變化情況

數據來源：全國社會保障基金理事會。

表 4-6　　　　　　全國社會保障基金部分直接投資項目

企業/項目	交通銀行	中國銀行	京滬高速	中國銀聯	大唐控股	中節能風電
金額（億元）	100	100	100	100	100	4.8
企業/項目	中航國際	農業銀行	國開行	中國人保	中國信達	建信人壽
金額（億元）	13.44	155.2	100	100	50	11.48

數據來源：全國社會保障基金理事會。

　　社保基金的直接股權投資不參與企業的經營管理活動，也不以控制企業為目的，並將投資總額限制在貨幣資產的20%以下。在投資的項目中，有中國知名的金融企業，也有現階段國家的重點建設項目和重點發展產業，符合基金長期性和安全性的要求。基金的直接股權投資不僅獲得了豐厚的利潤，例如對四家銀行的直接投資共增值1,023.11億元，浮盈達776.28億元，占社保基金累計投資增值的30.8%，同時還在支持中國金融體制改革、重大項目的建設、中央企業改組改制、發展戰略性新興產業方面發揮了積極作用。

　　除直接股權投資外，全國社保基金從2004年投資「中比基金」開始還進行了較大規模的股權投資基金投資。截至2012年9月，全國社保基金已承諾投資226.55億元，全國社保基金共投資了19只由15家管理人發起設立的股權基金。作為股權投資行業重要的機構投資者，全國社會保障基金的進入不僅對中國股權投資基金行業的發展起到了積極的推動作用，也有利於通過培育高質量的上市公司實現社保基金的長期保值增值。

　　此外，全國社保基金理事會還開創了中國個人帳戶投資管理的新模式——

受託管理。根據國務院相關要求，2004 年起①，全國社保基金理事會開始受託管理天津、山西、河南、新疆、吉林、黑龍江、山東、湖南和湖北 9 個試點省（區、市）企業職工基本養老保險個人帳戶中的中央補助資金。全國社保基金理事會還利用較為成熟的投資管理經驗和已經成功運作的投資平臺，作為受託人代理了其他各類養老基金的投資管理（劉向軍，2010）。全國社保基金理事會對受託營運的個人帳戶基金承諾較優惠的投資收益率，並按會計年度確認記帳收益②。個人帳戶受託管理機制如圖 4-5 所示：

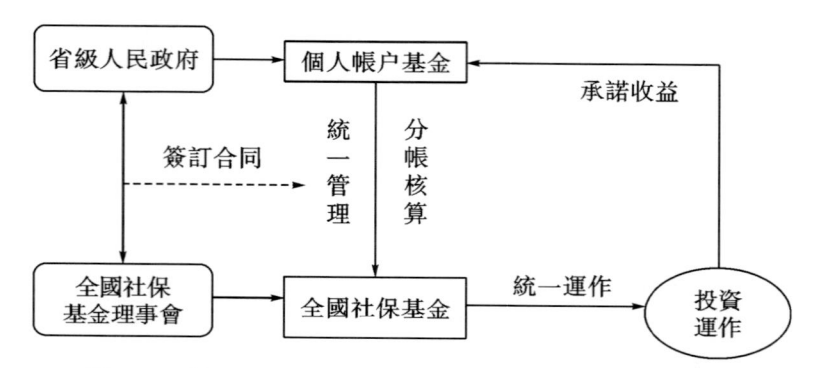

圖 4-5　全國社保基金理事會受託管理個人帳戶基金運行機制

至 2012 年年末，全國社保基金受託管理的個人帳戶基金和廣東省城鎮職工基本養老保險結余基金權益共計 1,820.74 億元，其中個人帳戶基金權益786.65 億元，廣東委託基金權益 1,034.09 億元。受託管理較好地實現了個人帳戶基金的保值增值，為全國基本養老保險個人帳戶基金的專業化、市場化營運開闢了一條新的道路。但也有學者認為，部分地區個人帳戶基金的委託投資造成了全國個人帳戶基金的「雙重投資結構」格局。長此以往，與其他省份沒有採取委託管理的中央補貼部分的收益率就會拉開差距，在地方部門利益驅使下對參保人造成一種「人為的收益不公平」。隨著時間的推移基金的雙重發展趨勢將固化，形成路徑依賴③。然而，這種受託管理模式不僅適用於目前全

---

①　《國務院辦公廳關於在吉林和黑龍江進行完善城鎮社會保障體系試點工作的通知》（國辦函〔2004〕19 號）。

②　記帳收益按承諾收益率計算的金額加 50%的超額收益額。結算期滿，若基金同期經營收益率高於承諾收益率，按基金同期經營收益分配；若基金同期經營收益率低於承諾收益率，按承諾收益率分配收益，不足部分由全國社保基金風險準備金予以補足。

③　鄭秉文，張峰. 中國基本養老保險個人帳戶基金研究報告 [M]. 北京：中國勞動社會保障出版社，2012：139.

國社保基金理事會管理中國部分社會保險基金，也可以適用於國外養老基金在中國的委託投資。

4.3.1.2 投資渠道與範圍

在投資渠道上，全國社保基金的投資渠道較企業年金更為豐富，不僅包括傳統的金融工具，還涵蓋了房地產投資、實業投資、資產證券化產品、指數投資、信託貸款、貨幣市場產品、金融衍生工具等諸多方面。在基金成立之初，全國社保基金主要投資固定收益產品。股票投資開始於 2003 年，2004 年開始涉足直接股權投資，2006 年年底開展了境外的股票和債券的投資活動，2008 年進入股權投資基金領域①。近年來全國社保基金股票投資和實業投資比重逐漸增加，境內外股票投資占總資產 30% 以上，實業投資比重約為 20%，固定收益投資穩定在規定的最低限度約為 50%，而現金等價物資產從基金成立之初的 70% 左右下降到不足 1%。2006 年啟動的境外證券投資成為全國社保基金規避國內資本市場的系統風險、利用全球資本市場分享各國的投資收益的重要渠道。在實業投資中，全國社保基金通過直接股權投資、信託投資等方式對中國重大基礎設施建設項目，如鐵路、電網、油氣管道、高速公路等項目進行了較大規模投資。此外，社保基金還參與了交通銀行、中國南車的定向增發，至 2011 年年底，社保基金實業投資規模達到 11,375.72 億元。2011 年，為支持國家保障性住房建設全國社保基金通過信託貸款向南京、天津、重慶等地保障房項目累計貸款超過 100 億元，不僅獲得了一定的收益，也發揮了社會保障儲備基金支持中國社會保障事業發展的應有作用。此外，從 2005 年開始，全國社保基金還進行了股票指數化直接投資，包括「005」「006」「007」三個組合。

4.3.2 內外部制度環境對全國社會保障基金投資行為的影響分析

4.3.2.1 基金性質與管理模式對投資行為的影響

與基本養老保險基金和企業年金基金不同，全國社會保障基金是為應對人口老齡化高峰的支付需求而專門設立的儲備基金，基金由國務院直屬的正部級事業單位——全國社會保障基金理事會負責管理營運。全國社保基金的資金來源主要為財政撥入、國有股減持、股權資產、彩票收入等非繳費資金。由於距離我國的人口老齡化最高峰時期還有約 20 年時間，目前全國社保基金沒有明

---

① 戴相龍. 后危機時期的經濟發展和養老基金管理 [EB/OL]. 全國社保基金理事會網站，2010-06-25. http://www.ssf.gov.cn/.

確的負債，僅有少量的資金支出①。由於基金的來源、性質、用途和管理方式等方面的不同，全國社會保障基金著眼於長期投資回報，其投資行為與基本養老保險基金和企業年金基金的投資行為存在明顯差異。在資產配置上，全國社會保障基金顯得更為積極，市場化步伐更快，投資渠道不僅包括國內資產還進行了海外投資；不僅包括傳統的金融工具，還涵蓋了房地產投資、實業投資、資產證券化產品、指數投資、信託貸款、貨幣市場產品、金融衍生工具等諸多方面。在投資方式上，全國社保基金選擇了直接投資和委託投資相結合的模式。通過專業化投資管理人的完全自主決策將投資轉化為一種市場化行為。不僅將資產配置於不同投資策略、投資風格的投資組合中減少了投資風險，並且通過專業投資機構提高了基金的投資收益。從目前來看，全國社保基金的委託投資效果較好，取得了較高的投資收益。但在現有制度下，委託代理費用較高和委託代理關係仍不完善。在選擇投資管理機構時，由於各備選公司之間在管理費率報價、產品設計等方面都處於封閉或保密的狀態，如何更好地進行選擇並妥善處理其中的委託代理關係也是一個十分現實的問題②。在進行績效考核時，全國社保基金理事會主要通過末位淘汰制對代理機構進行業績考核，取消排名最后的投資管理機構的代理資格，同時對排名靠前的機構追加資金，對排名中遊的投資管理機構視情況減少管理費用，或贖回部分資金。但是在目前存在制度漏洞的情況下，一些投資規範或業績較好的管理機構卻很難得到認同。同時，投資管理機構通常同時管理多家基金甚至是自己作為發起人的基金，存在產生關聯交易的可能性。雖然社保基金對投資管理機構的利潤貢獻有限，但由於社保基金的敏感地位，基金的投資業績關係到投資機構的品牌和聲譽，導致投資管理機構格外重視其所掌握社保基金的投資業績，出現了一些有損市場公平的行為。例如，某些基金管理公司就曾經被人指責為了保住社保基金代理資格，利用其管理的其他資金為社保基金「抬轎」③。在對代理機構進行監管時，全國社保基金理事會通過監控業績報告、投資組合報告、重大事件報告等判斷投資管理人的投資風格是否與基金的資產配置策略吻合，是否存在為了某種特定目的而進行對倒、對敲、高位接盤等行為。而在以上幾方面，中國目前都存在制度不規範或制度沒有充分貫徹執行等問題。監管不足會助長道德風

---

① 2002 年支出 60.19 億元滿足當年的社會保障需要，2004 年支付託管的原行業統籌企業基本養老保險基金的本息為 51.58 億元。
② 龍菊. 中國社會保障基金管理與投資問題研究 [M]. 北京：中國經濟出版社，2012：158.
③ 李雲. 基金為社保基金抬轎名利雙收，是迷霧還是黑幕 [N]. 中國證券報，2005-10-26.

險，損害基金的權益；過度的監管又會挫傷投資管理機構的積極性①。另外，在目前全國社保基金的監管部門職責和受託機構的職責界限並不夠清晰，投資政策和一些重要的投資決策通常由監管部門做出，受託機構缺乏獨立的投資決策權，所進行的投資創新往往需要獲得監管部門的批准才能實施②。在管理體制上，雖然全國社保基金理事會是一個基金投資管理機構，但仍採用的是行政事業單位的管理體制，在機構設置、人員錄用、管理費用投入和人員薪酬待遇方面都缺乏靈活性，難以適應市場化投資營運的需要。一些投資決策也往往基於行政偏好，而非經濟回報來做出。

4.3.2.2 市場環境對投資行為的影響

隨著時間的推移，全國社保基金的投資活動從最初的銀行/國債投資模式逐漸演進為類型豐富、渠道多樣的投資形式，除受到管理體制、投資能力等方面的影響外，市場環境的變化對投資行為的發展也產生了重要的影響。全國社保基金設立之初，基金投資主要集中在銀行存款和國債上。但隨著利率持續下降，銀行存款和國債投資的投資大幅減少，同時滬深股市在 2000 年以後出現賺錢效應。此時，各方都在積極探討全國社保基金入市的可能性，並受到決策層的關注。2003 年 6 月，全國社保基金選擇中國銀行、交通銀行作為託管人，南方、博時等 6 家基金公司作為投資管理機構進入股票市場開展投資活動。2004—2005 年，全國社保基金作為戰略投資者相繼參股了交通銀行、工商銀行和中國銀行。同時國家又逐步放寬了基金的投資範圍，包括批准基金對央企進行股權投資、擴大單個企業投資比例上限、放寬企業債比例上限等。2005 年之前，雖然社保基金邁出了股票市場投資的步伐，但全國社保基金的主要投資領域仍主要集中在現金和債券。從各類投資的收益情況看，由於股票市場低迷，社保基金委託投資的收益占總收入的比重要遠遠小於委託資產占總資產的比重，銀行存款和債券投資收入由於較少受到市場波動的影響，成為 2005 年之前社保基金的主要收入來源。特別是在債券投資方面，除 2003 年之外的年份的收入占比遠遠超過了其資產占總資產的比重。社保基金委託投資的比重受到股票市場波動的影響較大，2003 年由於股票市場較為活躍，該年上證指數上漲約 10%，6 月份全國社保基金開始進入股票市場，由於該年獲利情況較好，社保基金 2004 年增加了委託投資的比重，而隨著 2004 年、2005 年股票市場的下跌，社保基金在 2004—2005 年的委託投資比重出現下降。

---

① 龍菊. 中國社會保障基金管理與投資問題研究 [M]. 北京：中國經濟出版社，2012：158.
② 熊軍. 養老基金投資管理 [M]. 北京：經濟科學出版社，2014：123.

表 4-7　　　2001—2007 年全國社保基金資產配置與收益情況　　　單位:%

投資	占比	2001 年	2002 年	2003 年	2004 年	2005 年	2006 年	2007 年
銀行存款	占總資產比重	65.87	75.90	46.38	39.19	49.05	34.28	23.95
	占總收入比重	3.30	39.45	72.18	47.09	48.84	17.02	3.51
債券投資	占總資產比重	33.56	22.54	29.55	15.72	8.00	4.75	9.53
	占總收入比重	96.70	60.55	23.01	23.81	17.73	2.86	0.73
委託投資	占總資產比重				24.07	35.80	34.48	37.37	47.06
	占總收入比重			4.81	19.65	18.67	65.68	82.27
股權投資	占總資產比重				6.80	6.46	12.08	8.68
	占總收入比重				9.45	13.77	5.63	2.54
其他①	占總資產比重	1.57	1.02			1.91	11.53	10.78
	占總收入比重					0.99	8.80	10.96

數據來源:全國社會保障基金理事會。

　　2006 年是中國股票市場轉折性的一年,股權分置改革迅速地推動股票價格上揚,上證綜合指數全年漲幅高達 130.39%,該年全國社保基金委託投資收益占了基金總收入的 65.68%。從 2006 年起全國社保基金也逐漸顯示出了長期投資的投資理念,資產多樣化程度也逐漸提高。在基金資產中,銀行存款、短期債券等資產的比重逐漸下降,而股權、股票、實業等長期資產逐漸成為基金投資的主要渠道。2007 年年底,基金投資與股票和一年期以上的各種資產占全部資產的 95% 左右,其中包括了 1,816 億元的境外股票投資②。從 2008 年以後全國社保基金歷年的資產負債表分析,如可供出售金融資產、持有至到期投資、長期股權投資等資產的比重都一直穩定在 60%~70%,體現了其通過戰略資產配置實現基金長期穩定收益的目的。雖然國內外股票市場受到了 2008 年以來的金融危機的衝擊,但全國社保基金仍堅持了長期投資的理念,2008 年基金理事會採取逆向投資策略增加了指數化投資和委託投資的比例,2009 年在對國際國內經濟未來發展進行全面分析後仍繼續增加股票投資規模。雖然 2011 年國內股票市場又受到了歐債危機的影響出現下跌,理事會對戰略資產配置進行了一定的調整,但基金的股票投資規模仍保持在 30% 以上。2008 年至今的全國社保基金戰略資產配置比例變化較小,資本市場波動對基金投資行為的影響主要表現為基金股票投資中的戰術資產配置上。基金投資管理機構通

---

① 其他包括:新股申購、資產證券化產品、指數化投資、信託投資等。
② 施明慎,等.堅持長期投資、價值投資、責任投資[N].人民日報,2008-07-21.

過總體上把握我國股票市場的變化趨勢，降低了由於市場波動帶來的投資組合與長期目標不符所產生的損失。2003—2005 年，基金在小幅波動的市場中低位加倉；在 2006 年市場上升過程中持有不動，而在 2007 年股票處於高點時大幅減倉；在進入 2008 年以後，基金在低迷的市場中採用逢低加倉策略（見圖 4-6）。

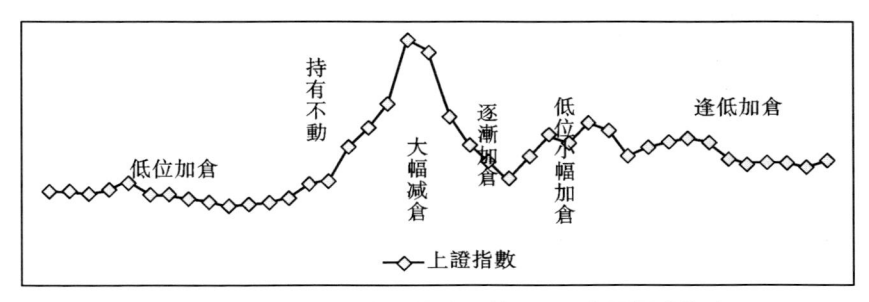

圖 4-6　2003—2013 年全國社保基金股票市場擇時策略

資料來源：Wind 資訊，筆者整理。

5 基於行為要素的中國養老基金資產配置管理分析

5.1 行為資產組合理論基本思想與模型框架

5.1.1 傳統資產組合理論及其缺陷

現代金融投資理論產生於 Markowitz 於 1952 年提出了「均值—方差組合模型」（Mean-variance Portfolio Theory）。在不能賣空和和沒有風險借貸的假設下，通過對單個證券期望收益率均值和方差的考察找出投資組合邊界（Efficient Frontier），實現在一定收益率下找出方差最小的投資組合。這一理論首先以投資者是理性的和風險迴避的作為前提，通過期望收益率以及其方差來度量資產組合的特性，其數學公式可以表達為：

$$E(r_p) = w_A E(r_A) + w_B E(r_B),$$
$$\sigma_P^2 = w_A^2 \sigma_A^2 + w_B^2 \sigma_B^2 + 2 w_A w_B COV(r_A, r_B)$$
$$= w_A^2 \sigma_A^2 + w_B^2 \sigma_B^2 + 2 w_A w_B \rho_{AB} \sigma_A \sigma_B$$

以上公式表示，在既定收益水平下，投資者的最優投資組合是風險最小的那一個，而在給定風險的條件下，投資者只需要選擇收益最高的投資組合。在投資決策過程中，投資者需要把組合當成一個整體來評估，同時，需要通過考慮不同資產之間的協方差、總體投資組合的方差和收益來構建投資組合。其后，經過夏普、托賓、法瑪等人的拓展研究，金融投資理論得到迅速發展，產生了資本資產定價模型、套利定價模型、期權定價模型等經典理論。20 世紀 50 年代以來，以有效市場假說為基礎，投資組合理論、資本資產定價模型為核心的標準金融理論成為當代金融投資研究的主流範式。但以「均值—方差組合模型」（MPT）為核心的投資組合理論至少存在三個主要缺陷：①「理性

人」假設的缺陷；②投資者態度同質假設的缺陷，標準金融理論認為所有投資者均為風險厭惡者，然而在投資實踐中，均值—方差分析得出的投資組合與專業投資機構所建議的投資組合卻存在較大的差異，並且這種情況是普遍存在的；③在風險度量方法上存在一定缺陷，如現實中的投資者為什麼會忽略協方差，對均值方差模型的風險觀是無法解釋的，為什麼更傾向於本國股票而不將與本國投資工具相關性極低的外國股票納入投資組合之中。

5.1.2 行為資產組合的產生及其理論基礎

在各種金融異象面前，標準金融理論受到了挑戰。完美的理論框架與現實的矛盾促使人們開始尋找一些新方法來深化對市場現象的認識，提高理論對實踐的指導力量。在這一背景下，行為金融理論應運而生。其中關於對經典均值方差理論缺陷的補充的行為投資組合模型是行為金融中的一個重要理論。Wall (1995) 認為，大部分投資者在考慮不同資產之間相關性的同時，無法將最優的投資組合配置於均值—方差的有效前沿上。他們實際上是基於對不同資產風險評價和對投資目標的不同認識構建出一種金字塔結構的資產組合模型如圖5-1所示，在上面的金字塔結構中，底部是最安全但收益較低的資產，如貨幣

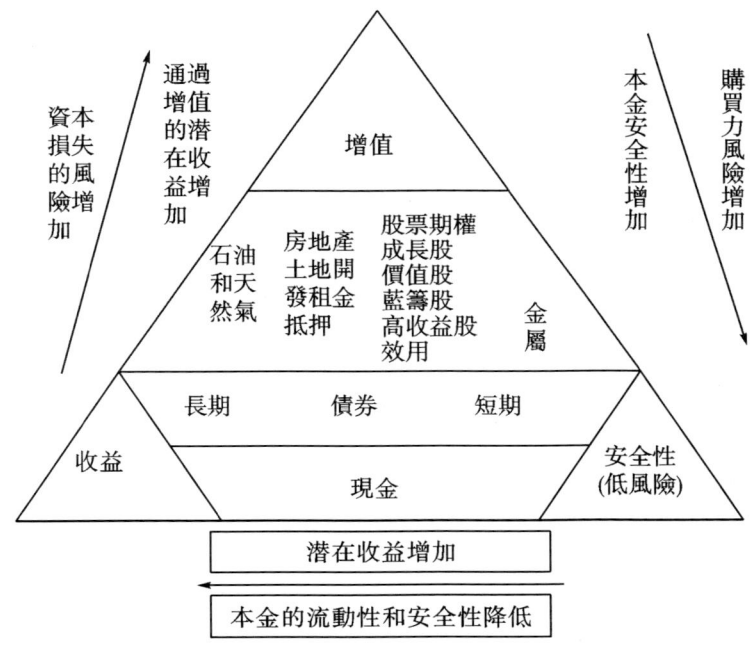

圖5-1 基於心理帳戶的投資決策金字塔結構

基金、銀行存款等，中間是收益率高於貨幣，但風險稍高的各種債券，頂部則是股票和房地產等高風險高回報的投資工具。在這個金字塔式的資產組合中，每一層都對應著投資者不同的投資目的和對風險的不同認識：投資者需要將一部分資產放在最底層以保證不會變得一無所有，也需要將一些資產放在最高層來提高整體收益率，但是與均值方差組合不同的是，投資者忽略掉了各層級資產之間的相關性。

羅伊（Roy）1952 年提出的安全優先組合理論（Safety-first Portfolio Theory），指出，投資者的目標是最小化破產的概率，即當投資者的最終財富 W 在臨界水平 s 之下時，投資者面臨破產。假設 P 代表一個投資組合，投資組合的收益率為 μp，σp 是收益率標準差，在不存在無風險債券（即對所有的 p 有 $\sigma p > 0$），並且對於臨界水平 s，當 $s < \mu_p$ 時，當投資組合的收益是呈正態分佈時，最小化標準差等同於最小化破產概率。因而在安全第一理論模型中，投資者的工作就是選擇一個風險最小化的目標函數。如圖 5-2 所示：

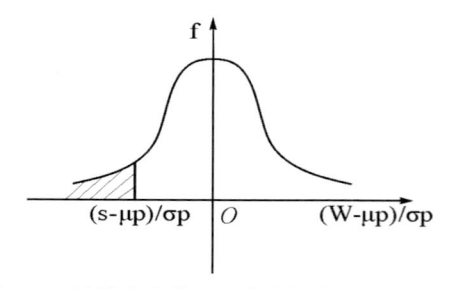

圖 5-2　基於安全第一理論的投資組合收益分佈

此后，片岡（Kataoka, 1963）、特爾塞（Telser, 1955）、阿扎克與巴瓦（Arzac & Bawa, 1977）等均從不同角度對安全優先組合理論進行了發展。片岡認為投資者的任務是在破產的概率小於等於預先給定的一個概率的假設下，使其生存水平最大化。特爾塞認為只要破產概率不大於預先設定值，那麼投資組合就是安全的。投資者需要在財富小於等於一定數額的概率不超過預設概率的條件下，使得期望財富最大化。阿扎克和巴瓦又進一步擴展了特爾塞的模型，假設預先設定的概率是可以變動的，那麼投資者的目標函數將變為函數：$U(E(W), \alpha)$ [1]。

Lopes（1987）在安全優先組合理論的基礎上提出了 SP/A 理論，其中 S 表

---

[1]　繆凌，陳佳，黃銀冬. 行為資產組合理論：理論基礎、內容及對異象的解釋 [J]. 南京財經大學學報，2004（4）.

示安全要求（Security），P 代表增值潛力要求（Potential），A 則代表對財富渴求（Aspiration），也稱為「安全、潛力和渴望」理論。這一理論不僅是關於投資者在不確定條件下的心理選擇理論，還是一個投資組合選擇理論。SP/A 理論認為投資者在決策時至少有兩種情感，一是希望，二是害怕。由於希望，投資者會偏好於好的結果，害怕則會使投資者偏向壞的結果打算，無論是哪種情感都會改變投資者對於期望財富 $E(W) = \sum piwi$ 水平中的 pi 使投資者更傾向於冒險。

行為資產組合的第三個理論基礎來自於卡尼曼（Kahneman）和特維斯基（Tversky，1979）在阿萊悖論和馬克維茨財富理論的基礎上提出的前景理論，他們指出人們在對各種情況進行對比時通常會設置一個參考點作為參照目標，進行投資決策時也一樣。在財富水平低於參照點的情況下，投資者的價值函數是向下凸的，而高於參照點時價值函數向上凸。但由於參照點是人們通過主觀認定的，因此，人們的價值評估並不是確定的和唯一的，而並非像馬克維茨財富效用理論中所提出的那樣（見圖 5-3）。

馬克維茨財富效用理論　　　　　卡尼曼和特維斯基前景效應函數

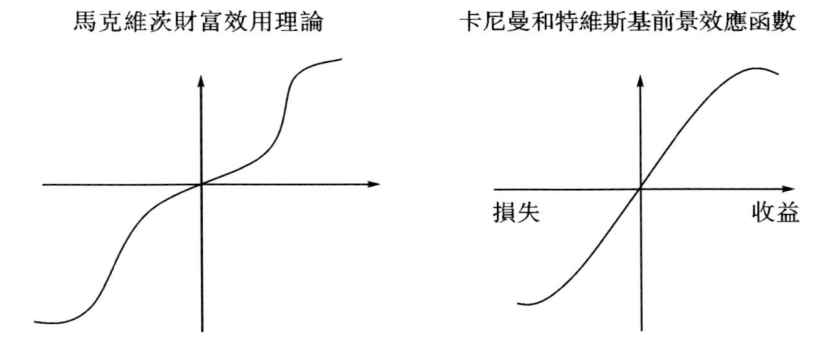

損失　　　收益

圖 5-3　不同理論下的效用函數模型

此外，1985 年，Richard Thaler 提出了心理帳戶理論，對行為資產組合理論的完善產生了重要影響。心理帳戶理論認為，人們在進行決策時通常不會考慮全局的權衡，而是無意識地在心裡將一項決定分為多個「心理帳戶」，同時針對每一個「心理帳戶」做出不同決策。與金字塔資產結構聯繫在一起，投資者在建立投資組合時將資金配置於不同的結構層次上，而每一個層次就是一個獨立的「心理帳戶」。「心理帳戶」也解釋了為什麼投資者會忽略各層級資產間的相關性。

5.1.3 行為資產組合理論的基本內容

為了突破均值方差模型中理性人、投資者同質性等方面的局限以更接近現實投資決策,斯特曼(Statman)和謝弗林(Shefrin)在 2000 年基於 Markowitz 現代投資組合理論、首創性地提出了行為資產組合理論(Behavioral Portfolio Theory)。該理論指出,投資者在確定符合個人意願的最優投資組合時不僅會考慮期望財富、投資的安全性和收益性,還會將期望值發生的概率和水平考慮進去。BPT 理論的基本模型包括單一帳戶組合模型(BPT-SA)和多重帳戶組合模型(BPT-MA)兩種。

類似於均值方差模型的投資組合選擇,單一帳戶資產組合理論(BPT-SA)的核心是選擇期望財富和小於期望值的概率即 $[E_h(W), \text{Prob}\{W \leq A\}]$ 平面中的有效邊界,而均值方差理論關於均值、方差平面的有效邊界,在 BPT-SA 模型中投資者會選擇較高的 $E_h(W)$。

$$\text{Prob}\{W \leq As\}U = \{1 + Kdr[\text{Pr}^{1-\beta}Eh(Wr)^\beta]\}Kds[Ps^{1-\gamma}Eh(Ws)^\gamma]$$

$$Ur = \text{Pr}^{1-\beta}Eh(^Wr)\beta\gamma$$

因此單一帳戶行為組合理論有效邊界是通過一個預先設定的概率 $\text{Prob}\{W \leq A\}$ 下的最大值 $E_h(W)$ 而實現的。

斯特曼(Statman)和謝弗林(Shefrin)又提出了多重帳戶組合模型(BPT-MA),他們發現投資者可能會具有兩個以上的心理帳戶,一個帳戶對應高期望值,而另一個對應低期望值,表示投資者既想變得更加富有,有不想變得貧困。因此,BPT-MA 認為,投資者需要將初始財富 $W0$ 在兩個獨立的心理帳戶間進行分配,並使財富的整體效用達到最大。其理論模型為:

$$Us = Ps^{1-\gamma}Eh(^Ws)\gamma$$

期望收益 $= \hat{e}$

$\gamma \in [0, 1]$

$\min\limits_{\alpha i}\beta \cdot 分散化 + (1-\beta) \cdot 純粹風險$

$\sum\limits_{i=1}^{n} \alpha i = 1$

$0 \leq \alpha i \leq 1 \forall i = 1,\ldots, n$

$\max\limits_{\alpha i}\gamma \cdot 期望收益 - (1-\gamma) 分散化$

純粹風險 $= \hat{r}$,

上式中,Ps 代表小於低期望水平 As 的概率,γ 是一個非負權重參數,Ws 代表低期望帳戶的最終財富,同樣,可以假設高期望帳戶的效用函數為:$Ur =$

$\Pr^{1-\beta} Eh (Wr)^\beta$。投資者的整體效用行數是兩個帳戶期望效用的加總,即:

$$U = \{1 + Kdr[\Pr^{1-\beta} Eh (Wr)^\beta]\} Kds [Ps^{1-\gamma} Eh (Ws)^\gamma],$$

上述函數表示,即使高期望帳戶的效用變為零,投資者的整體效用也不會為零,因為有低期望帳戶的安全保障。但如果低期望帳戶的其效用為零,則整個投資的效用變為零。因而,投資者在進行財富分配時,首先會將一部分資產分配給低期望帳戶,以保證效用大於零。在允許賣空的條件下,投資者會在他的低期望帳戶中持有多頭,而在高期望帳戶中相應的持有空頭,因為投資者的兩個心理帳戶彼此獨立而缺乏統一性,協方差被忽略了。投資者通常會針對每一個帳戶設置投資目標,當兩個帳戶的目標不統一時,投資者整體效用最大化的做法將會導致高期望帳戶裡面的投資組合看起來更像彩票,而低期望帳戶中的投資組合更像無風險債券[1]。事實上在各國的養老基金投資中,各國養老基金管理機構資產配置的行為與 BPT-MA 模型的解釋更為接近。由於養老基金的特殊性,各國在進行資產配置時將安全性放在首要位置,即設置一個較低期望的心理帳戶,將資產配置於一些較為安全的產品之上,以保證其效用不為零,而將少部分資產配置於股票等高風險產品之上,即使其高期望帳戶效用為零,也不必為投資失敗感到后悔。同時,各國養老基金在進行資產配置時通常把各種資產交由不同類型的基金經理進行操作,如把股票資產交由權益類基金經理,把債券資產交由固定收益類基金經理,而在具體操作時各基金經理或基金公司也通常不會考慮養老基金不同資產之間的協方差問題,而是進行各自獨立的操作。這與現代投資組合理論存在著重大的差異。

可以看出,與均值方差模型不同的是,BPT 模型中的風險來自低於某一期望財富水平的概率,而均值方差中的投資者是通過標準差來測量風險的。BPT 模型下的投資者通過確定各種破產概率來構建行為組合的有效邊界,實現最高期望財富水平。兩種模型的分析框架都是在一定的風險條件下實現收益最大化,構造收益、風險平面的有效邊界,並根據效用函數來計算最優投資組合。但 BPT 模型是以預期效用理論為基礎的,BPT 模型下的投資者是風險厭惡者,並始終厭惡風險,只是程度不同而已。

---

[1] 陳野華. 行為金融學 [M]. 成都:西南財經大學出版社,2006:211-214.

5.2 中國養老基金資產配置現狀分析

5.2.1 中國養老基金資產配置的基本行為過程

養老基金的投資組合管理過程可分解為幾個步驟：首先，基金的投資決策委員會或投資顧問會與投資管理機構共同確定將哪些類別的資產納入投資組合的選擇範圍（這些投資範圍在有些監管模式下並沒有多大的選擇余地），同時確定投資的風險—收益目標。其次，為戰略資產配置階段，這一階段是在所確定的風險—收益目標之下運用最優化即是對不同類別的投資組合確定不同風險水平下的最高投資回報。再次，戰略資產配置確定之后養老基金投資機構會通過對資產組合的調整以捕捉市場中的高收益機會來獲得比靜態資產配置更高的收益。最后，基金投資機構還會通過基本面分析或技術分析等手段確認一些更具吸引力的行業和投資風格以及投資組合（見圖5-4）。

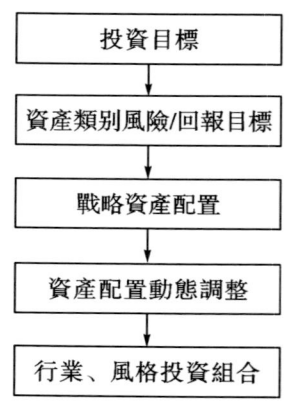

```
┌──────────────────┐
│     投資目標      │
└──────────────────┘
          ↓
┌──────────────────┐
│ 資產類別風險/回報目標 │
└──────────────────┘
          ↓
┌──────────────────┐
│    戰略資產配置    │
└──────────────────┘
          ↓
┌──────────────────┐
│  資產配置動態調整  │
└──────────────────┘
          ↓
┌──────────────────┐
│  行業、風格投資組合 │
└──────────────────┘
```

圖5-4　養老基金投資組合管理的一般過程

資產配置決策是整個投資組合管理的首要環節，也是最關鍵的要素。戰略資產配置的目標是通過確定最優化的類別投資組合為投資者在一定的可接受風險水平下提供最高的投資回報。在進行戰略資產配置時，決策者首先要明確將資產的多大比例投資於不同的市場中，然后在不同的資產類別中分配財富。在通過戰略資產配置確定長期投資目標后，投資者還要進行投資組合的再平衡。因為隨著時間的推移，一些關於資產未來投資回報的新信息會不斷出現，基金投資機構還需要確定一個隨時間變化的資產組合調整方案。包括戰術資產配置

和動態資產配置決策。養老基金的資產配置步驟如圖 5-5 所示：

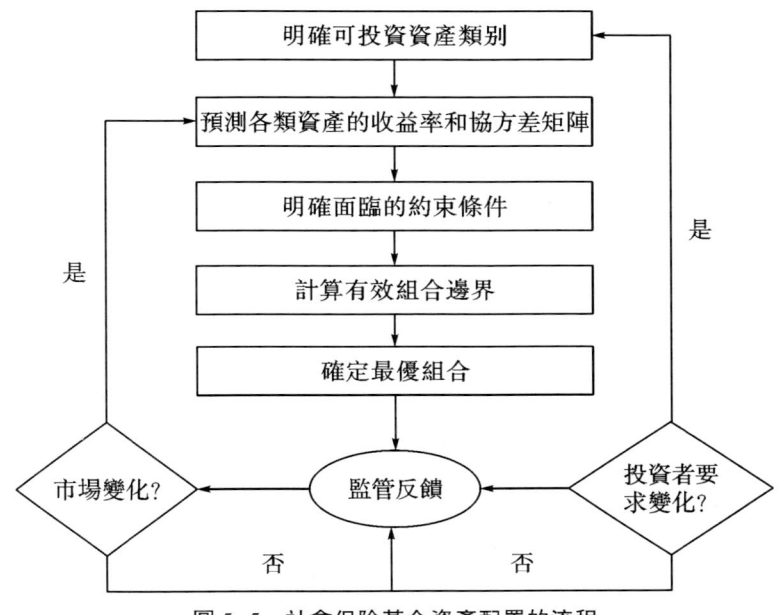

```
明確可投資資產類別
      ↓
預測各類資產的收益率和協方差矩陣
      ↓
明確面臨的約束條件
      ↓
計算有效組合邊界
      ↓
確定最優組合
      ↓
監管反饋
   ↙   ↘
市場變化?   投資者要求變化?
  是/否      是/否
```

圖 5-5　社會保險基金資產配置的流程

在資產配置理論中，通常按照資產配置決策在投資過程中的功能與特點分別將其劃分為若干種類型，包括戰略與戰術資產配置、積極與消極資產配置、動態資產配置、資產配置再平衡、風格資產配置等①。戰略資產配置、戰術資產配置和資產再平衡是我國養老基金投資所關注的主要內容。例如，目前全國社會保障基金的資產配置體系主要包括戰略資產配置、戰術資產配置和資產配置的執行三個層次。戰略資產配置（Strategic Asset Allocation）所關心的是長期投資期限下的資產分配問題，全國社保基金的戰略資產配置通常指導今後五年的滾動投資運作，並由理事大會每年審視一次。戰略資產配置的形成與可投資範圍確定之後，因為是基於長期投資目標做出的，利用最優化手段構建的長期收益和長期風險的最優組合。戰術資產配置（Tactic Asset Allocation）是在產量資產配置所確定的閾值範圍內基於短期目標做出的最優化計劃，它是圍繞著戰略資產配置來進行的，並希望獲得高於戰略資產配置的投資回報。可以說，戰術資產配置是投資者對短期市場趨勢的把握，是利用市場中的短期機會

---

① 熊軍. 資產配置的主要類型、功能和程序 [EB/OL]. 全國社會保障基金理事會網站，http://www.ssf.gov.cn/. 2009-09-05.

獲得超額利益的手段①。

養老基金機構投資者的資產組合構建過程中，他們首先定義並確定資產組合金字塔中的資產層，比如說哪些層配置股票，哪些層配置債券等。然後，再決定在不同的資產層中分別配置哪些適當的資產。一般來說，他們把股票的資產配置交給權益類證券經理人去做，而把債券類資產的配置交給固定收益證券類經理人去做。這種金字塔式的一層層資產配置過程，事實上從另一個側面說明了不同資產之間的協方差並沒有被像 CAPM 那樣如此被強調②。從我國目前實施市場化運作的養老基金（企業年金基金和全國社會保障基金）的資產決策情況看，基金管理者往往在進行資產配置時首先確定可能的投資工具在其金字塔結構中的資產層級，如將現金、活期銀行存款等定義到最底層，將股票、海外投資等定義到較高層級。

行為資產組合理論認為，投資目標、參照點設置、效用函數的形狀、信息優勢和損失厭惡程度是影響投資者金字塔結構的五個關鍵因素。投資目標決定了投資者在金字塔結構中的財富分配比例，例如安全性的目標越突出，底層資產配置的比例就會越高。針對不同層次所設置參照點越高，則在該層次下所選擇的資產的風險性和增長性也就越高。效用函數的凸度越大，則投資者對收益

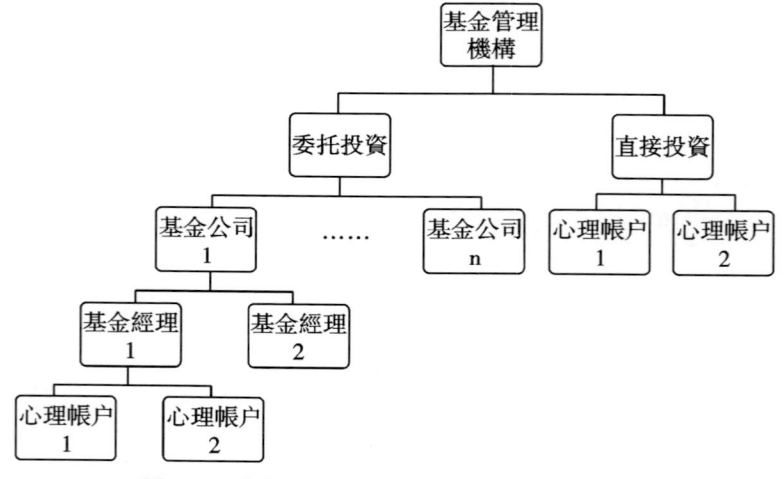

圖 5-6　全國社會保障基金行為投資決策網路圖

---

① 熊軍. 資產配置的主要類型、功能和程序 [EB/OL]. 全國社會保障基金理事會網站, http://www.ssf.gov.cn/. 2009-09-05.
② 蔣冠. 行為資產組合理論的發展和應用 [J]. 雲南財貿學院學報, 2003 (5).

的追求越高。而信息優勢決定了投資者具體投資資產的選擇,如投資者對某一股票擁有充分的信息優勢,那麼他會持有該證券超高份額的頭寸。投資者的損失厭惡程度越高,高流動性資產的持有比例也就越高。如前所述,相比於MPT模型,BPT模型更符合養老基金的投資實踐行為。從BPT-MA模型解釋我國養老基金現在與未來資產配置決策,可以得到如圖5-6所示的網路圖:

若未來基本養老保險基金採用與全國社保基金類似的投資模式,即包括直接投資和委託投資兩大類型。在直接投資中,基金管理機構存在多重心理帳戶問題,即至少包括配置一部分資金獲得安全穩定回報,而配置另一部分資金獲得一定的高風險高收益回報的多重心理帳戶。同時,基金管理機構將一部分資金委託給各個基金公司進行投資,基金公司則將被委託的基金分配到不同的基金經理,各基金經理為保證一定的自身效用,也會將基金分配給不同的心理帳戶進行投資。基金經理在進行投資決策時也往往並非是基於既定風險下的最優回報去做出投資決策,而是根據一個特定目標,如能夠順利通過業績考核等,去做出決策。因此,我國養老基金投資決策存在著至少兩大類心理帳戶優化問題。

5.2.2 中國養老基金資產配置的基本狀況

我國基本養老保險基金被限制在銀行存款體制之下(如表5-1所示),因而談不上通過專業的資產配置手段獲得投資收益。但隨著支付壓力的增加以及中國養老保險制度改革的不斷深化,未來我國養老基金投資必然要擺脫現有以銀行存款為主的投資模式,而轉向通過分散化進行市場化投資的模式(見表5-1)。

表5-1　　2013年年末全國基本養老保險基金資產配置情況　　單位:億元

基本養老保險基金	財政專戶存款	支出戶	暫付款	債券投資	委託營運	協議存款	基金資產總額
城鎮職工基本養老保險	24,218	1,234	2,544	54	595	1,285	29,930
居民基本養老保險	2,829	145	124	26			3,124

數據來源:人力資源和社會保障部,《2012年全國社會保險情況》。

經過近十年的投資實踐,企業年金基金的投資渠道從最開始的存款、債券、股票等傳統資產向新型金融資產擴展。2011年的《企業年金基金管理辦法》將投資範圍擴展到銀行存款、國債、中央銀行票據、債券回購、萬能保險產品、投資連結保險產品、證券投資基金、股票,以及信用等級在投資級以

上的金融債、企業（公司）債、可轉換債（含分離交易可轉換債）、短期融資券和中期票據等金融產品①。近期出抬的《擴大企業年金基金投資範圍的通知》中又增加了銀行理財產品、信託產品、基礎設施債權計劃和專項資產管理計劃等與市場化利率掛勾的金融產品②。但企業年金基金的投資範圍仍僅限於國內投資。

由於企業年金基金資產配置是針對每個企業自身情況和要求制定的，因此不同的年金合同所制訂的資產配置計劃也有所不同。在總體上，年金基金的投資組合分為固定收益類和含權益類。2014年年底全部2,325個企業年金計劃中，固定收益類投資組合為586個，占全部計劃組合的1/4左右，期末資產總額為1,320.88億元，占全國企業年金投資總資產的19.39%。湯森路透根據中國企業年金實際投資運作風格制定的湯森路透中國年金指數基準組合具有一定的代表性，如表5-2所示：

表5-2　　　　　　　　湯森路透中國年金指數基準組合　　　　　　　　單位:%

資產權重	類型		
	平衡型指數（RCPI-1）	保守型指數（RCPI-2）	增長型指數（RCPI-3）
流動性產品	10	10	10
債券	75	90	65
權益類產品	15	0	25

數據來源：http://cn.reuters.com/.

可以看出，目前企業普遍重視年金基金的安全性，基金的權益類資產配置比例較低。按照《企業年金基金管理辦法》的規定，我國企業年金的資產配置決策一般分為兩個部分，受託人負責制定年金基金戰略資產配置策略，而帳戶管理人負責在戰略資產配置下實施戰術資產配置。在實際操作中，受託人所制定的戰略資產配置比例較為寬鬆，普遍只規定一個寬泛的投資範圍，投資管理人在進行戰術資產配置時有較大的自由決策權。如某集團企業年金的戰略資產配置比例分別為：流動性產品不小於5%，固定收益類產品不大於95%，權益類產品不大於20%。而該集團所選擇的7家投資管理人具體資產配置比例與戰略資產配置比例差別較大，7家投資管理人平均股票投資占比為1.6%，債券投資占比為83.8%，現金為14.6%。可以看出，雖然理論上認為，企業年金

---

① 《企業年金基金管理辦法》。
② 《關於擴大企業年金基金投資範圍的通知》（人社部發〔2013〕23號）。

基金的投資績效應更多地受到受託人所制定的戰略資產配置的影響，但實際操作中，投資管理機構的決策權更大，基金營運的績效不僅與市場的系統性風險有關，也取決於投資管理人擇時和將資金在不同證券市場進行分配的能力①。出現這一現象的原因主要與我國年金計劃的受託模式有關，一般的理事會受託人在資產管理方面的能力要弱於獲得年金投資管理資格的各類專業基金公司和養老保險公司，故傾向於將更多的資產配置決策權交由專業機構來完成。因此，我國企業年金的最優資產配置是動態性的，往往隨著資本市場環境的變化而變化，基金投資表現出較明顯的短期性（見表5-3）。

表5-3　　　2006—2011年全國社會保障基金資產配置情況②　　　單位:%

年度	資產			
	現金等價物	債券	股票	實業投資
2006	8.30	54.55	23.46	13.69
2009	6.34	40.67	32.45	20.54
2010	2.05	44.46	33.96	19.53
2011	0.64	50.66	32.39	16.31

數據來源：全國社會保障基金理事會。

全國社會保障基金的資產配置決策由全國社會保障基金理事會做出。由於基金的特殊性質以及全國社保基金理事會的特殊背景，全國社保基金的資產配置行為與企業年金有著明顯的不同。首先，由於基金沒有明確的負債，全國社保基金的資產配置比例較為穩定，戰略資產配置通常用於指導未來五年的投資方向，並且每年審定一次，根據宏觀經濟發展情況進行適當調整。在資產配置的具體執行過程中，基金理事會還要根據市場波動情況進行季度動態調整。委託投資管理人則主要負責基金股票市場投資的選股和擇時工作。根據全國社保基金理事大會近年來的報告可以看到，2007—2014年之間全國社保基金的戰略資產配置經歷了兩次調整。2008年，在全球金融危機的背景下，理事會調整了2009年的資產配置計劃；2010年由於受到歐債危機的影響，理事會對2011年的投資計劃做出了調整；2012年保持不變。同時，社保基金理事會根據市場變化所進行的動態資產配置調整也取得了較好的成效。如在2014年中

---

① 董玉方，郝勇. 我國年金投資營運的績效評價[J]. 西安財經學院學報，2014（5）.
② 由於近年來全國社保基金理事會並未公開資產配置情況，本研究僅收集到2011年之前的數據。

國股票市場走勢強勁的情況下通過超配境內股票，增加高收益固定收益產品等措施獲得了更高的投資收益。其次，由於基金的特殊背景，全國社保基金的投資渠道較企業年金基金多。如全國社保基金可以通過直接股權投資、信託投資等方式參與我國的重大基礎設施建設、國有企業改革試點、戰略性新興產業發展等項目。從基金歷年的具體資產配置比例來看，2005年以後基金的銀行存款和國債比例逐漸減少，股票和實業資產的比重越來越大，表現為基金對長期受益的偏好增加。

5.3 行為資產組合理論在中國養老基金投資決策中的應用

可以預見，隨著支付壓力的增加以及中國養老保險制度改革的不斷深化，未來我國養老基金投資必然擺脫現有以銀行存款為主的投資模式，而轉向通過分散化進行市場化投資的模式。然而，根據行為金融理論的相關解釋，我國養老基金市場化投資並不是一蹴而就的，決策者或基金管理者仍不可避免地存在著一些非理性行為。①基金管理者會根據以往的風險與收益情況確定資產配置的金字塔結構。②基金管理者仍可能存在損失厭惡的行為，由於市場化投資存在著一定的風險，基金管理者往往會將基金的安全性放在第一位，即首先不能出現名義上的投資損失。③養老基金投資的目標並不是獲得最大的投資回報，而是滿足養老基金當期和未來的支付需求，即在能夠滿足支付需要和未來養老金待遇不下降的情況下，基金管理者將不會把資產投入風險較高的投資工具中，也就是說如果銀行存款能夠滿足所有未來養老基金支付要求，則基金管理者將會把所有資產放在安全性最高的銀行存款中。④基金投資決策者存在「短視」行為，會將主要注意力集中於滿足近期支付需求上。在以上理論假設和行為的基礎上，本書將構造一個基於風險/收益的行為投資組合模型來分析未來我國養老基金總體投資組合的漸進式變化情況。

5.3.1 基於均值—方差的養老基金投資組合模型

雖然行為投資組合理論提出了一些新的解釋，但從本質上來講仍是以經典馬克維茨均值方差模型為基礎的。因此，為了更直觀地瞭解在引入行為因素之後養老基金投資組合的變化情況，本書首先仍按照經典馬克維茨模型對我國養老基金的投資組合選擇進行一個簡單的模型分析。

傳統的馬克維茨模型的經典表述為：假定投資者面臨 n 種風險資產的投資

組合，用 $\bar{r}_i$ 表示證券 i 的期望收益率，p_i 表示對 i 資產的投資比例，其中 $\sum_{i=1}^{n} p_i = 1$，$S = (s_{ij})n \times n$ 表示資產收益率之間的協方差矩陣。則投資組合的期望收益率為：

$$\mu = p^T \bar{r} = p_1 \bar{r}_1 + p_2 \bar{r}_2 + \ldots + p_n \bar{r}_n,$$

投資組合收益率方差為：

$$\sigma^2 = p^T S p = \sum_{i=1}^{n} \sum_{j=1}^{n} p_i p_j s_{ij}。$$

即可以得到模型（1）：

$$\sigma^2 = p^T S p$$
$$s.t.\ p^T \bar{r} = \mu_0$$
$$p^T E_n = 1$$

上式中，$p = (p_1, p_2 \ldots p_n)^T$，$E_n = (1, 1, \ldots, 1)^T$。

但經典馬克維茨模型以風險最小化為目標的決策往往需要賣空某些資產，而我國養老基金的絕大部分投資環境是不允許賣空的。另外，風險最小化策略並不能讓投資者全面地衡量組合中收益和風險的關係，有時甚至還會出現單項資產的最小收益率大於總體期望回報率的情況①。因此即使運用經典均值方差投資組合理論也有必要對其進行改進以適應養老基金的投資。

首先，假設養老基金的投資組合不能賣空，即 $p = (p_1, p_2 \ldots p_n)^T$ 滿足 $\sum_{i=1}^{n} p_i = 1$，$0 < p_i < 1$，$i = 1, 2, \ldots n$，同時要求 $n \geq 2$。其次，用收益率的方差或標準差來衡量養老基金投資組合的風險。最后，在既定風險水平下，養老基金投資者希望獲得最高的投資收益，即養老基金投資者僅出於理性的經濟目標去考慮基金的投資收益。因此，改進后的均值方差模型可以表示為模型（2）：

$$\min \sigma^2 = \sum_{i=1}^{n} \sum_{j=1}^{n} p_i p_j s_{ij}$$
$$s.t.\ \mu = p^T \bar{r} = p_1 \bar{r}_1 + p_2 \bar{r}_2 + \ldots + p_n \bar{r}_n$$
$$\sum_{i=1}^{n} p_i = 1$$
$$0 < p_i < 1$$

這一模型雖然滿足了不允許賣空的條件，但不能直接反應基金投資組合中

---

① 鄭錦亞，遲國泰. 基於差異系數 σ/μ 的最有投資組合方法 [J]. 中國管理科學，2001 (1).

風險和期望收益之間的內在均衡關係。因此，本書借鑑前人的研究，有鄭錦亞、遲國泰（2001），呂聲浩、羅建（2005），趙新順（2004）等，將差異係數 σ/μ 引入養老基金的投資組合模型中，其表示投資者在單位收益下所承受的風險，反應了投資組合中期望收益與風險之間的均衡轉換。基於上面的第三個假設，養老基金在進行投資組合決策時需要得到 σ/μ 的最小值，即在單位收益率下所承受的風險最小，或一定風險水平下收益率最大。

基於以上模型和變量，可以對基於差異係數的不允許賣空條件下的最優投資組合模型求解：

（1）計算 n 中風險資產的期望收益率向量和協方差矩陣。

（2）利用拉格朗日參數法求解模型（2），模型（2）的拉格朗日函數可表示為：

$$L(p, \theta1, \theta2, \lambda, \eta) = \sum_{i=1}^{n}\sum_{j=1}^{n} p_i p_j s_{ij} - \lambda^T p - \eta^T(1-p) + \theta1(\sum_{i=1}^{n} p_i \bar{r_i} - \mu) + \theta1(\sum_{i=1}^{n} p_i - 1)$$

，當 μ 一定時，拉格朗日方程組是非齊次的，可以得到投資比例係數的唯一解 p，而把 p 帶入模型（2）就可以求得 σ^2 的最小值。

（3）確定 μ 的取值範圍。將 μ 認為是 $\min(\bar{r_i}) < \mu = p_1\bar{r_1} + p_2\bar{r_2} + \ldots + p_n\bar{r_n} < \max(\bar{r_i})$，因此，在 μ 取不同值時所對應的 σ^2 都有一個最小值，也有相應的比例係數 p。

（4）計算 $\sigma^{k.\min}/\mu k$。通過比較，得出 $[\sigma^{k.\min}/\mu k]$ 中的最小值。

（5）確定最優投資比例。如果滿足 $\min\sigma/\mu = \min[\sqrt{\sigma^2 k.\min}/\mu k]$，且 k 唯一，那麼養老基金投資組合有最優投資比例，如果 k 不唯一，則需要根據均衡理論取最優期望收益率[1]。

5.3.2 基於行為因素的養老基金投資組合模型

為了方便比較，我們構建一個類似於上述模型中風險收益差異係數 σ/μ 的變量。與風險收益差異係數不同的是，這裡主要依據行為投資組合理論中的安全第一模型和 BPT-SA 模型，令行為差異係數為 $\sigma w/\mu w$，其中 μw 表示養老基金投資者心理帳戶中的財富水平均值，σw 表示財富水平的標準差。與傳統投資模型差異係數是衡量風險與收益不同，$\sigma w/\mu w$ 衡量的是單位財富水平的風險大小，表示投資者心理帳戶中財富水平和風險的均衡關係。可以構建一個投

---

[1] 鄭錦亞，遲國泰. 基於差異係數 σ/μ 的最優投資組合方法 [J]. 中國管理科學，2001（1）.

資組合模型：

$$\max Eh = \int W dF(x)$$

$$s.\ t.\ \text{Prob}\{\sigma w/\mu w < r\} \leq \beta(b)$$

上式中，r 表示某一確定性財富的差異系數，$\beta(b)$ 表示破產概率水平的臨界值。

上式的離散形式可表示為：

$$\max Eh[W] = \sum_i x_i F_i$$

$$s.\ t.\ \text{Prob}\{\sigma w/\mu w < r\} \leq \beta(b)$$

從行為投資組合理論來看，投資者在進行投資決策時往往將風險與收益分為不同層次。例如包括低收益要求和保證安全性的低風險資產、追求高收益要求的風險投資和追求風險和收益均衡的資產。而投資組合計劃的決策者將不同的資產等級賦予不同的權重。其投資決策過程可表示為：

$$\max U = \{1 + Ka[Pa^{1-\beta} Eh(Wa)^{\beta}]\} \cdot \{1 + Kb[Pb^{1-\rho} Eh(Wb)^{\rho}]\} \cdot Kc[Pc^{1-\gamma} Eh(Wc)^{\gamma}]$$

$$s.\ t.\ \text{Prob}\{Wi \geq Ai\} \geq \alpha i,\ i = a,\ b,\ c$$

上式中，Ka、Kb、Kc 分別表示養老基金投資組合決策者賦予高收益高風險層次、收益風險均衡層次和低收益安全資產層次的效用權重；Wa、Wb、Wc 分別表示三個層次投資所獲得的財富；Pa、Pb、Pc 分別表示達不到期望水平效用 Ai 的概率；β、ρ、γ 分別表示一個非負權重參數。

上式中，基於養老基金安全角度考慮，當投資決策者追求高收益和高風險或均衡風險層次的資產所獲得的效用為零時，整個投資效用可以不為零，而當安全層次效用為零時，整個效用為零。

上式中最優解的必要條件為：

$$\begin{cases} \frac{\partial U}{\partial Ka} = Pa^{1-\beta} Eh(Wa)^{\beta} \{1 + Kb[(Pb^{1-\rho} Eh(Wb)\rho)] \cdot Kc[Pc^{1-\gamma} Eh(Wc)\gamma]\} - \lambda(Ka + Kb + Kc - 1) = 0 \\ \frac{\partial U}{\partial Kb} = \{1 + Ka[Pa^{1-\beta} Eh(Wa)\beta]\} \cdot Pb^{1-\rho} Eh(Wb)\rho \cdot Kc[Pc^{1-\gamma} Eh(Wc)\gamma] - \lambda(Ka + Kb + Kc - 1) = 0 \\ \frac{\partial U}{\partial Kb} = \{1 + Ka[Pa^{1-\beta} Eh(Wa)\beta]\} \cdot \{1 + Kb[Pb^{1-\rho} Eh(Wb)\rho]\} \cdot [Pc^{1-\gamma} Eh(Wc)\gamma] - \lambda(Ka + Kb + Kc - 1) = 0 \\ Ka + Kb + Kc = 1 \end{cases}$$

令 $\Delta a = [Pa^{1-\beta} Eh(Wa)^{\beta}]^{-1}$，$\Delta b = [Pb^{1-\rho} Eh(Wb)^{\rho}]^{-1}$，$\Delta c = [Pc^{1-\gamma} Eh(Wc)^{\gamma}]^{-1}$

可以得到：

$$\begin{cases} Ka = \dfrac{1}{3}(1 - 2\Delta b + \Delta c) \\ Kb = \dfrac{1}{3}(1 - 2\Delta a + \Delta c) \\ Kc = \dfrac{1}{3}(1 + \Delta a + \Delta c) \end{cases}$$

可以看到，在這個模型中，投資組合和安全性的期望財富水平實現的概率沒有直接關係，表示投資組合更多地取決於風險資產和風險均衡資產在市場中的現實表現，以及決策者追求風險的意願。

5.3.3 兩種投資組合模型的實例比較

在目前我國的養老基金中，企業年金基金和全國社會保障基金通過資產配置進行市場化投資。由於全國社會保障基金的基金性質和投資管理的模式較為特殊，在資產配置上與其他類型的養老基金不同，投資工具選擇較多，因而這裡以企業年金目前的投資工具為例對上述兩種投資組合模型進行實例運算。我國企業年金的投資工具主要可以分為流動性資產、固定收益類資產和權益類資產三大類，目前大部分企業年金的戰略資產配置也是根據這三類資產做出的。為使研究具有普遍意義，本書選擇上海證券交易所公布的國債指數代表固定收益類投資的風險與收益，上證指數代表權益類投資的收益率與風險，一年期銀行存款代表流動性資產，三種數據區間選擇為1993—2011年（見表5-4）。

表5-4　　　　　1993—2011年各類資產年收益率　　　　單位:%

年份	流動性資產	固定收益類資產	權益類資產
1993	10.98	13.96	6.84
1994	10.98	13.96	-22.30
1995	10.98	14.50	-14.29
1996	7.47	10.96	65.14
1997	5.67	9.18	30.22
1998	3.78	4.72	-3.97
1999	2.25	3.02	19.18
2000	2.25	3.05	51.73
2001	2.25	2.60	-20.62

表5-4(續)

年份	流動性資產	固定收益類資產	權益類資產
2002	1.98	2.53	−17.52
2003	1.98	−1.27	10.27
2004	2.25	−3.93	−15.40
2005	2.25	14.07	−8.33
2006	2.52	2.14	130.43
2007	4.14	1.22	96.66
2008	2.25	16.60	−65.39
2009	2.25	−2.14	79.98
2010	2.75	−1.84	−14.31
2011	3.50	4.05	−21.69
平均值	4.29	5.59	14.93

數據來源:《上海證券交易所統計年鑒》、Wind 資訊。

根據《企業年金基金管理辦法》的規定,對各類資產的投資比例進行進一步限制,即令流動性資產 $p1 \geq 5\%$、固定收益 $p2 \leq 95\%$、權益資產 $p3 \leq 30\%$。通過計算,在均值方差模型下,企業年金最優投資組合為:5%、65%、30%,收益率為 11.17%,標準差為 9.17。另外,在計算行為投資組合時,設企業年金基金受託人對投資管理人設定不同的績效考核指標(這裡用收益率要求代替),這些指標代表上節中行為投資組合模型中的 β 值。表5-5 為不同收益率指標下的兩種模型最優組合情況比較:

表 5-5 不同收益率要求下兩種模型最優組合風險與收益率比較　　單位:%

收益率要求	行為組合收益率	行為組合風險	收益率差	風險差
3	4.48	6.52	−7.23	−2.656,055,798
5	6.33	7.99	−5.38	−1.186,055,798
8	8.58	8.23	−3.13	−0.946,055,798

說明:收益率差和風險差分別為行為投資組合收益率和標準差減去均值方差組合模型下的收益率和標準差;

數據來源:筆者根據有關資料計算整理。

可以看到,績效考核指標不同時,養老基金投資管理機構的最佳投資決策存在較大差異,與均值方差模型相比顯得更為保守。而均值方差模型確實能比

行為投資組合模型更能實現最優化。但在同樣的資產收益率條件下，基於行為理性差異系數的投資組合更注重風險投資，對反應投資者風險偏好較好的資產有較高的適應性，而基於傳統均值方差模型的投資組合更看重風險與收益之間的關係。行為投資組合反應了投資者實際投資中的行為。也就是說通過傳統投資組合理論建立的最優化模型並不能完全反應於實際操作中，實際的操作可能比傳統理論具有更大的風險。筆者建議，養老基金的資產配置決策應充分結合均值方差模型和行為資產組合模型各自的優點，以均值方差模型作為確定最優投資組合的基礎，並通過一定的績效考核要求使投資管理機構的實際投資行為接近均值方差模型決定的最優組合。

6 中國養老基金投資監管行為分析

6.1 中國養老基金投資監管的基本模式與行為特徵分析

6.1.1 中國養老基金監管的基本模式與規則

政治文化背景、宏觀經濟發展水平、相關制度的歷史演變、資本市場的發展狀況等都是影響養老基金監督模式選擇的因素。新中國成立以來，包含退休基金的勞動保險基金的監管責任主要由勞動行政部門承擔。在1997年社會保障基金實行收支兩條線管理模式后，財政部開始承擔基金相應的財務監管職能。自1998年勞動部設立基金監督司以來，各級勞動部門設置了相應的基金監管部門來實施對各類養老基金投資營運的相關政策法規以及對日常投資營運活動的監管。

目前我國基本養老保險基金採用以行政監管為主，審計監管與社會監督為輔的基金監管模式，其主要實施者為各級勞動行政部門，而除各級社會保險行政部門外，我國社會養老基金的監管還包括了各級人大、財政部門、審計部門、工會組織等多個主體，在監管方式上也存在人大監督、行政監督、財政監督、內部監督、社會監督等多種方式（見圖6-1）。在監督方法上，我國基金監管部門還要運用現場監管和非現場監管對基本養老保險基金經辦機構的業務合規性進行檢查和監控。

作為第二支柱的養老基金，政府對企業年金的監管主要保證年金計劃的合規性、基金管理服務機構行為的合法性和基金的安全性[①]。現行的《企業年金試行辦法》《企業年金基金管理辦法》也確立了人力資源和社會保障部門、證監會、保監會、銀監會、財政部和國稅總局等多個部門相互配合的協同管理框架。在基金的投資運用中，人力資源和社會保障部主要負責制定基金管理運作流程、管理規範投資指南等法規，負責審核各類參與主體的經營資格，並對其

---

① 孫建勇. 社會保障基金監管 [M]. 北京：中國勞動和社會保障出版社，2005：196.

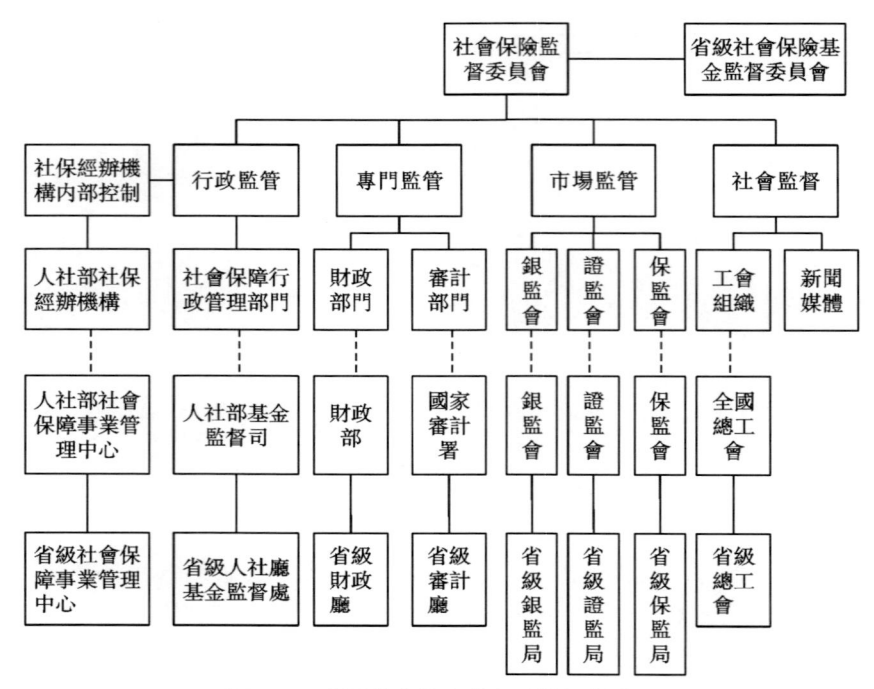

```
                    ┌─────────────┐    ┌───────────────┐
                    │社會保險監    │    │省級社會保險基  │
                    │督委員會      │    │金監督委員會    │
                    └─────────────┘    └───────────────┘
```

社保經辦機構內部控制	行政監管	專門監管		市場監管			社會監督	
人社部社保經辦機構	社會保障行政管理部門	財政部門	審計部門	銀監會	證監會	保監會	工會組織	新聞媒體
人社部社會保障事業管理中心	人社部基金監督司	財政部	國家審計署	銀監會	證監會	保監會	全國總工會	
省級社會保障事業管理中心	省級人社廳基金監督處	省級財政廳	省級審計廳	省級銀監局	省級證監局	省級保監局	省級總工會	

圖 6-1　我國基本養老基金監管組織體系

具體業務進行監管。同時人力資源和社會保障部門還要協同證監會、銀監會、保監會等行業監管部門對遍布於證券、基金、保險、銀行等各行業的受託人、帳戶管理人、託管人和投資管理人進行經營資格與經營行為的監管，並會同財政部、國稅總局對企業年金業務有關的會計準則、稅務處理進行監管（見圖6-2）。

證監會 銀監會 保監會	←會同、協調→	人力資源與社會保障部門	←會同、協調→	財政部 國稅總局
↓		↓		↓
受託人、帳戶管理人、托管人和投資管理人的經營資格與經營行為		審核各類參與主體的經營資格；制定并執行基金管理運作流程、帳戶管理規範、證券投資指南；對受託人、帳戶管理、託管和投資管理業務進行監管		與企業年金業務有關的會計準則以及稅務處理

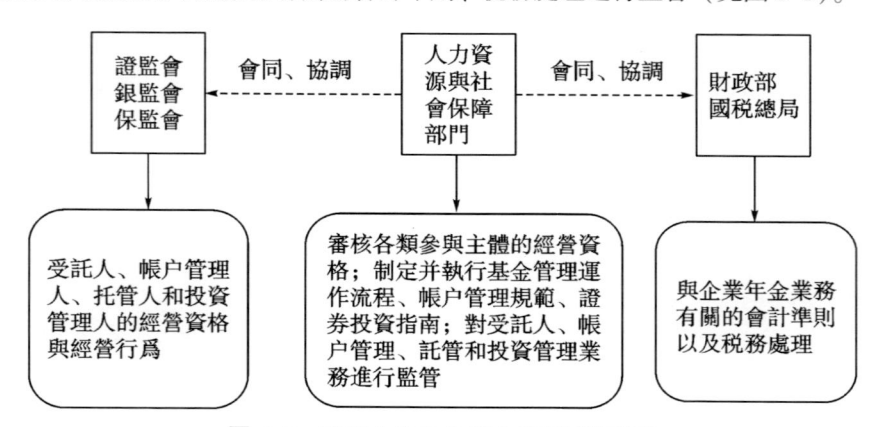

圖 6-2　我國企業年金基金投資監管體系

全國社會保障基金作為我國養老基金中較為特殊的部分，由全國社會保障基金理事會專門負責基金的管理與營運，其主要負責制定社保基金的投資經營策略並組織實施，同時選擇並委託基金的投資管理人和託管人，並對投資和託管情況進行檢查、監督。除基金理事會外，財政部、勞動部也參與基金管理運作的有關政策擬定，並對運用與託管情況進行監督。證監會和中國人民銀行也按照各自權限對基金的經營活動進行監督。在監管規則方面，無論是社會養老保險基金、企業年金還是全國社會保障基金，其投資營運上完全實行「嚴格數量監管」規則，各類養老基金都對投資的方向和投資比例做出了嚴格的規定。

6.1.2　中國養老基金監管模式對投資行為的影響

養老基金的監管模式、方法直接影響養老基金的投資行為。在我國養老基金形成的早期，雖然基金逐漸形成規模，但由於其統籌層次低下，且分散於不同的部門和行業，導致基金在監管與投資營運方面缺乏明確而統一的思路，養老基金的投資方向、投資規模、投資監管等內容在各地也存在較大差異。這一現象一直延續到20世紀90年代中后期，隨著《關於深化企業職工養老保險制度改革的通知》（國發〔1995〕6號）和《國務院關於建立統一的企業職工基本養老保險制度的決定》（國發〔1997〕26號）等文件的出抬，集中統一監管的思路在我國養老基金的監管上逐漸清晰，行政與基金管理機構、經辦執行機構與監督機構相互獨立的基金管理模式逐漸形成。但隨著部分地區基金投資管理無序，基金被擠占、挪用等問題的不斷暴露，國務院等機關又對養老基金的投資營運進行了相當嚴格的限制。如《關於一些地區擠占挪用社會保險基金等問題的通報》（國辦發明電〔1996〕6號）規定，在國家未出抬具體的投資辦法之前，養老基金不得進行銀行存款和認購國債以外的任何投資。《社會保險基金財務制度》（財社字〔1999〕60號）又就養老基金的投資監管限制進行了具體規定。至此，基本養老基金嚴格監管的政策基本確立，並一直延續至今。嚴格的投資監管策略較好地制止了基金營運管理中的混亂局面，但將投資限定於銀行存款和國債又帶來了基金保值增值上的困難。時至今日，基本養老基金的投資仍然以銀行存款為主，在嚴格的投資管制下，各地區基金管理部門所能做的保值增值工作僅限於選擇不同的銀行存款項目以提高基金的收益率。基本養老保險基金的監管可以形容為「怠監督、嚴管制」的基本狀況。

養老基金投資限制的放開可以以全國社保基金及基金理事會的設立為標誌。2001年相繼頒布的《減持國有股籌集社會保障資金管理暫行辦法》《全國

社會保障基金投資管理暫行辦法》除了明確養老基金託管與投資監管的主體之外，還指出將據金融市場的變化和基金投資運作的情況，經國務院批准，可對基金投資的比例適時進行調整的基本投資政策，也為養老基金投資於銀行存款和國債之外的金融工具提供了政策依據。全國社保基金也是目前養老基金中市場化投資程度最高的一部分資金，其投資模式包括了證券委託投資管理模式、直接實業投資模式、境外證券委託投資模式、股權投資基金模式等，投資渠道不僅包括了傳統的現金和銀行存款、債券、股票等，還涉及了房地產、基礎設施、戰略性新興產業等方向。2006年起全國社保基金還增加了境外委託投資，投資產品涵蓋了全球股票積極型、亞太股票積極型、美國股票指數型、新興市場股票積極型、自然資源股票、全球不動產股票、新興市場本幣債等多種類型。相比較而言，我國企業年金基金投資的市場化程度則介於基本養老保險基金和全國社保基金之間，雖然政府對企業年金基金的監管與全國社保基金相似，將監管的主要工作放在對管理服務機構的認定、審批和基金財務狀況的審查上，但一方面由於對企業年金基金的投資限制較全國社保基金嚴格，另一方面由於我國企業年金發展較為緩慢且基金較為分散，基金市場化投資程度仍然不高。以股票市場投資為例，2013年年末，全國社保基金持股市值為697.61億元，占總資產的5.6%左右，而企業年金持股市值僅為8.23億元，僅為實際運作資產的0.14%。不同的監管政策導致我國三類養老基金在投資上呈現出不同的行為特徵，為了實現養老基金的保值與增值，放鬆投資限制也是打破這種「監管放開」與「陷入混亂」的惡性循環模式的必然選擇。然而對養老基金的投資限制應掌控在何種程度？嚴格程度應如何？哪種監管規則更適合我國基金的實際情況？就已有的經驗而言，國內仍處於探索階段，沒有多少經驗可借鑑。我們只能通過對國外的各種監管策略比較和汲取相關行業如證券、銀行、保險等在監管方面的經驗教訓。在下面的章節中，將從行為角度分析適合我國國情的養老基金監管政策。

6.1.3 中國養老基金監管中的非理性行為及其影響

行為金融學從開始主要是針對投資者進行研究，所得出的結論是針對投資者而言，但作為基金投資管理的另一主體——監管者是否也存在非理性行為？基於行為金融理論的研究相對較少，但基於行為金融理論的基本出發點可以發現很多在投資者身上的心理特徵和非理性行為同樣會出現在監管者身上。一些研究者也基於一些心理因素對監管者的非理性行為進行了研究。如 Prentice (2001) 認為，由於監管者也可能是非理性的，因而應該在開展投資者教育時

對投資者說明證券監管的局限性。同時他還指出監管者並不能成為超越市場的理性人，監管者自己也不能這樣打扮自己。Mitchell（2002）則認為監管者存在證偽效應。Hill（2004）指出監管者的過度自信幾乎總是導致監管者以居高臨下的自負形象出現在市場上。Choi、Pritchard（2003）認為監管者的從眾效應對於市場來說是一個極度危險的徵兆，因為這會導致整個市場只存在一個聲音。Jolls（2006）同時認為政府並不比市場聰明、冷靜，在處理信息時同樣不能避免可得性偏差的困擾，存在將監管政策與已發生過危機的機構可能風險更大的潛意識進行錨定的現象。Glaeser（2006）則認為監管者更容易接受小型機構關閉出現的小額損失，即損失厭惡現象。從各研究者的研究結論看，監管者的非理性可能源於過度自信、

6.1.3.1 過度自信與監管行為偏差

行為金融學理論認為人們在進行決策時不僅會以利益最大化為驅動，同時還會受到各種主觀心理因素的影響，其中過度自信便是個體在決策過程中的一種典型而普遍存在的認知偏差。過度自信的人往往在判斷事情的過程中會傾向於過度相信自己的判斷能力，從而高估自己成功的機會，成功時易於將原因歸功於自己的能力，而忽視機會和運氣的作用。在監管中，存在過度自信現象的監管者往往會忽略客觀現實條件而過度依賴於自己的判斷。在制定政策時會不自覺地將這種心理因素加入到政策之中，制定的監管策略可能會過度激進，通常會低估哪些不易發生事件的成本，輕視一些小概率突發事件的傾向。而一旦這些事件發生將給人們帶來意想不到的損失和影響。對於其所實施的監管政策，當政策效果明顯時，往往把成功歸因於自己，而當政策效果不明顯時，則把失敗歸因於外部環境的影響。現階段我國的養老基金體制中，由於政府擁有巨大的信息優勢，且又是最重要的監管者，政府的監管機構往往在基金監管過程中對自己的判斷和決策能力產生過度自信，從而高估自己所掌握信息的重要程度和準確度，在不知不覺中低估一些不利因素並過濾掉它們。雖然我國已經初步建立了基於智能分工的養老基金投資監管組織體系，但無論在基本養老基金還是企業年金基金的投資監管中仍以政府機構特別是勞動行政管理部門作為監管策略的主要執行者，而忽略與其他市場監管機構和社會監督機構的協同合作。而勞動部門集運動員與裁判員於一體，既是監管者又是營運者的情況會大大增加基金營運的不透明性，嚴重阻礙了基金監管有效性的提升。監管機構的過度自信還表現為頻繁出抬政策來規範養老基金的營運管理，反應了其認為自己對基金營運過程的判斷是正確的，並始終相信自己能夠推出符合養老基金投資管理規律的政策。近十年來，國務院及各部委關於基金營運、監管的各類法

規性文件就有近 100 項之多，這還不包括各類領導講話和一些基本型規章制度。

6.1.3.2 后悔厭惡與監管非理性

前景理論指出，人們在決策過程中，內心對損失和收益的權衡是不均衡的，在面對同樣數量的收益和損失時，認為損失更加令人難以忍受，因此在決策時往往賦予損失更大的權重，表現出損失厭惡的特徵。由於損失所帶來的痛苦，因此人們往往在做了一個決定之后使得資金喪失原本較好的結果而帶來痛苦，除要處理損失外還要承受對損失負責的感受，因此損失厭惡是人們在決策時的「后悔厭惡」心理特徵。我國養老基金監管中的后悔厭惡可能表現在，雖然監管機構頻繁出抬各種法律法規來規範基金管理，但在我國養老基金投資的一些關鍵問題上始終未能提出行之有效的解決方法。眾所周知，無論從理論規律還是現實需要上累積制養老基金應進行市場化投資，但時至今日我國基本養老保險個人帳戶基金的投資政策仍未出抬。究其根本原因除各部門、中央與地方的相互博弈與制約外，由於養老基金的敏感性，一旦推動市場化投資，並遭受較為嚴重的損失，不論對那個部門來講都是無法或不願承擔的責任，因此還不如讓養老基金存在銀行以保證其形式上的安全。明確的基金投資規則未能出抬也為各種違規使用養老基金的行為提供了可乘之機，導致各類養老基金案件頻發。同時在監管過程中，往往只重視事后監督而忽略事中監管和事前預防，在具體方式上也是淡化對監控對象的實質性掌控，以運動式突擊和直接檢查為主①。其心理基礎也是作為監管方在存在后悔厭惡的情況下不願進行更為積極有效的監管活動，因為活動失敗帶來的效用比實施積極監管帶來的效用要更大。

6.1.3.3 沉澱成本與監管非理性

按照傳統的觀點，投資者在進行決策時應該忽略前期投入，只要增加當前投入就會使得未來收益增加，則決策就是理性的。但現實中的人們常常違反這一原理。行為金融學通過「沉澱成本」對這一現象進行瞭解釋。沉澱成本是指一項已經付出且無論進行任何選擇都不能收回的開支。Arkes 和 Blumer（1985）將這種效應表述為，一旦在某一方面進行了金錢、努力或時間的投入之后，會表現出想要繼續增加投入的傾向的一種不良的經濟行為②。Brockner 則解釋道：正是由於人們不願意承認以往決策的錯誤，存在自我申辯的傾向，

---

① 鄧大松. 關於加強我國社會保障基金監管的幾點理論思考 [J]. 大家，2012（12）.

② H. R. Arkes, C. Blumer. 1985. The psychology of sunk cost [J]. Organizational Behabior and Human Decision Process, Vol. 35, pp. 124–140.

因而產生想要盡快彌補損失的動機。這種強烈的動機會導致對風險的尋求①。監管者顧及沉沒成本是往往因為害怕失去在被監管者心中的威信，而做出的一種只看眼前結果的短視行為。如果政府出於某種來自內部的目的而決定針對養老基金採取一項監管措施時，可能會帶來遞增的報酬②。在養老基金的監管中，由於監管成本的存在，政府往往並不會實行成本最小化的監管方式，而是希望通過不斷強化監管措施來獲得更多的收益，以彌補前期已經投入的管制成本。在存在沉澱成本的情況下，政府的監管有一種自我增強的傾向，會不自覺的擴大監管的範圍，並最終超出「監管是彌補市場失靈」的邊界範圍③。而在我國的養老基金投資管理中，政府早已跨越了提供相關的立法、合適的制度框架和良好的外部制度環境的合理邊界④，而是將所有基金管理事務攬於手中，形成「左手管右手」的監管模式。

6.2 基於「前景價值」的養老基金監管機構與投資機構的行為互動分析

由於傳統金融監管主要從理性人角度出發運用期望效應理論或成本收益分析考察養老基金監管主客體行為特徵，較少考慮監管主客體的價值感受。因此，本書將結合養老基金未來市場化投資中監管者與基金投資運作機構之間的利益相關性，運用前景理論探討基金投資運作機構不良行為的監管基本框架，並從監管強度角度分析避免基金投資運作機構不良行為的基本條件和影響因素。本書進行研究之前，已有諸多研究者運用前景理論對監管者與被監管者的行為互動進行了較為深入的研究，如烏雲娜等（2013）、卓志、鄺啟宇（2014）、苑宏憲、王雪青（2014）等。本書在前期相關研究的基礎上，根據中國養老基金委託代理的獨特模式和監管機構特徵構建如下博弈過程：

首先，假設整個博弈過程只存在基金監管機構和基金投資機構兩個行為人，且雙方均為有限理性。基金投資機構的違規行為是一種風險決策，是出於自身的心理感受而進行的策略選擇，而不是基於直接利益的得失。假設策略帶

---

① 陸劍清. 投資行為學 [M]. 北京：清華大學出版社，2012：79.
② 李紹光. 養老金制度與資本市場 [M]. 北京：中國發展出版社，1998：134.
③ W. 布雷恩・阿瑟. 經濟學中的自增強機制 [J]. 李紹光，王曉明，譯. 經濟社會體制比較，1995（5）.
④ 鄧大松，劉昌平. 論政府的養老基金監管職責 [J]. 中國行政管理，2003（10）.

來的心理感受的前景價值為（V），$V = \sum_i \pi(pi)v(xi)$

式中，$\pi(pi)$ 為權重函數，$v(xi)$ 為價值函數，pi 為事件 i 發生的概率，xi 為事件 i 發生后主體所獲得的實際收益與參照收益之差：

$$\pi(p) = \frac{p^\gamma}{[p^\gamma + (1-p)^\gamma]^{\frac{1}{\gamma}}}, \quad v(x) = \begin{cases} x^\alpha, & x \geq 0 \\ -\lambda(-x)\beta, & x < 0 \end{cases},$$

上式中 α，β 表示風險偏好與風險厭惡系數，決定博弈主體的風險偏好，α、$\beta \in (0,1)$。當 $\alpha = \beta = 1$ 時博弈主體表現出風險中立的特徵。λ 代表規避損失系數，若 $\lambda > 1$ 則表示同樣的損失帶來的痛苦比收益帶來的正效用更大。

其次，假設養老基金監管部門和投資管理機構都是基於自身利益進行策略交換的。但由於每個基金投資管理機構的特徵和要求並不相同，在追求自身利益的同時還要考慮養老基金投資的社會效益。設投資機構的策略集合為｛利他策略 S1，利己策略 S2｝，其中利他策略表示機構投資者嚴格遵守與養老基金管理部門的約定，以養老基金收益最大化為目標，利己策略則可能是在保證基金投資基本績效的基礎上將養老基金投資作為提升自有市場募集基金績效的工具；監管機構的策略集合為｛積極監管 A1，消極監管 A2｝。積極監管的實際成本為 $c > 0$，相對應的前景價值用 C 表示；養老基金投資管理機構選擇利他策略時付出的實際成本為 $t > 0$，相應前景價值為 T。投資機構採取利己策略，並通過不良行為獲取非法收益 $g > 0$ 時受到的實際處罰額度為 $f1 > 0$，相應前景價值為 $F1$，扣除不合法利益 g 之後的前景價值用 $F2$ 表示。採取策略（S2, A2）時不規範行為的發生機率用 $P3$ 表示。

最后，當基金投資機構採取不道德行為時，博弈雙方都將承擔該行為所造成的風險損失。監管方的損失來自於基金投資虧損或未能獲得較高的預期回報，投資機構的損失來自於在基金出現虧損或低回報時的佣金損失。因此，基金監管者和投資者又構成了一定程度上的利益共同體。假設養老基金投資機構採取 S1 策略時，雙方都要承擔相應的損失，績效損失用折扣系數 δ 表示。如果監管者採取 A1 策略，雙方所需要承擔的投資績效損失折扣系數用 η 表示。養老基金投資機構因不道德行為而造成的基金損失傳遞給基金監管者的比例用 p 表示，其中 $p \geq 0$。

在以上假設的基礎上，可以構建一個不完全信息條件下養老基金投資機構投資行為的博弈擴展式，如圖 6-3 所示：

基金投資機構

	S1	S2
A1	$(-C, -T)$	$(F_1 - C - p\eta F_2, -F_1 - \eta F_2)$
A2	$(-p\delta F_2, -T - \delta F_2)$	$(-pF_2, -F_2)$

基金監管機構

圖 6-3　投資行為的博弈擴展式

當博弈雙方採取（A1, S1）時，不規範行為的風險損失為零。監管者只需要承辦監管成本 C，養老基金投資機構則要承擔由於不誠信行為帶來的前景價值 T。這時，不規範行為發生的概率為 $p1 = 0$。可知：

$$C = \pi(1 - p1)v(c) + \pi(p1)v(0) = v(c)$$
$$T = \pi(1 - p1)v(t) + \pi(p1)v(0) = v(t)$$

當博弈雙方採取（A2, S2）時，養老基金投資機構所需要承擔的風險損失為 $F2$，監管者由於投資機構不規範的行為帶來的連帶損失為 pF_2。發生規範行為的概率為 p_3。可知：

$$F_2 = \pi(p_3)v(f_2 - g) + \pi(1 - p_3)v(0) = \pi(p_3)v(f_2 - g)$$

當博弈雙方採取（A1, S2）策略時，投資機構將受到 F_1 的監管者懲罰，同時不良行為帶來的風險損失為 $\eta F2$，而除了需要付出 C 的監管成本之外，監管者還要承擔 $p\eta F_2$ 的被轉嫁的連帶責任損失。若不規範行為被發現的概率為 q，監管者對這種行為的處罰為 $f1$，如果行為沒有被監管者發現，則不會受到處罰。可知：

$$F_1 = \pi(q)v(f_1) + \pi(1 - q)v(0) = \pi(q)v(f_1)。$$

當雙方採取（A2, S1）策略時，投資機構除了付出誠信成本 T 之外，仍需承擔不良行為風險損失 $\delta F2$，而監管者承擔連帶責任損失 $p\delta F2$。

在上述博弈模型中，不同的監管策略（消極或積極）下的養老基金監管者的期望前景和平均期望前景值分別為：

$$\begin{cases} UA1 = (-C)\gamma + (F1 - C - p\eta F2)(1 - \gamma) = F1 - C - p\eta F2 - F1\gamma + p\eta F2\gamma \\ UA2 = (-p\delta F2)\gamma + (-pF2)(1 - \gamma) = (\gamma - \delta\gamma - 1)pF2 \\ UA = xUA1 + (1 - x)UA2 \end{cases}$$

投資機構在利己策略和利他策略條件下期望前景值和平均期望前景值分別為：

$$\begin{cases} US1 = (-T)x + (-T - \delta F2)(1-x) = -T - \delta F2 + \delta F2x \\ US2 = (-F1 - \eta F2)x + -F2(1-x) = -F1x - F2 + (1-\eta)F2x \\ \bar{Us} = \gamma US1 + (1-\gamma)US2 \end{cases}$$

根據演化博弈理論，上述公式可得到複製動態方程組：

$$\frac{dx}{dz} = F(x) = x(UA1 - \bar{UA}) = x(1-x)[F1(1-\gamma) - C] + (1-\eta)F2 + pF2\gamma(\delta + \eta - 1)$$

$$\frac{dy}{dz} = G(y) = y(US1 - \bar{Us}) = y(1-y)[-T + (1-\delta)F2 + (\delta + \eta - 1)F2x + F1x]$$

當 $\begin{cases} T \le F1 + \eta F2 \\ T \le (1-\delta)F2 \\ C \le p\delta F2 \\ C \le F1 - p\eta F2 \end{cases}$ 時，策略（A1，S1）將達到最優狀態。

對投資機構而言，採取養老基金投資利益最大化的策略只需要滿足 $T \le F1 + \eta F2$ 和 $T \le (1-\delta)F2$ 兩個條件即可。在監管機構積極監管的條件下，投資機構風險、聲譽與經濟損失和不良行為收入的前景值之和要大於他們實行利他策略的成本前景值。

當然，在面對風險進行決策時，人們會經常出現理性偏差。前景理論認為，在面對損失時有限理性的決策主體往往是風險偏好的，利他策略將會使得養老基金投資機構付出 T 的確定性成本，而在選擇利己策略下則會有 g 的收入，同時由於不誠信行為還會帶來 $f2$ 的聲譽與經濟損失和 $f1$ 的懲罰損失，養老基金的投資機構將更不願意承擔確定的損失，更傾向於風險。同樣，養老基金監管機構的積極監管策略也會讓他們損失 C 的確定性成本，而選擇消極策略則規避了這種成本，雖然也存在責任損失。

需要指出的是，非理性行為客觀存在於養老基金投資過程中的所有參與者身上，並且難以徹底消除。監管者雖然往往承認自身存在著一定的非理性行為，但也認為其非理性程度要弱於被監管者。然而從研究者的調查數據看，監管者的非理性程度與其他市場參與者並沒有顯著差異[1]。因此，養老基金監管者在通過監管措施防範其他投資參與人非理性行為的同時，也需要對自己的非理性加以重視。從上述博弈結果看，養老基金投資監管者如果通過非理性的方

---

[1] 郝旭光. 證券市場監管者非理性行為研究[J]. 中央財經大學學報，2015（2）.

式去限制或者對抗投資機構的非理性行為，將會使養老基金面臨更大的投資風險。這就要求養老基金監管者在制度設計、政策執行等方面盡量避免自身的行為偏差。如正確認識自身的監管能力，減少由於過度自信帶來的對市場的過度干預；避免只尋找支持自己結論的證據，以減少實證性偏誤帶來的影響；對以往存在的監管漏洞和失誤應正確認識，避免沉澱成本的產生。

7 中國養老基金股票投資行為實證分析

7.1 中國養老基金的選股與持股行為分析

經過十餘年的發展，養老基金[①]在我國股票市場上的投資量逐漸增加，所持股市值從 2004 年年末的 39.71 億元上升到 2012 年年末的 642.88 億元，增長了 15 倍（見表 7-1）。

表 7-1　2004—2012 年我國養老基金股票市場投資發展情況[②]

年份	養老基金持股只數（只）	滬深股市股票總只數（只）	養老基金持股只數占總只數比重（%）	養老基金持股市值（億元）	滬深股市流通股市值（億元）	養老基金持股市值占股市總比重（%）
2004	129	1,299	9.93	39.71	11,688.64	0.34
2005	209	1,313	15.92	79.89	10,630.51	0.75
2006	218	1,379	15.81	225.12	25,003.64	0.90
2007	99	1,504	6.58	179.88	93,064.35	0.19
2008	156	1,582	9.86	103.55	45,213.90	0.23
2009	223	1,681	13.27	342.36	151,258.66	0.23
2010	310	2,030	15.27	447.99	193,110.41	0.23

① 由於我國基本養老保險基金仍未進行市場化投資，本章所研究的養老基金僅包括企業年金基金和全國社會保障基金。

② 表中數值均為該年年末值，社會保險基金持股市值為每年年末社會保險基金持股數量乘以年收盤價，社會保險基金持股包括全國社會保險基金和企業年金股票市場所持有股票。

表7-1(續)

年份	養老基金持股只數（只）	滬深股市股票總只數（只）	養老基金持股只數占總只數比重（%）	養老基金持股市值（億元）	滬深股市流通股市值（億元）	養老基金持股市值占股市總比重（%）
2011	332	2,312	14.36	455.23	164,921.30	0.28
2012	392	2,467	15.89	642.88	191,370.00	0.34

數據來源：Wind資訊、《中國證券期貨統計年鑒》。

雖然養老基金持股市值在我國股票市場中的比重還很低，但該基金已被公認為國內較高水平的機構投資者，且由於養老基金「國家隊」的特殊地位，其持股特徵和交易變動已經成為眾多投資者關心的對象。從目前的表現來看，廣大投資者認為作為「國家隊」的養老基金所投資的上市公司代表著國家宏觀調控的方向，當他們的投資與基金的方向和交易策略保持一致時就會獲得穩定而較為豐厚的回報，所以競相買入相關股票。市場投資者對養老基金的偏好使得養老基金的持股信息對我國資本市場的價格變動產生了重要影響，被社保基金持有的上市公司股票價格存在著較為明顯的超額收益[①]。養老基金的股票投資特徵及與我國股票市場的相互作用可以從以下幾方面分析：

（1）從持股行業分佈方面，以2012年12月31日數據為例，全國社會保險基金和企業年金的投資組合所持有的392只股票中，幾乎涵蓋了所有行業。製造業類股票236只，占比為60%，其餘12個行業中信息技術業29只，批發零售業26只，所占比例均與該行業股票只數占兩市總股票只數比例相當。這表明養老基金無特殊的行業偏好，所持股票行業風險較為分散。但可以看出，養老基金在社會服務業和文化產業持股數量方面有所增加，電力、煤氣及水的生產和供應業持股只數的比重有所減少（見表7-2）。

表7-2　2007—2012年中國養老基金各行業持股只數占總持股只數比重

單位：%

行業	年份					
	2007	2008	2009	2010	2011	2012
製造業	53.54	41.67	59.19	56.77	62.05	60.20
信息技術業	4.04	7.05	6.28	7.42	5.42	7.40

---

① 劉永澤，唐大鵬．社保基金持股信息的市場反應[J]．審計與經濟研究，2011（9）．

表7-2(續)

行業	年份					
	2007	2008	2009	2010	2011	2012
社會服務業	2.02	1.92	1.35	2.26	3.31	4.85
批發和零售貿易	7.07	5.77	7.62	8.71	6.33	6.63
農、林、牧、漁業	3.03	1.92	1.35	3.87	1.81	2.55
金融、保險業	3.03	1.92	1.35	1.29	1.20	0.51
交通運輸、倉儲業	10.10	8.97	4.48	3.23	2.41	2.30
建築業	3.03	2.56	1.79	2.90	3.01	2.81
房地產業	2.02	10.26	5.38	2.26	3.31	2.81
電力、煤氣及水的生產和供應業	8.08	9.62	5.38	4.19	3.01	3.32
傳播與文化產業	2.02	3.21	1.35	1.61	1.51	2.04
採掘業	0.00	3.21	3.14	3.55	5.72	3.57
綜合類	2.02	1.92	1.35	1.94	0.90	1.02
持股總只數	99	156	223	310	332	392

說明：本表中數據為每年12月31日社會保險基金所持股情況。
數據來源：Wind資訊，筆者整理。

在所持股票市值方面，製造業仍是持股市值最高的行業，年平均比重占到一半左右。此外，有部分行業在某一年中的市值較大，例如在2009年雖然養老基金只持有3只金融、保險行業股票，但持股市值分別占到了18.52%。表明在這一年中養老基金對金融、保險行業的股票進行了重倉持有，其中基金持有深發展股票達到了61.15億元（見表7-3）。

表7-3 2007—2012年中國養老基金不同行業持股市值占總持股市值比重

單位：%

行業	年份					
	2007	2008	2009	2010	2011	2012
製造業	57.09	35.06	48.54	53.14	46.25	44.77
信息技術業	5.32	5.90	4.36	5.15	2.08	3.03
社會服務業	0.34	0.47	0.75	1.12	1.65	5.49
批發和零售貿易	3.53	2.92	9.26	7.90	5.42	6.14
農、林、牧、漁業	1.45	0.66	0.27	2.64	1.28	1.59

表7-3(續)

行業	年份					
	2007	2008	2009	2010	2011	2012
金融、保險業	1.70	1.69	18.52	3.97	12.91	2.03
交通運輸、倉儲業	11.30	14.31	3.75	10.27	7.80	6.48
建築業	3.75	4.82	1.54	3.88	3.29	12.00
房地產業	1.10	7.64	3.33	1.62	6.48	5.74
電力、煤氣及水的生產和供應業	9.96	10.76	3.07	3.22	3.36	3.36
傳播與文化產業	2.17	4.75	1.82	0.99	0.80	1.64
採掘業	0.00	6.68	3.01	3.86	8.03	7.30
綜合類	2.29	4.34	1.77	2.23	0.67	0.44
持股總市值（億元）	179.88	103.55	342.36	447.99	455.23	642.88

數據來源：Wind 資訊，筆者整理。

（2）從所持股票市場分佈看，中小板市場和創業板市場由於其增值潛力逐漸受到社會基金的青睞。2011年全國社保基金新進入的58家公司中，有49家為中小板、創業板公司，占比達八成以上。到2012年年末，養老基金所持有的392只股票中，主板市場為179只，占持股總數的45.66%，中小板為138只，占35.20%，創業板股票為75只，占19.13%。而我國股票市場中，A股、中小板、創業板數量分佈大致為7:2:1，養老基金中小板和創業板市場所持股票數量遠遠大於這一比例。但從持有市值看，養老基金的持股重心仍在主板市場中，每年市值在總持有市值的75%以上。創業板和中小板市場股票持有只數雖然占到一半左右，但持有市值仍不到總持有市值的25%，表明養老基金在追求中小板、創業板市場的高收益的同時仍然注意控制投資風險，僅將少量資金投入其中（見表7-4）。

表7-4　　　2010—2012年中國養老基金持股市場分佈情況　　　單位:%

	持有股票只數占總只數比重			持有股票市值占總持有市值比重		
	2010	2011	2012	2010	2011	2012
主板	57.74	48.80	45.66	77.42	76.74	75.34
中小板	32.26	38.86	35.20	19.21	19.94	19.09
創業板	10.00	12.35	19.13	3.37	3.33	5.57

數據來源：Wind 資訊，筆者計算整理。

（3）由於社會保險基金的特殊性質，在股票選擇上往往安全性和收益性並重，通常偏好大市值股票。本書按照市值大小將我國股票市場中的股票分為大市值、中市值、小市值股票。股票市值大的企業一般經營情況較為穩定，股價波動較小、風險較低，具有穩定的長期收益；小市值股票一般具有較高的流動性，投資風險較高，同時收益也較高；中市值股票則介於二者之間。本書將市值排名前30%的股票定義為大市值股票，排名后30%的股票為小市值股票，中間的40%為中等市值股票。2004—2012年社會保險基金所持有不同市值股票情況如表7-5所示：

表7-5　2004—2012年中國養老基金所持股票市值占持股總市值比重　單位：%

年份	所持股票市值占總市值比重			所持股票只數占總只數比重		
	大市值	中市值	小市值	大市值	中市值	小市值
2004	82.29	16.20	1.51	60.47	34.88	4.65
2005	90.46	9.23	0.31	75.60	22.01	2.39
2006	90.13	9.43	0.44	65.60	29.82	4.59
2007	74.31	24.39	1.30	47.47	46.46	6.06
2008	82.52	16.46	1.02	59.62	34.62	5.77
2009	79.74	18.81	1.45	48.43	42.15	9.42
2010	72.58	24.12	3.31	42.26	43.23	14.52
2011	83.48	13.32	3.20	46.39	37.65	15.96
2012	86.39	11.62	1.99	49.49	37.76	12.76

數據來源：Wind資訊，筆者整理計算。

從表7-5中可以看到，養老基金對大市值的權重股具有強烈的偏好，9年中所持大市值股票平均比例為82.43%，中市值為15.95%，而小市值股票僅為1.61%。

（4）隨著養老基金股票市場投資的日益成熟，近年來基金股票投資開始從成長型向價值型轉換。本書按照各股票的市淨率大小將股票分為價值型、混合型和成長型三類，價值型股票通常為價值被低估、盈利水平較高，市淨率較低的股票；成長型股票雖然目前的市盈率和市淨率相對較高，業績並不出色，但由於發展潛力較大、利潤增長速度有望超過市場平均水平。一般來說價值型股票投資具有更低的風險，而成長型股票的收益成長性相對難以把握，炒作的空間較大。本書中所定義的價值型股票為市場中市淨率最低為30%的股票，市

淨率最高的30%為成長型股票，居中的40%為混合型。列出了歷年社保基金在三種不同類型的股票上所持只數與市值占總只數和總市值的比重（見表7-6、表7-7）。

表7-6　　　　　2004—2012年中國養老基金所持
不同類型股票只數占所持有總只數比重　　　單位:%

	價值型	混合型	成長型
2004	10.08	53.49	36.43
2005	12.92	41.63	45.45
2006	11.01	41.74	47.25
2007	26.26	38.38	35.35
2008	27.56	41.03	31.41
2009	26.01	36.77	37.22
2010	20.65	41.94	37.42
2011	23.80	43.98	32.23
2012	22.45	43.37	34.18

數據來源：www.jrj.com.cn，筆者整理計算。

表7-7　　　　　2004—2012年中國養老基金所持
不同類型股票市值占所持股總市值比重　　　單位:%

	價值型	混合型	成長型
2004	6.53	57.98	35.50
2005	9.42	36.10	54.48
2006	4.50	30.87	64.64
2007	21.06	40.69	38.24
2008	17.57	42.82	39.60
2009	32.48	36.56	30.96
2010	26.34	44.04	29.62
2011	29.03	48.79	22.18
2012	26.57	45.47	27.96

數據來源：www.jrj.com.cn，筆者整理計算。

隨著我國股票市場的波動，養老基金在持股類型上逐漸從2007年以前的

成長型和混合型股票為主轉為價值型和混合型為主,社保基金成長型股票市值比重從2005年、2006年的54.48%、64.64%下降為近三年的20%~30%,而價值型股票持有比重從10%以下上升為30%左右,表明社保基金從最初的短期市場炒作型投資向價值型投資的轉化。這種轉化的原因可能基於兩方面,一方面是由於2008年以后我國股票市場的持續低迷,缺乏炒作題材和高增長預期,社保基金對成長型股票的偏好降低;另一方面,隨著社保基金股票市場投資的成熟,通過股票市場獲得相對穩定的收益成為其主要目標。

(5)持股時間方面。社會保險基金通常被認為是戰略性機構投資者,由於其規模巨大,在進行股票交易時往往採取「長期持有」的策略,在通過長期價值投資獲得收益的同時促使股票價格向基礎價值迴歸,並促進股票市場的穩定。那麼,我國養老基金的股票市場投資是否具有上述特徵?本書選取了目前我國社會保險基金股票市場投資最為活躍,投資時間最長的9個全國社保基金股票型投資組合,對各組合2004年6月~2012年12月的持股情況進行比較,分析結果如表7-8所示:

表7-8　　　　部分全國社保基金投資組合每股持有時間比較

組合名稱	累計持有股票只數	持有股票只數(只)				占累計持有只數比重(%)			
		一季度以下	半年以上	一年以上	兩年以上	一季度以下	半年以上	一年以上	兩年以上
一零一組合	119	127	31	12	1	63.8	15.6	6.0	0.5
一零二組合	216	71	110	67	36	32.9	50.9	31.0	16.7
一零三組合	187	93	59	25	7	49.7	31.6	13.4	3.7
一零四組合	268	120	97	30	7	44.8	36.2	11.2	2.6
一零五組合	102	56	26	9	3	54.9	25.5	8.8	2.9
一零六組合	298	172	91	33	6	57.7	30.5	11.1	2.0
一零八組合	206	74	87	47	16	35.9	42.2	22.8	7.8
一零九組合	288	108	128	67	20	37.5	44.4	23.3	6.9
一一零組合	252	122	72	39	11	48.4	28.6	15.5	4.4

數據來源:www.jrj.com.cn,筆者整理計算。

從表7-8中可以看到,不同的組合在股票持有時間上存在較大差異。一零一、一零三、一零五、一零六等組合每股持有時間相對較短。例如,一零一組合中,每股持有時間不足一季度的占到了63.8%,持股時間一年以上的股票為6%,僅有一只股票持有時間超過了兩年。而相反,另一些組合如一零二、一零八、一零九等組合的平均每股持有時間相對較長,持有時間超過一年的股票

均在20%以上。社保基金投資組合持有時間上的差異除受到不同投資管理人投資風格的影響外，還受到資金規模的制約。在我國現有資本市場環境下，資金規模較大的投資組合有能力將一部分資金長期重倉持有某一只股票，另一部分資金則用於賺取波動收益。在資金規模與股票持有時間的比較中，我們發現長期持股比例較高的組合同時也是資金規模較大的組合（見表7-9）。

表 7-9　　　中國養老基金投資組合持股時間與資金規模比較

組合名稱	持股時間超過一年 股票占總持有股只數比重	年末平均 股票資產（萬元）	資產排名
一零二組合	31.02	320,077.3	3
一零九組合	23.26	316,963.8	4
一零八組合	22.82	359,586.1	1
一一零組合	15.48	348,977.3	2
一零三組合	13.37	168,284.7	7
一零四組合	11.19	239,896.2	5
一零六組合	11.07	212,631.5	6
一零五組合	8.82	59,221.08	8
一零一組合	6.03	57,640.35	9

說明：年末平均股票資產為2008—2011年平均值。

數據來源：www.jrj.com.cn，筆者整理計算。

在投資管理人選股能力的基礎上，養老基金長期持有的股票為基金帶來了豐厚的收益。養老基金持股三年以上的股票在持有期內平均漲幅為374%，其中上海汽車、雙鷺藥業、格力電器、一汽轎車四只股票漲幅超過了1,000%，已賣出的股票中僅有桂冠電力的收益為負。另外，我們也發現，同一基金管理公司所管理的不同投資組合在股票選擇上存在較大的相似性。例如博時基金所管理的一零二和一零八組合的長期持股名單中同時有粵高速A、粵電力A、青島啤酒、格力電器、國投電力等股票。在股票投資的換手率方面，證券投資基金的年平均換手率基本在200%～500%之間，而全國社保基金股票委託組合的換手率在100%左右，表現出了相對穩健的投資風格。

從上述分析可以看出，養老基金的股票投資對市場的影響主要在於其「身分性」對其他投資者選股和擇時操作的引導，而由於基金規模和委託代理模式等方面的原因對市場穩定性的影響不大。

7.2　中國養老基金股票投資中的動量與反轉交易策略分析

　　標準金融學認為，反轉交易與動量交易現象的出現可能是由於樣本數據的取得不是隨機的或者是由於資產定價模型的選取或測量方法不正確導致的結果。而行為金融學研究則認為，投資者的交易行為是在各種經濟變量的相互作用下做出的，他們是基於投資者心理因素作用下的結果。認知、情緒、意志等都是影響投資者決策過程中出現非理性行為的心理因素。而正是由於這些非理性行為產生的行為偏差導致了投資者對信息的過度反應或反應不足，從而形成了在投資中存在持續超額回報、反轉交易等現象。Barberis、Shleifer 和 Vishny（1998）認為，投資者存在對信息反應不足與過度反應的情況。反應不足表現為壞消息公布后的平均收益低於好消息公布后的平均收益，過度反應則表現為好消息公布后的平均收益要低於壞消息公布后的收益（在存在允許賣空的條件下）。如果投資者對信息存在反應不足，那麼投資者一般存在思想惰性，不輕易改變其原有的信念，對新出現的信息不夠重視，不會將新信息很快地融入股票價格中，其股票價格則表現為持續上升，從而產生動量交易，並通過動量交易獲得超額利潤。相反，如果投資者存在過度反應，他們則會高估新信息，對新信息賦予較高的權重，造成股票價格和價值之間產生過度的偏離，導致股票價格在好消息或壞消息出現時反應過度，此時投資者則會使用「買跌賣漲」的逆向交易策略。

　　養老基金動量交易的前期研究包括 Lakonishok（1991）、Jones、Lee 和 Weis（1999）、Badrinath（2002）、Voronkova（2005）（詳見第五章）等，而大部分研究者認為養老基金的正反饋交易特徵並不明顯。我國養老基金是「追漲殺跌」的正反饋交易（動量交易）者還是「買跌賣漲」的反轉交易者？作為中國股票市場中重要的投資標杆，養老基金的交易行為及其對其他投資者的影回應該是我們關注的焦點之一。以全國社保基金為例，全國社保基金通過總體上把握我國股票市場的變化趨勢，降低了由於市場波動帶來的投資組合與長期目標不符所產生的損失。可以發現，全國社保基金幾乎把握了市場的每次「大底」與「大頂」，總是領先市場一步，提前佈局，在熊市后期與牛市后期採取反轉交易策略，而在牛市、熊市的前期採取動量交易策略。然而這僅僅是從直觀上的定性推測，其更微觀的行為需要通過實證的方式進行驗證。

7.2.1 模型的選取

本節將主要運用行為金融學中投資策略的驗證模型對全國社保基金的動量與反轉交易進行考察。目前國內外對動量與反轉交易行為的研究方法主要分為兩大類:其一,為 Jegadeesh 和 Titman(1993)的重疊研究法,這種方法主要運用在驗證整個股票市場是否存在動量效應,以及怎麼運用動量策略獲利等方面。其對基金的研究則主要通過選取基金持有的重倉股票進行分析從而得出基金的動量與反轉交易行為,其方法的本質與研究整體市場沒有根本區別,不能很好地對單只基金的行為進行分析。其二,為 Grinblatt、Titman 和 Wermers(1995)構建的 ITM 模型,專門用於分析單只基金的動量與反轉交易。此模型的基本邏輯是先通過 ITM 模型對單只基金動量交易行為進行衡量,並匯總所有基金得出基金整體的交易行為特徵。而從我國養老基金的投資情況看,其股票投資既需要總結其整體特徵,又需要考察不同投資組合的交易行為,顯然 ITM 模型對於分析我國養老基金的股票交易行為更為有效。因此本書選用 ITM 模型作為基本的分析工具,所運用的模型為 Badrinath 和 Wahal(2002)在 Grinblatt、Titman 和 Wermers(1995)的基礎上改進的動量測度 ITM 模型。

其模型的基本公式可以表述為:

$$ITM_{jt}(k, l) = \sum_{i=1}^{N}(w_{ijt} - w_{ijt-1})(R_{i,t-k} - R_{m,t-k})$$

$$w_{ijt} = \frac{P_{it}H_{ijt}}{\sum_{i=1}^{N}P_{it}H_{ijt}}$$

上式中,$R_{i,t-k}$ 為股票 i 在 $t-k$ 季持有期的收益率,可以表示為 $R_{i,t-k} = \frac{(第 k 期末股票 i 的價格 - k 期初股票 i 的價格)}{k 期初股票 i 的價格}$

$R_{m,t-k}$ 表示同期市場收益率,本書用上證指數表示市場收益率,可表示為:

$$R_{m,t-k} = \frac{(第 k 期末的上證指數 - k 期初的上證指數)}{k 期初的上證指數}$$

P_{it} 為股票 i 在 t 時刻的收盤價格;

H_{ijt} 為基金 j 在 t 時刻持有股票 i 的數量;

w_{ijt} 表示 t 時刻股票 i 在基金投資組合 j 的中所占的比重,在不同的時間段,w_{ijt} 的變動能反應該投資組合的交易行為,但是權重的變動可能是由於養老基金的投資組合持有該股數量改變引起的,也可能是由於該股票價格變動導

致的。這種由於價格變動帶來的權重變動成為被動動量。

ITM_{jt} 作為衡量基金投資策略的指標，若顯著小於 0，表明基金採取反轉交易策略，若 ITM_{jt} 顯著大於 0，則表明基金採用動量投資策略。可表現為表 7-10 所示的關係：

表 7-10　　　　　　ITM 衡量指標和投資策略的關係

收益率指標	權重指標	動量測度	對應策略
$R_{i,t-k} - R_{m,t-k} > 0$	$w_{ijt} - w_{ijt-1} > 0$	$ITM_{jt} > 0$	追漲
	$w_{ijt} - w_{ijt-1} < 0$	$ITM_{jt} < 0$	高賣
$R_{i,t-k} - R_{m,t-k} < 0$	$w_{ijt} - w_{ijt-1} > 0$	$ITM_{jt} < 0$	低買
	$w_{ijt} - w_{ijt-1} < 0$	$ITM_{jt} > 0$	殺跌

7.2.2　樣本數據的選取與處理

由於我國養老基金中僅有全國社會保障基金和企業年金基金進行股票投資，而從數據來看，全國社會保障基金的各投資組合數據較為完整，企業年金基金的股票投資數據較為零散且不具有持續性，因此本書選擇全國社保基金的 12 個偏股型投資組合作為研究樣本，選取 2004—2013 年全國社保基金每季度持有 A 股市場股票的種類和持倉金額。數據來源為 Wind 和 CSMAR 數據庫。總體增減持情況定義為投資組合中股票期初價格×持有數量-上一期期末價格×持有數量。

7.2.3　實證結果與分析

實證結果如表 7-11 所示：

表 7-11　　　全國社保基金部分投資組合動量交易 ITM 值及行為

	一零一組合		一零二組合		一零三組合	
	ITM 值	行為	ITM 值	行為	ITM 值	行為
2008Q2	0.119,112	追漲	0.012,354	殺跌	-0.049,407	低買
2008Q3	-0.027,800	低買	-0.005,338	高賣	-0.011,527	高賣
2008Q4	0.181,118	追漲	-0.019,771	低買	-0.060,553	低買
2009Q1	-0.109,200	高賣	0.019,540	追漲	0.008,848	追漲
2009Q2	0.201,117	殺跌	-0.004,503	高賣	-0.054,525	高賣

表 7-11（續）

	一零一組合		一零二組合		一零三組合	
	ITM 值	行為	ITM 值	行為	ITM 值	行為
2009Q3	0.167,803	追漲	-0.000,629		0.097,487	追漲
2009Q4	0.002,658		0.135,381	追漲	0.026,514	追漲
2010Q1	-0.007,085		-0.012,241	低買	-0.021,643	低買
2010Q2	0.074,584	追漲	0.025,595	追漲	0.024,764	追漲
2010Q3	0.044,333	追漲	0.083,366	追漲	0.000,420	追漲
2010Q4	-0.031,344	高賣	0.136,329	追漲	-0.032,840	追漲
2011Q1	0.066,449	殺跌	-0.004,515	高賣	0.024,569	殺跌
2011Q2	0.013,264	殺跌	0.017,067	殺跌	0.000,622	
2011Q3	0.003,621		0.001,805		0.000,862	
2011Q4	0.003,402		0.010,617	殺跌	-0.007,865	
2112Q1	0.198,142	殺跌	-0.014,519	低買	0.004,072	
2012Q2			0.019,470	追漲	0.004,999	
2012Q3	-0.210,852	低買	-0.011,677	高賣	0.000,536	
2012Q4	-0.302,280	低買	-0.015,432	低買	-0.000,665	
2013Q1	0.013,036	殺跌	-0.002,830		0.092,792	殺跌
2013Q2	0.017,184	追漲	0.047,204		-0.016,924	低買
2013Q3	0.053,602	追漲	-0.091,199		-0.008,359	低買
2013Q4	-0.003,494		-0.020,685	高賣	-0.018,453	高賣
	一零四組合		一零五組合		一零六組合	
	ITM 值	行為	ITM 值	行為	ITM 值	行為
2008Q2	0.084,483	殺跌	0.016,125	殺跌	0.089,899	殺跌
2008Q3	0.201,458	殺跌	-0.014,032	低買	0.075,904	殺跌
2008Q4	0.058,496	殺跌	0.079,364	殺跌	0.153,157	殺跌
2009Q1	0.047,440	追漲	0.197,089	追漲	0.291,704	
2009Q2	0.076,060	追漲	0.060,271	追漲	0.264,637	
2009Q3	0.028,176		0.005,574		0.084,644	

表 7-11（續）

	一零四組合		一零五組合		一零六組合	
	ITM 值	行為	ITM 值	行為	ITM 值	行為
2009Q4	0.129,150	追漲	0.123,295	追漲	-0.049,017	低買
2010Q1	0.033,798	殺跌	0.099,061		0.076,613	
2010Q2	0.065,685	殺跌	0.011,353		-0.125,648	高賣
2010Q3	0.059,790		0.078,491	追漲	-0.295,530	低買
2010Q4	0.077,604		0.150,490		0.014,282	
2011Q1	0.078,966		0.027,642		0.158,642	
2011Q2	0.022,347		0.047,672	低買	0.043,806	
2011Q3	0.070,279		0.036,354		0.043,966	
2011Q4	0.045,245	殺跌	0.005,567		0.093,048	
2112Q1	0.074,150	殺跌	0.093,701		-0.019,644	
2012Q2	0.036,730	殺跌	-0.039,749	高賣	-0.008,520	
2012Q3	0.021,168	殺跌	0.080,951		-0.014,894	
2012Q4	0.024,330		0.040,403		0.012,733	
2013Q1	0.019,511		-0.049,012	低買	0.077,913	
2013Q2	0.051,466		0.137,771		0.061,144	
2013Q3	0.024,431		0.142,156		-0.015,300	高賣
2013Q4	0.064,859		0.005,025		0.024,578	
	一零八組合		一零九組合		一一零組合	
	ITM 值	行為	ITM 值	行為	ITM 值	行為
2008Q2	0.054,248	殺跌	-0.032,581	低買	0.126,976	殺跌
2008Q3	-0.022,577	低買	0.080,781	殺跌	0.198,029	殺跌
2008Q4	-0.029,714	低買	-0.080,466	低買	-0.010,972	高賣
2009Q1	0.066,237	追漲	-0.128,776	高賣	0.206,155	追漲
2009Q2	0.029,378	追漲	0.032,713	追漲	0.029,348	追漲
2009Q3	0.052,692	高賣	0.021,955		0.047,466	
2009Q4	0.031,752		0.019,483		0.195,283	

表 7-11（續）

	一零八組合		一零九組合		一一零組合	
	ITM 值	行為	ITM 值	行為	ITM 值	行為
2010Q1	0.023,750		0.022,639		0.033,192	
2010Q2	-0.010,501	低買	0.056,665	殺跌	0.063,521	殺跌
2010Q3	0.043,873		0.026,633		-0.053,090	
2010Q4	0.079,908		0.028,380		0.029,359	
2011Q1	-0.015,991		0.025,018		0.031,351	
2011Q2	0.021,666		0.031,055		0.027,585	
2011Q3	-0.005,962	低買	0.020,962	殺跌	-0.032,968	高賣
2011Q4	-0.005,732		0.019,374		0.034,548	
2112Q1	-0.048,538		0.013,047		0.008,881	
2012Q2	0.011,270		0.044,744		0.054,547	
2012Q3	-0.008,584		0.015,151		0.011,818	
2012Q4	0.065,660		0.009,024		-0.004,211	
2013Q1	-0.005,437		0.068,844		-0.075,186	
2013Q2	0.123,834		0.018,364	殺跌	-0.011,810	高賣
2013Q3	-0.123,814	高賣	0.029,616		0.005,210	
2013Q4	0.041,412		0.015,606		0.036,820	

數據來源：筆者計算整理。

實證結果分析：

從本書分析的全國社保基金 9 個偏股型投資組合來看，首先，9 個投資組合所有季度的投資行為分析中，$ITM_{jt} > 0$ 的數量為 147 個遠遠超過 $ITM_{jt} < 0$ 行為的數量，可以說基金在大多數時候變現出了與市場漲跌和大多數投資者相一致的投資行為。其次，基金不同的投資組合表現出了不同的投資策略，如表 7-12 所示：

表 7-12　　全國社保基金部分投資組合 ITM 值比較

	一零一	一零二	一零三	一零四	一零五	一零六	一零八	一零九	一一零
ITM<0	7	12	11	0	3	7	10	3	6
ITM>0	15	11	12	23	20	16	13	20	17

數據來源：筆者計算整理。

在 ITM 值的數量上可以看出，社保基金一零四、一零六、一零九等投資組合較為偏向於正反饋交易，很少進行反向操作，而社保基金一零二、一零三、一零八等投資組合的反轉交易策略運用得較多，表現出了不同社保基金投資管理人在投資理念和投資方式上的差異。

7.3 中國養老基金股票投資中的羊群行為分析

7.3.1 模型的選取

目前國內外學者對基金投資的羊群行為檢驗方法主要包括 LSV 模型、PCM 模型、CSSD 模型、CSAD 模型等。CSSD 方法通過橫截面收益標準差來測度證券市場的羊群行為，但此種方法的結論令人質疑，尤其是在股票價格波動較小時也可能存在資金的轉移或重新分配。因此這種方法漸漸不為人所採用，逐漸被 CSAD 法所替代。CSAD 法利用橫截面收益絕對差衡量股市的羊群行為，雖然方法相對合理，往往需要獲取大量的股票數據，並對其進行量化處理，而目前對股票數據的量化處理還沒有形成統一的檢驗方法，因此，模型的操作化存在較大難度。而目前對於基金羊群效應應用最為廣泛的方法為 Lakonishok、Shleifer 和 Vishny（1992）應用處於單邊市場中投資者的比例構造的衡量基金經理對股票買賣趨同程度的 LSV 模型。在此模型的基礎上，Werners（1999）根據基金在各季度買入股票的比例與期望值之間的關係提出了分別衡量買方羊群和賣方羊群的指標。LSV 方法能夠比較直觀地反應基金在特定時間上對某只股票的買賣水平相對於基金對所有股票平均買賣水平的偏離程度，即羊群行為。此方法是目前國內外檢驗羊群行為特別是基金羊群行為的經典方法。因此，本書也將採用 LSV 方法及其修正模型對我國養老基金股票市場投資的羊群行為進行檢驗。其檢驗方法具體可表示為：

$$HM_{i,t} = |p_{i,t} - E(p_{i,t})| - AF_i$$

式中，$p_{i,t}$ 表示在某一季度 t 中某一投資組合買入股票的個數占對該只股票進行交易的投資組合的比例。

$$p_{i,t} = \frac{B_{i,t}}{B_{i,t} + S_{i,t}}$$

$B_{i,t}$ 表示在某一季度中增加某一股票 i 持有量的投資組合個數，$S_{i,t}$ 為減少股票 i 持有量的基金個數（淨賣出者）。$E(p_{i,t})$ 為 $p_{i,t}$ 的期望值，用所有股票在給定季度 t 的 $p_{i,t}$ 的算術平均值 $P_{i,t}$ 表示；

AFi 為調整因子，及在「$H0$：不存在羊群行為」的零假設下，HMi, t 為零，此時 $AFi = E\left|\dfrac{Bi, t}{Bi, t + Si, t} - Pi, t\right|$，當樣本數量很大時，$AFi$ 接近於零，即 pi, t 趨近於 $\overline{Pi, t}$，但由於全國養老基金樣本較少，因此本書將其調整為 $AFi = |pi, t - \overline{Pi, t}|$。

在計算出單位季度內某只股票的羊群行為度量值之後，為了考察整個基金的羊群行為情況，需對單位季度內所有股票的羊群測度值進行算術平均，計算公式為：

$$\overline{HMit} = \dfrac{\sum_{t=1}^{T}\sum_{i=1}^{nt} HMit}{\sum_{t=1}^{T} nt}$$

式中，nt 為基金在 t 季度交易的所有股票數量，T 為考察時間的長度，本書定義 $T = 1$。

同時，根據 Wermers（1999）對 LSV 方法的擴展，本書分別用 $BHMi, t$ 和 $SHMi, t$ 來測量基金的買入羊群和賣出羊群行為：

$BHMi, t = HMi, t | pi, t > E(pi, t)$
$SHMi, t = HMi, t | pi, t < E(pi, t)$

整體買入羊群和賣出羊群值為，$\overline{BHMit} = \dfrac{\sum_{t=1}^{T}\sum_{i=1}^{nt} BHMit}{\sum_{t=1}^{T} Bnt}$，個股買入羊群值除以被買入的所有股票個數，賣出羊群同理（見表 7-13）。

表 7-13　　HM 值的大小與羊群行為存在的對應關係

HM 值	0~10%	10%~20%	20%~60%	60%~1
羊群行為嚴重程度	不顯著	輕微	嚴重	非常嚴重

7.3.2　樣本數據的選取與處理

本書數據來源於金融界網站公布的每季度全國社會保障基金各投資組合、企業年金基金各投資組合的持股數量，選取時間為 2006 年一季度至 2013 年四季度。根據 LSV 方法，對養老基金每季度的投資組合資料進行整理和分析，其處理方法如下：

（1）根據股票公告除去基金持有股票時由於配送、轉贈等因素導致的持有額變化。

（2）由於缺乏微觀資料，因此假定基金在一個季度內對股票的買賣行為是一次性完成的。

（3）考慮到某股票被個別基金持有不可能形成羊群行為，因此對在季度 t 對股票 i 如參與買賣的基金數量少於 3 家進行刪除處理。

（4）根據數據的買賣標示統計每個股票同類項的買入與賣出，根據這兩個數量計算出該股票的羊群行為度。

（5）年度羊群行為度為每季度羊群行為度的算術平均值，總羊群行為度為所有季度羊群行為度的算術平均值。

（6）HM 代表平均羊群行為係數，對總體樣本的檢驗是假定：H0：HM = 0；H1：HM ≠ 0。

7.3.3 檢驗結果與分析

7.3.3.1 整體檢驗結果

利用 $HM_{i,t}$ 的公式，本研究計算出我國養老基金羊群行為測度值如表 7-14 所示：

表 7-14　2006—2013 年我國養老基金股票市場羊群行為測度值

時間	整體羊群	買入羊群	賣出羊群
2006Q2	0.078,238	0.068,946	0.092,255
2006Q3	0.079,799	0.097,856	0.066,437
2006Q4	0.068,254	0.067,366	0.069,231
2007Q1	0.064,516	0.047,619	0.093,548
2007Q2	0.068,027	0.059,524	0.079,365
2007Q3	0.081,956	0.116,071	0.062,461
2007Q4	0.049,861	0.166,667	0.027,961
2008Q1	0.047,337	0.166,667	0.025,641
2008Q2	0.074,074	0.055,556	0.111,111
2008Q3	0.066,482	0.041,61	0.120,37
2008Q4	0.080,45	0.059,143	0.125
2009Q1	0.087,771	0.118,627	0.068,486

表7-14(續)

時間	整體羊群	買入羊群	賣出羊群
2009Q2	0.092,593	0.078,947	0.107,843
2009Q3	0.111,111	0.107,448	0.114,774
2009Q4	0.108,064	0.083,238	0.176,236
2010Q1	0.074,181	0.132,895	0.049,197
2010Q2	0.099,167	0.094,628	0.104,184
2010Q3	0.081,025	0.060,096	0.126,371
2010Q4	0.099,962	0.076,835	0.142,361
2011Q1	0.082,872	0.112,963	0.063,247
2011Q2	0.132,231	0.098,949	0.190,476
2011Q3	0.085,399	0.055,578	0.137,587
2011Q4	0.068,473	0.047,869	0.107,105
2112Q1	0.045,351	0.043,21	0.049,206
2012Q2	0.081,494	0.068,212	0.104,367
2012Q3	0.084,73	0.062,095	0.126,984
2012Q4	0.049,444	0.033,311	0.087,088
2013Q1	0.086,364	0.100,718	0.075,113
2013Q2	0.077,331	0.063,668	0.096,809
2013Q3	0.051,555	0.049,856	0.053,671
2013Q4	0.055,065	0.064,286	0.047,477
總體均值	0.077,845	0.080,66	0.093,612

數據來源：筆者計算整理。

從表7-14可以看出，2006—2013年我國養老基金總體羊群行為並不顯著，8年季度羊群值為7.784,5%，買入羊群為8.066,0%，賣出羊群為9.361,2%。僅有2009Q3、2009Q4、2011Q2等個別季度表現出了輕微的羊群行為，說明我國養老基金總體羊群效應並不顯著。我國養老基金各投資組合在總體上表現為相互獨立的隨機交易模式，各基金之間的模仿程度較低（見表7-15）。

表 7-15　2006—2013 年我國養老基金股票市場羊群行為年度均值

年度	整體羊群	買入羊群	賣出羊群
2006	0.075,431	0.078,056	0.075,974
2007	0.066,09	0.097,47	0.065,834
2008	0.067,086	0.080,744	0.095,531
2009	0.099,885	0.097,065	0.116,835
2010	0.088,584	0.091,113	0.105,528
2011	0.092,244	0.078,84	0.124,604
2012	0.065,255	0.051,707	0.091,912
2013	0.067,579	0.069,632	0.068,267

數據來源：筆者計算整理。

但從各年羊群效應變化值看，2009—2011 年的年度羊群值要明顯大於 2006—2008 年、2012—2013 年兩個階段。而在股票市場處於上升階段（2006Q2 至 2007Q3、2009Q1 至 2011Q3）羊群行為均值分別為 0.073,465 和 0.094,569，要大於股票市場總體處於下行階段（2007Q4 至 2008Q4、2011Q4 至 2013Q4）的 0.067,663 和 0.066,645，可以從一定程度上反應出在股票市場處於牛市時養老基金的模仿行為要大於處於熊市階段時（見圖 7-1）。

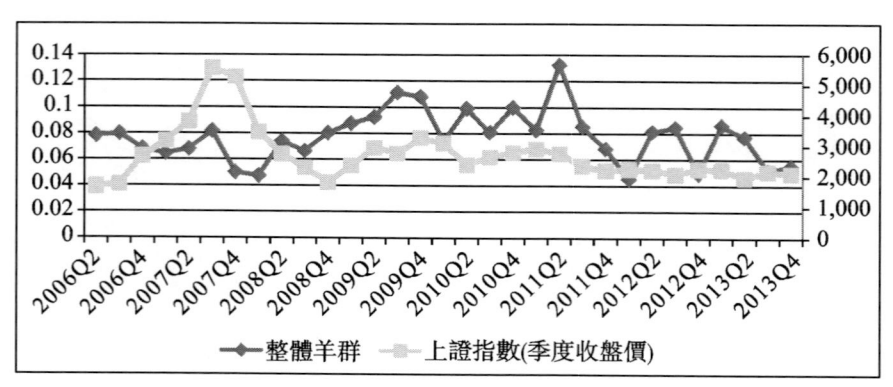

圖 7-1　中國養老基金股票市場投資的整體羊群行為與上證指數的關係

數據來源：Wind 資訊，筆者計算整理。

7.3.3.2　買入與賣出羊群行為比較

如圖 7-2 所示，我國養老基金總體買入羊群效應為 0.080,66，略小於賣出羊群效應的 0.093,612，差異不顯著。但買入與賣出羊群效應在基金操作的

不同階段仍表現出了不小的差異。在 2006 年第二季度至 2007 年第二季度，養老基金處於建倉、持倉階段時，基金的買入羊群效應要明顯小於賣出羊群效應，表明基金在此階段買入的股票相對分散，羊群值僅為 0.068,26，其主要策略存在較高的獨立性，而賣出的股票通常為此前獲得較大回報的股票，因此可能存在一定程度上的相同行為。而在 2007 年第三季度至 2008 年第一季度，由於大盤的下跌，養老基金的主要策略為減持，其買入羊群效應為 0.149,802，顯著大於賣出羊群效應的 0.038,688，表明基金的賣出行為存在較大的分散度，而由於樣本股票中極少有買入行為。因而當 $pi, t > E(pi, t)$ 的情況出現時，由於分母較小，導致買入羊群效應較大的情況出現，但總體上並沒有嚴重的買入模仿行為出現。而在 2009 年以後，買入羊群效應與賣出羊群效應的大小存在交替變化的情況，此種變化也與養老基金的總體行為有關。由於 2009 年以后我國股票市場總體處於震盪階段，雖然每季度持倉不變的股票數占總交易股票數的比例仍在 13% 以上，但持倉股票主要集中於全國社保基金一零二、一零八、一零九等少數幾個組合，其他投資組合表現出了較高的短線操作行為，導致前一季度的操作與後一季度的股票交易高度相關，基金的買入羊群效應與賣出羊群效應也表現出交替上升的情況。

而從基金買入羊群效應與上證指數變化的情況看，基金的買入羊群效應值與上證指數幾乎呈現出同方向的變化，即在股票市場上漲階段，基金買入羊群效應也隨之上漲，而在下跌階段買入羊群效應指數也隨之下降（見圖 7-2）。

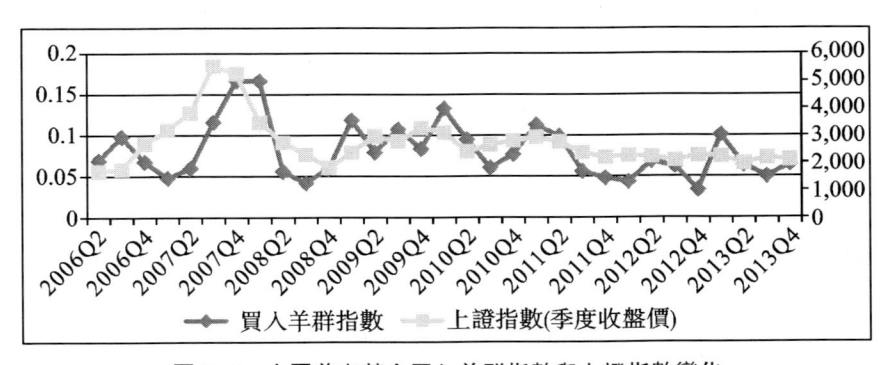

圖 7-2 中國養老基金買入羊群指數與上證指數變化

數據來源：Wind 資訊，筆者計算整理。

同樣，就賣出羊群效應而言，其變化趨勢與上證指數變化趨勢正好相反，股市上漲階段其指數逐步減小，而在下跌階段其賣出指數反而上升（見圖 7-3）。

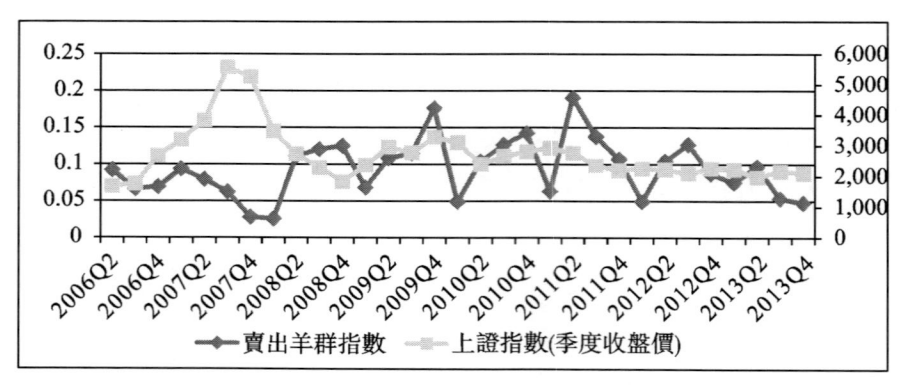

圖 7-3　中國養老基金賣出羊群指數與上證指數變化情況

數據來源：Wind 資訊，筆者計算整理。

買入羊群、賣出羊群指數與上證指數變化情況也說明了我國養老基金在股票市場不同階段的操作策略。即在牛市情況下，基金行為表現出明顯的加倉和追漲行為，其買入的模仿行為隨著指數的上升而上升。而由於賣出的股票數較少，雖然其賣出羊群指數較高，但隨著基金投資收益的逐漸增加，在股票市場逐漸見頂的時候拋售行為逐漸增多，導致賣出羊群指數的下降。在熊市開始階段，賣出羊群處於較小值，而由於在此時期養老基金投資收益較低，賣出股票逐漸減少，因而賣出羊群指數不斷增加，同樣隨著養老基金在大盤見底時不斷增加股票買入行為，由於買入股票只數較多且分散，買入羊群指數出現下降趨勢。

7.3.3.3　從單個股票 $p_{i,t}$ 值討論基金的羊群行為

利用 LSV 方法討論養老基金的羊群行為時可能由於樣本數太少造成 HM 值的失真，因而本書再利用單只股票的 $p_{i,t}$ 對基金的羊群行為進行輔助考察。一般情況下，股票的 $p_{i,t}$ 值高於 0.8 或者低於 0.2 時，表明基金存在明顯的羊群行為，而在 0.2~0.8 之間則可以看成正常現象，即對單只股票買方數量與賣方數量相差不大。表 7-16 為各季度樣本股票的 $p_{i,t}$ 值統計結果：

表 7-16　我國養老基金羊群行為各季度樣本股票的 $p_{i,t}$ 值統計結果

時間	2006Q2	2006Q3	2006Q4	2007Q1	2007Q2	2007Q3	2007Q4	2008Q1
0–0.2	5	9	2	3	3	2	3	2
0.2–0.8	27	16	10	6	3	4	3	2
0.8–1	14	4	1	1	1	1	0	0

表7-16(續)

時間	2006Q2	2006Q3	2006Q4	2007Q1	2007Q2	2007Q3	2007Q4	2008Q1
pi, t 異常占總樣本比例（％）	41.30	44.83	23.08	40.00	57.14	42.86	50.00	50.00
時間	2008Q2	2008Q3	2008Q4	2009Q1	2009Q2	2009Q3	2009Q4	2010Q1
0-0.2	0	0	2	5	3	4	5	8
0.2-0.8	2	4	4	9	6	5	3	9
0.8-1	1	2	4	3	2	4	11	2
pi, t 異常占總樣本比例（％）	33.33	33.33	60.00	47.06	45.45	61.54	84.21	52.63
時間	2010Q2	2010Q3	2010Q4	2011Q1	2011Q2	2011Q3	2011Q4	2112Q1
0-0.2	3	0	3	3	2	3	2	1
0.2-0.8	7	7	6	7	1	4	7	5
0.8-1	3	5	7	2	4	5	4	6
pi, t 異常占總樣本比例（％）	46.15	41.67	62.50	41.67	85.71	66.67	46.15	58.33
時間	2012Q2	2012Q3	2012Q4	2013Q1	2013Q2	2013Q3	2013Q4	歷年總計
0-0.2	2	2	1	5	4	3	4	94
0.2-0.8	8	7	11	12	23	26	21	265
0.8-1	6	5	6	3	8	4	0	119
pi, t 異常占總樣本比例（％）	50.00	50.00	38.89	40.00	34.29	21.21	16.00	44.56

數據來源：筆者計算整理。

從表7-16可以看出，pi, t 值在 0.2~0.8 之間占到總樣本數的 65.4%，超過樣本數的一半，而在 pi, t 值較為異常的 2009Q3、2009Q4、2011Q2、2011Q3、2112Q1 等季度存在較為嚴重的羊群行為，其買入或賣出行為存在一定的趨同性。此統計結果與羊群指數統計結果基本相符。

7.3.4 中國養老基金羊群行為的股票市值與行業分佈分析

按本章第一節的分類標準，這裡仍將市值排名前 30% 的股票定義為大市值股票，排名后 30% 的股票為小市值股票，中間的 40% 為中等市值股票，同時選取 pi, t 值高於 0.8 或者低於 0.2 的股票樣本，即某季度中買入或賣出嚴重

趨同的個股。統計結果如圖 7-4 所示：

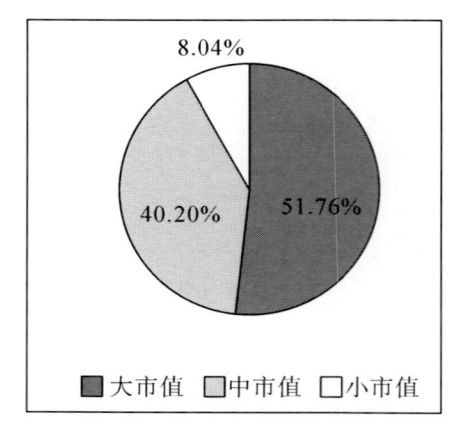

圖 7-4　2006—2013 年養老基金羊群行為交易股票市值分佈情況

數據來源：Wind 資訊，筆者計算整理。

　　從圖 7-4 可以看出，在各季度養老基金同時買入或同時賣出的股票中大市值股票占比超過 50%，而小市值股票占比僅為 8% 左右。這表明養老基金在進行共同買賣操作時仍主要以大市值股票為主。中等市值股票占比與市場總體情況一致，表明養老基金對中等市值股票沒有偏好。而小市值股票由於股本較小且存在較高風險，並沒有獲得養老基金的青睞。這也從另一個角度說明即使養老基金存在一定的羊群行為，但由於其羊群主要集中於大中市值的股票，對股票價格的影響也不大（見圖 7-5、圖 7-6）。

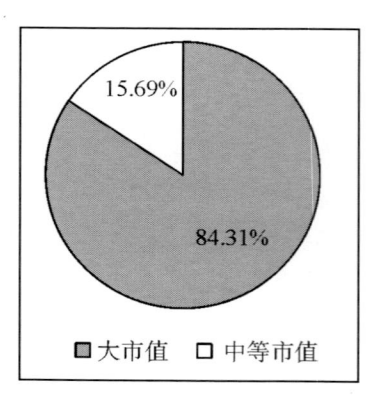

圖 7-5　2006—2008 年羊群交易市值分佈情況

數據來源：Wind 資訊，筆者計算整理。

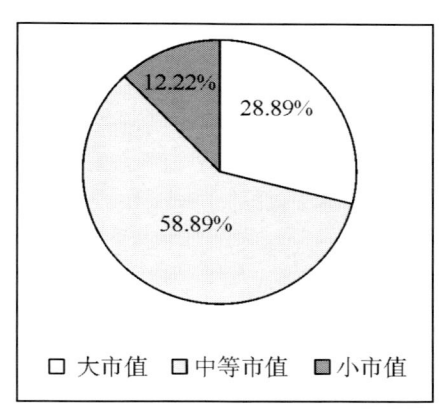

图 7-6　2009—2011 年羊群交易市值分佈情況

數據來源：Wind 資訊，筆者計算整理。

而從各季度具體交易情況看，2006—2008 年的 11 個季度中，養老基金羊群交易主要集中於大市值股票，其占比為 84.3%，同時沒有選擇小市值股票。而 2009—2011 年 12 個季度中，羊群交易股票則主要集中於中等市值股票，大市值股票僅占 28.89%。而到 2012—2013 年，羊群交易的股票又以大市值股票為主，占比為 57.89%。

另外，從羊群交易股票行業分佈情況看，養老基金交易仍主要集中於製造業，占比為 65.83%，其次為信息技術業的 6.53% 和社會服務業的 5.03%。但從表 7-17 中可以看到養老基金羊群交易的股票行業分佈與各行業在市場中的總體分佈大致相當，表明養老基金在進行羊群交易時並沒有嚴重的行業傾向。

表 7-17　　　　中國養老基金羊群交易行業分佈情況　　　　單位:%

行業	行業股票數 占市場總股票數比重	養老基金羊群 交易持股占比
製造業	60.19	65.83
信息技術業	8.11	6.53
電力、煤氣及水的生產和供應業	3.04	6.53
社會服務業	3.16	5.03
房地產業	5.15	4.02
傳播與文化產業	1.50	4.02
交通運輸、倉儲業	3.12	3.52

表7-17(續)

行業	行業股票數占市場總股票數比重	養老基金羊群交易持股占比
批發和零售貿易	5.39	2.51
採掘業	2.47	1.01
農、林、牧、漁業	1.86	0.50
建築業	2.11	0.50
綜合類	2.19	
金融、保險業	1.70	

數據來源：Wind 資訊，筆者計算整理。

8 基於投資行為的研究成果提出完善中國養老基金投資管理的對策建議

　　傳統養老基金投資決策假定決策者能夠理智地按照既定的資產配置策略方案執行，是通過技術分析和一系列投資組合理論如有效市場假說、馬克維茨投資組合理論、資本資產定價模型等理論實現的，而較少關注具體的投資決策和交易操作環節。行為金融理論則認為投資決策不僅受到情緒、認知、心理偏差的影響，還受到外部環境、制度因素的約束。其投資理論是以投資者心理過程和行為模式作為投資決策的出發點，將投資管理看成動態的調整過程，在資產配置策略之外還考慮了投資決策過程中的心理變化，以及投資行為與市場信息之間的相互影響過程。總的來說，行為金融理論是傳統養老基金投資管理理論的有效補充，未來養老基金投資管理不僅應考慮管理模式、資產配置、投資渠道等傳統核心環節，還應注重基金投資過程中各參與機構、參與人員的心理狀態及制度環境對投資決策過程的影響。結合前面幾部分的分析，本書認為我國養老基金投資管理應注重以下幾方面的完善和補充：

8.1　堅持累積性質基金投資的長期性

　　長期性質決定了我國養老保險個人帳戶基金、企業年金基金、全國社會保障基金等完全累積性基金的投資管理的目標、投資策略、投資工具選擇以及投資行為模式方面都應保證長期性。長期投資既是此類基金投資的基本要求又是其優勢所在。只有確保長期穩定且較高的投資收益，基金制才能表現出相對於現收現付制更強的支付優勢。但目前我國的累積性養老基金投資仍以短期性為主，個人帳戶基金的市場化投資體制仍未確立，企業年金基金也大多表現出短期性的投資特徵，企業年金的投資合同也多是短期的，通常為一至三年。企業年金理事也主要採用「用腳投票」的方式來處理與投資管理人之間的關係。

從行為分析的角度看,「羊群行為」等非理性投資行為的發生也與基金投資目標的短期性有關,在一個較短的投資績效評價期內,養老基金投資管理人能夠獲得未來投資管理資格的最有效投資方式就是通過模仿其他投資機構的投資行為來避免更高的成本和更多的不確定性。在投資過程中,養老基金的投資管理人也多將資產大比例配置於銀行存款、中短期債券等產品上,短線操作、追漲殺跌等行為較為明顯,投資收益波動較大。而避免此類非理性投資行為的關鍵就是確立養老基金投資的長期性目標。與追逐資產價格短期趨勢的波段策略不同,長期投資關注的是資產的內在價值,不會因為資產價格的短期波動而頻繁地調整投資策略[1]。在資產配置方面,養老基金的戰略資產配置是基金的風險程度和長期收益水平的基本決定因素。長期性質的基金應匹配長期性的投資工具。「股權溢價之謎」理論揭示出:從長期來看,短期貨幣市場和固定收益市場的投資工具的長期收益要遠低於股票等長期投資工具。養老基金要想戰勝通貨膨脹等風險並取得長期較高的投資回報,只有通過將部分資產配置於只有長期性的股票和其他權益類投資工具。貨幣類等投資工具雖然看似安全,但並不能保障在長期中戰勝通貨膨脹,反而讓養老基金陷入貶值的風險之中[2]。與國際養老基金的資產配置比較,我國養老基金的股票等權益資產配置比例偏低,未能較好地體現長期投資的特點。在基金監管方面,由於養老基金公共性的存在,我國政府將基金形式上的安全放在首位,將監管重心放在防範短期風險上,導致大量資產限制在流動性較高但長期收益水平較低的投資工具中,防止基金出現短期虧損。雖然保證了基金的流動性,但在長期,基金受到了嚴重的通貨膨脹侵蝕,限制了基金長期支付能力的提高。同時,為了保證基金的短期安全,監管部門對基金投資存在過度干預,甚至出現監管部門行政決策替代養老基金投資機構投資決策的情況。而要保證累積性養老基金長期收益水平的提高,我國養老基金監管理念和模式都應做出相應的調整。在未來養老基金投資監管中,需要明確區分政府行政管理職責和專業機構的投資管理職責。政府應逐漸從基金投資營運管理的任務中脫離出來,其主要角色應轉換成為基金投資營運提供良好的市場環境和政策支持,將重心放在提供投資服務的任務上。通過制度建設完善基金的治理結構、制定合理的長期投資目標、建立基金長期投資的評價機制等措施來引導養老基金獲得長期穩定的投資收益。基金的投資營運則主要依賴於專業的基金管理公司,其應擁有獨立的投資決策權。同樣,嚴

---

① 熊軍. 養老基金投資管理 [M]. 北京:經濟科學出版社,2014:136.
② 楊長漢. 企業年金基金管理 [M]. 北京:經濟管理出版社,2011:238.

格的信息披露制度是保證養老基金長期投資監管的有效性並防止基金非理性投資行為的重要工作之一。

8.2 發揮資產配置在基金投資中的核心作用

養老基金的資產配置從功能上劃分可分為戰略資產配置和戰術資產配置，其中戰略資產配置對投資政策的具體表述是：進行戰略資產配置不是為了戰勝市場，而是保證將投資者的風險控制在可承受的範圍之內。戰略資產配置是一個在「中性」市場狀態下覆蓋整個市場週期的長期投資策略。相比之下，戰術資產配置是在實現長期投資目標的過程中尋求市場機會增加基金價值，力圖在中短期內戰勝市場，戰術資產配置反應了經濟和市場的基本面變化所帶來的中短期投資機會[1]。戰略資產配置是養老基金最重要的投資決策，既是指導養老基金長期投資的藍圖，又是評價基金投資績效的主要基準，還是養老基金投資營運的首要環節。大量的實證研究表明，養老基金的長期投資績效並非主要取決於市場的投資管理人，而是取決於戰略資產配置[2]。Brinson 等（1986）甚至認為養老基金收益波動中約94%的變化可以由戰略資產配置來解釋，但無論如何戰略資產配置決定養老基金長期收益水平和風險水平的觀點已成為全球共識。首先，戰略資產配置有助於養老基金確定在長期資產組合中將哪些資產包括進去，基金投資管理機構能夠通過戰略資產配置所設定的決策區間明確分清戰術資產變動偏離戰略性資產配置的程度。其次，戰略性資產配置的另一作用是管理養老基金的風險，而不是獲取超額收益，是進行投資實踐的重要參考指南。市場的高漲或低迷，往往會帶來一些非常具有吸引力的買進或賣出機會，會誘使投資機構大規模變動其投資組合，但這種買進或賣出通常都是從戰術角度考慮而非從基金整體戰略角度來應對市場的短期漲跌。而戰略資產配置則有助於投資機構在市場劇烈變動時做出更理智和合理的投資決策[3]。作為養老基金投資的首要決策，戰略資產配置應當由養老基金的最高權力機構決定。就我國養老基金而言，由於不同類型的養老基金的收益要求和可接受的風險程度不同，應當根據各養老基金可以接受的風險程度來確定資產配置的有效邊界，對風險容忍度較高的養老基金所設定的收益目標也應較高，投向高風險高收益產

---

[1] Mark Anson. 2002. Handbook of alternative assets [M]. NewYork: Wiley Finance.
[2] 熊軍. 養老基金投資管理 [M]. 北京：經濟科學出版社，2014：188.
[3] 達斯特. 資產配置的藝術 [M]. 李康，等，譯. 北京：中國人民大學出版社，2013：23.

品的比例也應相對較高，反之對於風險承受度較小，社會敏感度較高的基金，其高風險資產的比例應該較低。同樣，對於那些基金結餘占總資產規模比重較大的基金，其收益目標應該較高，長期收益類產品比重應該較高，對於盈餘規模較小的基金則主要應保證其支付能力，控制其風險水平。就行為金融理論而言，雖然它在一定程度上解釋了某些類型的投資行為和資產定價模式，但通過第六章的分析，本書認為行為金融理論對於養老基金規範的戰略資產配置並未提供一個較為堅實的基礎。①由於行為金融理論的多數行為模型的實證證據通常是建立在個體對風險的反應程度上的，而對於一些長期的、範圍較大的風險考察，標準金融比行為金融更為適用。②行為金融學主要描述了投資者實際上是怎樣行動的，但很少描述他們應該怎樣行動，一旦投資者從金融教育和金融理財建議中獲益，他們就可能放棄其行為偏見①。

儘管如此，行為金融理論卻為養老基金的戰術資產配置提供了理論基礎。當養老基金採取積極投資時，戰略資產配置並不能保證養老基金投資可以自動獲取較高的收益，證券選擇和擇時行為也會對基金的投資回報產生重大影響。因此，在投資過程中，養老基金除了要做好戰略資產配置，還要分析宏觀經濟變化與資產收益率波動之間的內在聯繫，分析資產流動性對收益率產生的影響，並通過把握時機，根據宏觀經濟和市場環境的變化及時調整期投資戰略，提高基金的收益水平②。如果市場出現資產價格嚴重背離其內在價值的情況，戰術資產配置就可以成為養老基金把握市場投資機會的重要工具。因為戰術資產配置的本質是利用資產價格被高估或者低估的機會，主動偏離戰略資產配置，以期獲得超額收益。這種超額收益顯然不是在投資者完全理性、市場充分有效且不存在套利機會的前提下獲得的，而這兩個前提恰恰是行為金融理論的兩個基本觀點。因此，行為金融理論為養老基金的戰術資產配置提供了一個較好的理論基礎。戰略資產配置主要是依據均衡狀態下資產收益和風險特徵而制定的，不針對具體狀態下的資產收益和風險特點。在具體的投資營運過程中，資產往往會偏離均衡狀態，因而養老基金投資針對中短期內資產狀態與長期均衡狀態的不一致進行戰術調整，不宜機械地套用均衡狀態下資產收益和風險特徵及投資機會不變的假設進行資產配置，而是應該在資產價格明顯脫離基本面的情況下，主動偏離戰略資產配置，採取基金投資策略應對市場風險③。行為

---

① 約翰·Y. 坎貝爾，路易斯·M. 萬斯勒. 戰略資產配置——長期投資者的資產組合選擇 [M]. 陳學彬，等，譯. 上海：上海財經大學出版社，2004：11.
② 邵蔚，熊軍. 正確認識養老基金戰略資產配置的重要性 [J]. 國有資產管理，2009（12）.
③ 熊軍. 養老基金投資管理 [M]. 北京：經濟科學出版社，2014：252.

金融學以投資者對信息反應的反覆搖擺為例說明了傳統投資理論的認知深度和影響遠遠沒有人的秉性特徵對於投資決定的作用大①。面對複雜的投資抉擇時，人們往往會根據自身掌握的信息和性格特徵、風險偏好等分析自身所屬的投資類型，選擇不同的操作方法以獲取最適合自己的投資機會。這一論點對於養老基金的戰術資產配置而言尤為重要②。除了標準金融所提出來的戰術資產配置技術之外，行為金融學所提出的逆向投資和順勢投資策略也可以運用於養老基金投資管理中。在市場出現反應過度或羊群效應較為明顯時，適合採用逆向策略。由於人們的過度反應和從眾行為，當某一好消息出現時，資產的價格會上升，但上升幅度會超越其基本的價值水平，而隨著人們逐漸修正自己的認知，這一資產的價格才會恢復到基本價值水平上。例如在股票投資中，養老基金可以利用逆向策略購入近期虧損且不受歡迎，並可能在未來扭虧為盈的股票，或者賣出目前由於過度反應，漲幅過大的股票以在未來價格發生逆轉時實現盈利。逆向投資策略的基本邏輯是：如果大眾持有某種看法，如當絕大多數人對某一股票看漲，則表示相信價格將上漲的大部分人已經參與了做多，能夠繼續進場推高價格的投資已越來越少，因此最沒有阻力的方向是向下③。在全國社保基金投資實踐中，一些基金管理機構通常也採用這種投資策略，如第七章所分析的一樣，多數時候的具體操作與大多數投資者一樣，但在市場快要走向極端時卻與絕大多數的投資者意見相左，從而把握住一些機會獲得超額收益。當然逆向交易策略在實施時需要嚴格按照交易策略的要求選擇某一資產，不能單純地因為某些資產價格下跌或持續下跌就購入，而必須確保資產價格是由於投資者過度反應而偏離了應有的價格。當然，逆向策略僅僅是提醒投資者需要抵抗來自於多數人的壓力，避免從眾行為的出現，而並不是要求投資者的每一個決定都與大多數人相反，其重點仍在於培養獨立思考與行動的能力。與傳統的「買入/持有」策略相比，逆向策略顯得更為困難。「買入/持有」的投資策略只需要克服恐懼與貪婪，逆向策略不但要克服恐懼與貪婪，同時還必須克服從眾心理，這在實際中是相當困難的。因此，對於我國養老基金投資而言，要獲得超額收益就必須依賴於專業的投資管理機構，並且要不斷提升養老基金的投資管理能力。與成熟的資本市場國家相比，我國資本市場還處於發展的初級階段，市場效率相對較低，通過運用此類積極的投資策略能夠比發達的資本市場更容易獲得超額收益。

---

① 王徵. 論基於行為金融學的投資策略 [J]. 當代經濟，2013（13）.
② 王徵. 論基於行為金融學的投資策略 [J]. 當代經濟，2013（13）.
③ 易陽平. 行為金融論 [M]. 上海：上海財經大學出版社，2005：268.

8.3 注重投資管理機構在投資過程中的心理狀態

如前所述，投資機構的投資決策和投資能力是決定養老基金能否實現長期投資目標的關鍵因素。行為金融理論認為投資者或是通過根據市場走勢客觀判斷抑或是通過自身的主觀評估來進行交易決策的，市場走勢變化往往又是眾多參與者的行為所決定的。投資者在投資過程中通常會表現出一系列的心理活動，嚴重影響投資者的決策行為，使其產生心理和行為上的偏差，從而對資產的市場價格做出錯誤估計。Graham 指出，投資者最大的敵人不是市場，而是自己。即使他們擁有非凡的數學和財務技能，在不能控制情緒和慾望的情況下也不能在投資過程中獲利。結合行為金融理論和我國養老基金的具體投資實踐，本書認為養老基金投資機構充分重視投資過程中的各種心理狀態，避免一些非理性行為的出現。其具體體現為，首先，雖然一般認為如養老基金投資管理機構等機構投資者較個人投資者具有更強的理性，但在實際投資過程中仍然是通過具體的投資者進行投資決策，而各投資者的心理範式和投資習慣必然會存在較為明顯的差異。因此在投資前應做好充分的心理準備，明確本機構所掌握的養老基金的具體投資目標、投資理念和投資原則，並在此基礎上制訂出與投資機構自身價值觀及投資特徵盡可能一致的投資計劃，避免在未來的實際操作中與投資機構的投資風格產生較大的衝突，從而防止未來投資過程中的短期投資衝動。同樣在投資過程中，行為金融學通過分析一些投資心理誤區來提醒人們避免心理偏差帶來的投資錯誤，並要求投資者培養良好的習慣，改善不良的心理範式[1]。在行為金融理論看來，情商比智商更能左右投資績效，投資者的情緒管理能力是走向投資成功的關鍵環節。雖然作為機構投資者的養老基金投資者在投資知識和投資手段上擁有比個人投資者更強的能力，但同樣作為投資行為人，養老基金投資機構仍需要培養優良的情緒管理能力，固有的負面特徵需要通過情商培養來弱化，從而形成良好的投資習慣。在投資過程中，雖然養老基金投資者擁有比個人投資者更多的信息來源，但在市場中虛假信息仍無處不在。因而，培養規避錯誤信息、避免被錯誤信息誘導的能力是養老基金投資管理人進行正確決策的前提。應避免根據自己的偏好對客觀信息進行過於主觀的判斷；進行獨立的思考分析，避免自己的投資行為被市場上眾人的情緒所

---

[1] 王徵. 論基於行為金融學的投資策略 [J]. 當代經濟，2013（13）.

影響；避免對市場形勢過於樂觀或過於悲觀的判斷，並對投資收益抱有合理的期望值，避免急於求成而做出一些非理性的投資決策。

8.4 注重制度安排對養老基金投資管理行為的影響

投資者的認知和行為受到金融市場中各種制度安排的規範和約束。不合理的制度安排也可能會讓投資者產生認知和行為偏差，從而導致市場的非理性波動。

8.4.1 投資者的認知會受到制度影響

制度安排的一個基本作用就是幫助人們在快速變化的社會環境中節約認知資源。因為，①制度本身就是一個外在的、顯性的信息濃縮裝置；②制度安排能夠塑造人們內在的、隱性的、主觀的認知模式①。

在制度的認知塑造過程中，行為金融學研究者發現，由於對問題的表述和情景的不同，投資者不一定會對等價的問題做出一致的回答，而有時還會選擇不利的結果。制度也可能通過改變信息排序或隱藏信息來誤導投資者的認知②。①由於人們總是對時間最近的信息給予更大的權重，制度通過改變信息排列順序導致投資者的不同行為。當一個好消息和一個壞消息同時出現時，制度可以安排先發布好消息後發布壞消息也可以先發布壞消息後發布好消息。在只改變信息結構而不改變信息量的前提下，投資者可能會做出截然相反的選擇。例如，通常在上市公司的信息披露中，管理層傾向於先公布壞消息而緊接著公布好消息，因為管理層預期壞消息對市場和投資者的消極影響可能會被好消息的積極影響所掩蓋或者有所抵消③。②不同的信息表達方式導致不同的投資者認知。心理學上把這種通過改變對結果的描述來改變參考點，繼而影響人們的偏好選擇的現象稱為「框架效應（Framing Effects）」。Tversky 和 Kahneman 以「亞洲疾病」為例說明了人們在期望值相同而表述選項不同時的

---

① 黃凱南，黃少安. 認知理性與制度經濟學 [J]. 南開經濟研究，2009（6）.
② Tversky, D. Kahneman. 1986. Rational choice and the framing of decisions [J]. Journal of Business. Vol. 59, pp251-278.
③ 唐躍軍，謝仍明. 好消息、壞消息與季報預約披露的時間選擇 [M]. 財經問題研究，2006（1）.

偏好反轉①，即對於同一問題，當問題描述為損失時傾向於冒險，而當被描述成獲益時人們則規避風險。③制度安排可以通過選擇性地隱去壞信息、只呈現好消息，或者隱去好信息而呈現壞信息來放大信息的影響力②。因此，可以看出雖然投資者認知和行為偏差的根源不是制度安排，但不合理的制度安排可能會加重這種偏差。

8.4.2 投資者的選擇範圍受到制度的影響

制度安排通過指明誰能對誰做什麼來界定各市場主體之間的關係，也由此界定了投資者的選擇範圍。由於界定了主體的選擇範圍，因而制度安排往往成為影響人們選擇和行為的核心因素，即無論在哪一種經濟中都存在一個占主導地位的制度標準（正式與非正式制度）來界定個體的選擇集③。例如，對養老基金投資的比例的規定明顯地限制了基金投資人的可選擇範圍。再以股票市場中的做空機制為例，做空機制是完善價格機制的必要環節。在市場高估時，投機者可以利用做空機制，通過賣出指數和期權來獲利，糾正市場高估、釋放市場風險④。同時，市場的流動性也會因做空機制的存在而增強。由於在相當長的一段時期中缺乏做空機制，我國股票市場中的投資者只能通過股票價格的上漲來獲利，沒有在股票價格下跌時盈利或保護自身利益的方法，形成了大量的同向交易，這種非對稱機制又使得市場喪失流動性，進而影響整個市場的穩定性。因此，這一制度缺陷不但加劇了我國股票市場的羊群效應，還導致本應為市場提供穩定機制的機構投資者成為市場的風險來源。⑤

對於我國養老基金投資而言，制度建設的首要任務應該是培養基金投資參與人的正確的投資理念。與西方不同的是，我國養老基金投資的制度安排是政

---

① Tversky A, Kahneman D. 1981. The framing of decisions and the psychology of choice [J]. Science, Vol 211, No. 4481: pp. 453~458. 亞洲疾病問題：美國正在對付一種罕見的亞洲疾病，預計該種疾病的發作將使得600人死亡。現有兩種與疾病作鬥爭的方案可供選擇。假定對各方案產生后果的精確估算如下所示，正面框架：A方案，200人將生還；B方案，有1/3的機會600人生還，而有2/3的機會無人能生還。負面框架：C方案，400人將死去；D方案，有1/3的機會無人會死去，而有2/3的機會600人將死去。Tversky和Kahneman發現正面框架下大部分人選A，而負面框架下大部分人選D，而實際上A與C、B與D是等同的選項，即對於期望價值相同的選項，人們做出了不同的選擇。

② 梁立俊. 基於中國股票市場制度安排的行為金融研究 [D]. 上海：復旦大學，2004: 29.

③ 丹尼爾·W. 布羅姆利. 經濟利益與經濟制度——公共政策的理論基礎 [M]. 上海：上海人民出版社，2007: 34.

④ 陳加旭，張力. 養老基金投資中的行為異象及其制度規範 [J]. 求索，2013 (6).

⑤ 宋鴿. 我國IPO超額收益現象研究 [D]. 上海：華東師範大學，2006: 38.

府進行外生的強制制度供給，而發達資本主義國家的養老基金投資的制度安排往往是通過不斷的自發累積漸進發展起來的。這種外生的強制制度除了需要保證在基本方法和觀點上的正確性之外，還要看其是否得到各方參與者廣泛的心理認同，一些激進的、理想化的、純理論的制度在實踐中則極有可能失敗。同樣，由於人們認知水平的限制，往往存在心理認知與觀念滯后於環境變化，因此外部供給的制度需要具備一定的超前性，否則用制度安排來遷就認知惰性也會導致養老基金投資戰略失敗。

參考文獻

(一) 中文部分

[1] OECD. 養老金規範與監管 [M]. 孫建勇, 等, 譯. 北京: 中國發展出版社, 2007.

[2] OECD. 養老金治理與投資 [M]. 鄭秉文, 等, 譯. 北京: 中國發展出版社, 2007.

[3] W·布雷恩·阿瑟. 經濟學中的自增強機制 [J]. 李紹光, 王曉明, 譯. 經濟社會體制比較, 1995 (5).

[4] 阿斯沃斯·達摩達蘭. 投資原理: 成功的策略和成功的投資者 [M]. 胡英坤. 吳迅捷, 譯. 大連: 東北財經大學出版社, 2009.

[5] 巴曙松. 論社保基金監管體制的改進 [J]. 經濟, 2010 (9).

[6] 保羅·皮爾遜. 福利制度的新政治學 [M]. 汪淳波, 譯. 北京: 商務印書館, 2004.

[7] 貝弗里奇. 貝弗里奇報告——社會保險和相關服務 [M]. 華迎放, 等, 譯. 北京: 中國勞動社會保障出版社, 2004.

[8] 彼得·戴蒙德, 漢努·瓦蒂艾寧. 行為經濟學及其應用 [M]. 賀京同, 等, 譯. 北京: 中國人民大學出版社, 2011.

[9] 彼得·德魯克. 養老金革命 [M]. 劉偉, 譯. 北京: 東方出版社, 2009.

[10] 伯恩斯坦. 投資的四大支柱建立長贏投資組合的關鍵 [M]. 汪濤, 郭寧, 譯. 北京: 中國人民大學出版社, 2014.

[11] 蔡建春, 等. 美國風險投資的發展模式及啟示 [J]. 金融理論與實踐, 2003 (2).

[12] 曹興. 基金激勵機制與投資行為研究 [M]. 北京: 科學出版社, 2014.

[13] 陳方正, 門慶兵. 養老基金投資管理原理 [M]. 北京: 中國財政經濟出版社, 2005.

[14] 陳其安, 唐雅蓓, 張力公. 機構投資者過度自信對中國股票市場的影響機制 [J]. 系統工程, 2009 (7).

[15] 陳少暉. 養老金來源: 馬克思的觀點與新古典學派的解析 [J]. 當代經濟研究, 2003 (4).

[16] 陳野華. 行為金融學 [M]. 成都: 西南財經大學出版社, 2006.

[17] 程巍. 證券投資基金公司管理及基金投資行為分析 [M]. 北京: 知識產權出版社, 2010.

[18] 達斯特. 資產配置的藝術 [M]. 李康, 等, 譯. 北京: 中國人民大學出版社, 2013.

[19] 大衛·布萊克. 養老金金融學 [M]. 尹隆, 等, 譯. 北京: 機械工業出版社, 2014.

[20] 大衛·斯文森. 機構投資的創新之路 [M]. 張磊, 等, 譯. 北京: 中國人民大學出版社, 2010.

[21] 戴相龍. 后危機時期的經濟發展和養老基金管理 [EB/OL]. 全國社保基金理事會網站, 2010-06-25. http://www.ssf.gov.cn/.

[22] 丹尼爾·W. 布羅姆利. 經濟利益與經濟制度——公共政策的理論基礎 [M]. 陳鬱, 等, 譯. 上海: 上海人民出版社, 2007.

[23] 鄧大松. 關於加強我國社會保障基金監管的幾點理論思考 [J]. 大家, 2012 (12).

[24] 鄧大松, 劉昌平. 論政府的養老基金監管職責 [J]. 中國行政管理, 2003 (10).

[25] 鄧大松, 劉昌平, 等. 中國社會保障改革與發展報告 (2012) [M]. 北京: 北京大學出版社, 2013.

[26] 迪克西特, 平迪克. 不確定條件下的投資 [M]. 朱勇, 等, 譯. 北京: 中國人民大學出版, 2013.

[27] 董克用, 王燕. 養老保險 [M]. 北京: 人民大學出版社, 2000.

[28] 董玉方, 郝勇. 我國年金投資營運的績效評價 [J]. 西安財經學院學報, 2014 (5).

[29] 佛朗哥·莫迪利亞尼, 阿倫·莫拉利達爾. 養老金改革反思 [M]. 孫亞南, 譯. 北京: 中國人民大學出版社, 2010.

[30] 高頓·L. 克拉克. 養老基金管理與投資 [M]. 洪錚, 譯. 北京: 中

國金融出版社，2008.

[31] 高書生. 社會保障改革何去何從 [M]. 北京：中國人民大學出版社，2006.

[32] 高鐵梅，等. 計量經濟分析方法與建模 [M]. 北京：清華大學出版社，2006.

[33] 耿靖. 養老金全面風險管理 [M]. 上海：文匯出版社，2009.

[34] 耿志明. 養老保險基金與資本市場 [M]. 北京：經濟管理出版社，2000.

[35] 龔紅. 基金經理激勵體系對其投資行為的影響研究 [M]. 北京：中國社會科學出版社，2011.

[36] 赫什·舍夫林. 資產定價的行為方法 [M]. 王聞，譯. 北京：中國人民大學出版社，2007.

[37] 胡繼曄. 保障未來：社保基金投資資本市場 [M]. 北京：中國社會科學出版社，2006.

[38] 胡秋明. 可持續養老金制度改革的理論與政策研究 [M]. 北京：中國勞動社會保障出版社，2011.

[39] 黃凱南，黃少安. 認知理性與制度經濟學 [J]. 南開經濟研究，2009（6）.

[40] 蔣冠. 行為資產組合理論的發展和應用 [J]. 雲南財貿學院學報，2003（5）.

[41] 凱恩斯，就業、利息和貨幣通論（重譯本）[M]. 高鴻業，譯. 北京：商務印書館，2008.

[42] 考斯塔·艾斯平·安德森. 福利資本主義的三個世界 [M]. 苗正民，滕玉英，譯. 北京：商務印書館，2010.

[43] 柯武剛，史漫飛. 制度經濟學——社會秩序與公共政策 [M]. 北京：商務印書館，2000.

[44] 克拉克. 養老基金管理與投資 [M]. 洪錚，譯. 北京：中國金融出版社，2008.

[45] 李虹. 主權財富基金監管研究 [M]. 北京：經濟管理出版社，2014.

[46] 李連友. 社會保險基金運行論 [M]. 成都：西南財經大學出版社，2000.

[47] 李紹光. 養老金制度與資本市場 [M]. 北京：中國發展出版社，1998.

[48] 李雲. 基金為社保基金抬轎 名利雙收是迷霧還是黑幕 [N]. 中國證券報, 2005-10-26.

[49] 李珍, 楊帆, 楊老金. 基本養老保險個人帳戶基金管理體制研究 [M]. 北京: 中國勞動社會保障出版社, 2008.

[50] 梁立俊. 基於中國股票市場制度安排的行為金融研究 [D]. 上海: 復旦大學, 2004.

[51] 廖理, 石美娟. 中國養老基金投資偏好研究 [J]. 統計研究, 2008 (8).

[52] 林義. 養老基金與資本市場互動發展的制度分析 [J]. 財經科學, 2005 (4).

[53] 林義, 陳志國. 養老基金與資本市場互動機理及其條件分析 [J]. 保險研究, 2006 (2).

[54] 林義, 彭雪梅, 胡秋明. 企業年金的理論與政策研究 [M]. 成都: 西南財經大學出版社, 2006.

[55] 林義. 社會保險基金管理 [M]. 2版. 北京: 中國勞動社會保障出版社, 2007.

[56] 林義. 社會保險制度分析引論 [M]. 成都: 西南財經大學出版社, 1997.

[57] 林義. 統籌城鄉社會保障制度建設研究 [M]. 北京: 社會科學文獻出版社, 2013.

[58] 林義. 養老保險改革的理論與政策 [M]. 成都: 西南財經大學出版社, 1995.

[59] 劉澄, 徐明威. 投資行為學 [M]. 北京: 經濟管理出版社, 2011.

[60] 劉湘寧. 新老玩家之博弈——3季度機構投資者偏好及風格 [J]. 證券導刊, 2005 (43).

[61] 李向軍. 中國社保基金投資管理問題研究 [D]. 北京: 財政部財政科學研究所, 2010.

[62] 劉永澤, 唐大鵬. 社保基金持股信息的市場反應 [J]. 審計與經濟研究, 2011 (9).

[63] 劉雲龍. 養老金帝國: 長期資本戰略的百年大計 [M]. 北京: 中國財政經濟出版社, 2012.

[64] 龍菊. 中國社會保障基金管理與投資問題研究 [M]. 北京: 中國經濟出版社, 2012.

[65] 陸劍清. 投資行為學 [M]. 北京：清華大學出版社, 2012.

[66] 羅伯特·吉本斯. 博弈論基礎 [M]. 高峰, 譯. 北京：中國社會科學出版社, 1999.

[67] 呂聲浩, 羅建. 基於差異係數變型的投資組合的研究 [J]. 現代管理科學, 2005 (10).

[68] 馬永開, 唐小我. 行為證券組合投資決策方法研究 [J]. 系統工程學報, 2003 (1).

[69] 馬克思恩格斯全集：第 3 卷 [M]. 北京：人民出版社, 2002.

[70] 繆凌, 陳佳, 黃銀冬. 行為資產組合理論：理論基礎、內容及對異象的解釋 [J]. 南京財經大學學報, 2004 (4).

[71] 尼古拉斯·巴爾, 彼得·戴蒙德. 養老金改革：理論精要 [M]. 鄭秉文, 譯. 北京：中國勞動社會保障出版社, 2013.

[72] 青木昌彥. 比較制度分析 [M]. 周黎安, 譯. 上海：上海遠東出版社, 2001.

[73] 全國社保基金理事會. 全國社保基金直接股權投資情況 [EB/OL]. 中國社會保障基金理事會網站, 2010-10-22. http://www.ssf.gov.cn/jn-sytz/201205/t20120509_5131.html.

[74] 邵蔚, 熊軍. 正確認識養老基金戰略資產配置的重要性 [J]. 國有資產管理, 2009 (12).

[75] 邵蔚. 基金制公共養老保險基金管理研究 [D]. 大連：東北財經大學, 2007.

[76] 施東暉. 證券投資基金的交易行為及其市場影響 [J]. 世界經濟, 2010 (10).

[77] 施明慎, 等. 堅持長期投資、價值投資、責任投資 [N]. 人民日報, 2008-07-21.

[78] 史金豔. 行為金融理論與應用 [M]. 大連：大連理工大學出版社, 2010.

[79] 思拉恩·埃格特森. 經濟行為與制度 [M]. 北京：商務印書館, 2007.

[80] 宋鴿. 我國 IPO 超額收益現象研究 [M]. 上海：華東師範大學, 2006.

[81] 孫建勇. 社會保障基金監管 [M]. 北京：中國勞動和社會保障出版社, 2005.

[82] 譚洪濤, 蔡利, 蔡春. 公允價值與股市過度反應——來自中國證券市場的經驗證據 [J]. 經濟研究, 2011 (7).

[83] 湯大生, 等. 保險資產負債管理技術、治理與監督 [M]. 上海: 上海交通大學出版社, 2013.

[84] 唐躍軍, 謝仍明. 好消息、壞消息與季報預約披露的時間選擇 [J]. 財經問題研究, 2006 (1).

[85] 王晉忠, 張志毅. 過度自信理論文獻綜述 [J]. 經濟學家, 2013 (3).

[86] 王徵. 論基於行為金融學的投資策略 [J]. 當代經濟, 2013 (13).

[87] 吳廣謀, 等. 數據、模型與決策 [M]. 北京: 北京師範大學出版社, 2008.

[88] 吳麗. 基於行為金融學的我國證券投資行為研究 [D]. 北京: 首都經濟貿易大學, 2004.

[89] 熊軍. 資產配置的主要類型、功能和程序 [EB/OL]. 全國社會保障基金理事會網站, http://www.ssf.gov.cn/.

[90] 熊軍. 養老基金投資管理 [M]. 北京: 經濟科學出版社, 2014.

[91] 徐茂衛. 我國證券投資者投資行為研究 [M]. 北京: 知識產權出版社, 2014.

[92] 亞當·斯密. 國民財富的性質和原因的研究 [M]. 郭大力, 王亞南, 譯. 北京: 商務印書館, 2008.

[93] 楊長漢. 企業年金基金管理 [M]. 北京: 經濟管理出版社, 2011.

[94] 楊春鵬, 吳衝鋒. 過度自信與正反饋行為 [J]. 管理評論, 2005 (11).

[95] 楊禮瓊. 從老農保的制度缺陷看新農保實施的必要性 [J]. 求實, 2011 (5).

[96] 楊燕綏. 政府與社會保障——關於政府社會保障責任的思考 [M]. 北京: 中國勞動社會保障出版社, 2007.

[97] 楊宜勇. 中國老齡社會背景下的退休安排 [M]. 北京: 中國勞動社會保障出版社, 2008.

[98] 易憲容, 趙春明. 行為金融學 [M]. 北京: 社會科學文獻出版社, 2004.

[99] 易陽平. 行為金融論 [M]. 上海: 上海財經大學出版社, 2005.

[100] 苑宏憲, 王雪青. 基於前景理論的註冊建造師執業行為監管演化博

弈分析：基於承包商視角［J］. 軟科學，2014（4）.

［101］袁志剛. 養老保險經濟學［M］. 上海：世紀出版集團，上海人民出版社，2005.

［102］袁志勝. 基於行為金融學的投資行為研究［D］. 南京：河海大學，2012.

［103］約翰·Y. 坎貝爾，路易斯·M. 萬斯勒. 戰略資產配置——長期投資者的資產組合選擇［M］. 陳學彬，等，譯. 上海：上海財經大學出版社，2004.

［104］約翰·威廉姆森、弗雷德·帕姆佩爾. 養老保險比較分析［M］. 馬勝杰，譯. 北京：法律出版社，2002.

［105］曾康霖. 金融經濟學［M］. 成都：西南財經大學出版社，2002.

［106］張利軍. 中國養老保險統籌層次的改革路徑與發展方向探討［J］. 中國勞動關係學院學報，2009（4）.

［107］張漫子. 利益相關者視角下的創新型企業價值管理績效評價研究［D］. 青島：中國海洋大學，2014.

［108］張松. 養老基金與資本市場互動的理論與實證研究——兼論中國養老基金與資本市場良性互動的政策思路［M］. 成都：西南財經大學出版社，2006.

［109］張運剛，陳志國. 非納費型養老保險制度國際比較及其在我國農村的適用性［J］. 改革，2007（8）.

［110］張宗新. 證券投資基金行為與市場質量衝擊［M］. 北京：中國金融出版社，2014.

［111］鄭秉文. 金融危機引發社保制度改革不斷深化［N］. 中國證券報，2009-07-06.

［112］鄭秉文. 社保基金結余2萬億元 負利率下長期處貶值狀態［N］. 新京報，2010-10-29.

［113］鄭秉文. 養老保險基金持續「縮水」亟須「走出」銀行［N］. 中國新聞網，2012-10-22.

［114］鄭秉文，張峰. 中國基本養老保險個人帳戶基金研究報告［M］. 北京：中國勞動社會保障出版社，2012.

［115］鄭秉文. 中國養老金發展報告（2012）［M］. 北京：經濟管理出版社，2012.

［116］鄭功成. 中國社會保障30年［M］. 北京：人民出版社，2008.

[117] 鄭功成. 中國社會保障改革與發展戰略——理念、目標與行動方案 [M]. 北京：人民出版社，2008.

[118] 鄭功成. 中國社會保障制度變遷與評估 [M]. 北京：中國人民大學出版社，2002.

[119] 鄭功成，等. 中國社會保障改革與發展戰略（養老保險卷）[M]. 北京：人民出版社，2011.

[120] 鄭錦亞，遲國泰. 基於差異系數的最優投資組合方法 [J]. 中國管理科學，2001（1）.

[121] 周弘. 福利國家向何處去 [M]. 北京：社會科學文獻出版社，2006.

[122] 周尋. 中國基金制養老基金投資營運研究 [D]. 瀋陽：遼寧大學，2010.

[123] 朱青. 中國養老保險制度改革：理論與實踐 [M]. 北京：中國財政經濟出版社，2000.

[124] 趙新順. 行為金融與投資行為 [M]. 北京：社會科學文獻出版社，2007.

[125] 卓志，鄺啓宇. 巨災保險市場演化博弈均衡及其影響因素分析：基於風險感知和前景理論的視角 [J]. 金融研究，2014（3）.

[126] 兹維·博迪，等. 投資學 [M]. 陳收，楊豔，譯. 北京：機械工業出版社，2010.

（二）英文部分

[1] Akerlof George A. 1970. The market for 『lemons』: quality uncertainty and the market mechanism. Quarterly Journal of Economics，Vol. 84，No. 3，pp. 488-500.

[2] Ambachtsheer K.，R. Capable，H. Lum，2006，「Pension Fund Governance Today: Strengths, Weaknesses, and Opportunities for Improvement」，Financial Analysts Journal，Vol. 23，No. 1，pp. 23-38.

[3] Amin Rajan，2011，「DB & DC plans: Strengthening their delivery」，Investment & Pensions Europe，http://www.create-research.co.uk.

[4] Anderson, Gary W. and Brainard, Keith, 2005,「Myths and Misperceptions of Defined Benefit and Defined Contribution Plans」，National Association of Retirement Administrators，pp. 15.

［5］Angela Gallo, The performance of pension funds: the case of Italy, Investment Management and Financial Innovations, Volume 5, Issue 4, 2008.

［6］Augusto Iglesias Robert J. Palacios, 2000, Managing Public Pension Reserves Part I: Evidence from the International Experience, The World Bank, http://www.worldbank.org/sp.

［7］Badrinath, S. G. and S. Wahal, 2002,,「Momentum Trading by Institutions」, Journal of Finance, Vol. 57, pp. 2449-2478.

［8］Beth Almeida and William B. Fornia, 2008,「The Economic Efficiencies of Defined Benefit Pension Plans」, National Institute on Retirement Security.

［9］Black Rock, 2010,「ETFs Gain Foothold in Institutional Market」, http://www.blackrockinternational.com/.

［10］Christian E. Weller & Jeffrey B. Wenger, 2008,「Prudent Investors: The Asset Allocation of Public Pension Plans」, The University of Georgia working paper, http://www.uga.edu/.

［11］Christoph Gort, Mei Wang, 2008,「Are Pension Fund Managers Overconfident?」, Journal of Behavioral Finance, Vol. 9, No. 3, pp. 45-49.

［12］Cici, Gjergji, 2005,「The impact of the disposition effect on the performance of mutual funds」, Journal economic behavior & organization, Vol. 33, pp. 167-184.

［13］Clara Severinson, Juan Yermo, 2012,「The Effect of Solvency Regulations and Accounting Standards on Long-Term Investing」, OECD Working Papers, http://www.oecd.org/

［14］Claudio Raddatz Sergio L. Schmukler, 2011,「Deconstructing Herding: Evidence from Pension Fund Investment Behavior」, World Bank, Policy Research Working Paper, http://www.worldbank.org.

［15］David Blake, 1989,「The Investments And Returns Of Private Sector Pension Funds In The Uk 1963—1978」, Journal of Economic and Social Measurement, Vol. 15, No. 3-4, pp. 181-224.

［16］E. P. Davis, 1995, Pension Funds Retirement Income Security, And Capital Markets. An International Perspective, Clarendon Press Oxford, pp. 239.

［17］European SRI Study, 2008, http://www.eurosif.org/.

［18］Fania, E., 1998,「Market efficiency, long-term returns, and behavioral finance」, Journal of Financial Economics, Vol. 49, pp. 283-306.

［19］Franck Amalric, 2006,「Pension funds, corporate responsibility and sustainability」, Journal of Investment Management, Vol. 59, No. 4, pp. 440-450.

［20］Frans de Roon and Red Slager, 2012, Duration and Turnover of Dutch Equity Ownership: A Case Study of Dutch Institutional Investors, Vol. 38, No. 6, pp. 151-166.

［21］Frazinni, Andrea, 2006,「The disposition effect and under-reaction to news」, Journal of Finance, http://citeseerx.ist.psu.edu/showciting? cid = 9337777.

［22］Frazzini, A., 2006,「The disposition effect and under-reaction to news」, Journal of Finance, 61. 2017 -2046.

［23］G. Rubbaniy and I. P. P. van Lelyveld, 2011,「Herding Behavior and Trading among Dutch Pension Funds」, Financial Market Trends, Vol. 33, No. 5, pp. 122-156.

［24］Geoffrey N. Calvert, 1969,「Land and Real Estate as a Field of Investment for Pension Funds」, The Appraisal Journal, April, pp. 247-273.

［25］Gregorio Impavido, 1997,「Pension Reform and the Development of Pension Funds and Stock Markets in Eastern Europe」, Public Administration and Development, Vol. 34, No. 4, pp. 320-331.

［26］Gregorio Impavido, Ronan O'Connor and Dimitri Vittas, 2008,「Improving the Investment Performance of Public Pension Funds: Lessons for the Social Insurance Fund of Cyprus from the Experience of Four OECD Countries」, Cyprus Economic Policy Review, Vol. 2, No. 2, pp. 3-35.

［27］H. R. Arkes, C. Blumer, 1985,「The Psychology of sunk cost, Organizational Behabior and Human Decision Process」, Journal of Financial Economics, Vol. 35, pp. 124-140.

［28］Impavido, G, 2007,「Governance of Public Pension Plans: The Importance of Residual Claimants, in John Piggott」, http://www.economia.puc.cl/Sechi2005/Olivares_ joli. pdf.

［29］J. David Cummins and J. Rancois Outtreville, 1984「The portfolio behavior of pension funds in theUS : an econometric analysis of changes since the new regulation of 1974」, Applied Economics, No. 5, Vol. 16, pp. 687-701.

［30］Jeffrey R. Brown, 2009,「The Investment Behavior of State Pension Plans」, Working Paper, http://citeseerx.ist.psu.edu/.

［31］Jin, Li, and Anna Scherbina, 2005,「Change is good or the disposition effect among mutual fund managers」.

［32］Social Science Electronic Publishing, Working Paper, http://papers.ssrn.com/sol3/papers.cfm?abstract_id=687401.

［33］John Maynard Keynes, Memorandum for the Estates Committee, King's College, Cambridge, 1938.

［34］Jones, S. L., D. Lee, and E. Weis (1999),「Herding and Feedback Trading by Different Type of Institutions and the Effects on Stock Prices」, Working Paper, Kelley School of Business, Indiana University.

［35］José A. Olivares, 2005,「Investment Behavior of the Chilean Pension Funds, Encuentro Anual 2005 de la Sociedad de Economistas de Chile」, Encuentro Anual 2005 de la Sociedad de Economistas de Chile, http://www.economia.puc.cl/Sechi2005/Olivares_joli.pdf.

［36］Junbo Wang, Chunchi Wu and Ting Zhang,「An Empirical Analysis of the Effect of Corporate Pension Risk on the Cost of Debt」, Working Paper.

［37］Kaminker, C. and F. Stewart, 2012,「The Role of Institutional Investors in Financing Clean Energy」, OECD Working Papers on Finance, Insurance and Private Pensions, Vol. 42, No. 23, pp. 121-139.

［38］Khorana, Ajay, 1996,「Top management turnover: An empirical investigation of mutual fund managers」, Journal of FinancialEconomics, Vol. 40, pp. 403-427.

［39］Kin Ly, 2013,「European pension funds up level of ETF investment」, Working Papers, http://www.europeanpensions.net/.

［40］Kleiler, Frank M, 1971,「Regulation of Private Pension Plans」, Monthly Labor Review, No. 4, Vol. 94, pp. 31-34.

［41］Kochhar, R. David, 1996,「Institutional investors and firm innovation: A test of competing hypotheses」Strategic Management Journal, Vol17, No. 9, pp. 73-84.

［42］Lakonishok, J., Andrei Shleifer, and Robert W. Vishny, 1992,「The impact of institutional trading on stock prices」, Journal of FinancialEconomics, Vol. 32, pp. 23-44.

［43］Laura Andreu, Cristina Ortiz, José Luis Sarto, 2012,「Herding Behaviour in Strategic Style Allocations: Empirical Evidence on UK Pension Plan Managers」, Applied Financial Economics, Vol. 54, No. 3, pp. 109-126.

[44] Locke, Peter R., and Steven C. Mann, 2004,「Professional trader discipline and trade disposition」, Journal of FinancialEconomics, Vol. 76, pp. 401-444.

[45] Lopes. L., 1987,「Between hope and fear: the psychology of risk」, Advances in Experimental Social Psychology, Vol. 20, pp. 255-295.

[46] Mark Anson, Handbook of Alternative Assets, New York: Wiley Finance, 2002.

[47] Martin Bohl, Judith Lischewski, and Svitlana Voronkova, 2006,「Pension Funds' Performance in Strongly Regulated Industries in Central Europe: Evidence from Poland and Hungary」, ftp://ftp.zew.de/pub/zew-docs/dp/dp10076.pdf.

[48] Megumi Suto and Masashi Toshino, 2005,「Behavioural Biases of Japanese Institutional Investors: fund management and corporate governance」, Corporate Governance: An InternationalReview, Vol13, No. 4, pp. 466-477.

[49] Mercer Investment Consulting, 2004,「Evolutionary Changes in Pension Plan Investment Strategies」, Pension Benefits, No. 9, Vol. 13, pp. 2-3.

[50] Michael Orszag and John Evans, 2013,「Pension Fund Governance: a Global Perspective on Financial Regulation」, OECD Working Paper, http://www.oecd.org/.

[51] Mitchell O S and Hsin P L, 1994,「Public pension fund governance and performance」, Working Paper No. 4632, 1994, National Bureau of Economic Research.

[52] Montreal and Toronto, 2012,「Canada's pension funds Maple revolutionaries Canada's public pension funds are changing the deal-making landscape」, The Journal of Finance Vol. 45, No. 2, pp. 145-169.

[53] Nobusuke Tamaki, 2012,「Managing Public Pension Reserve Funds: The Case of the Government Pension Investment Fund (GPIF) of Japan」, Rotman International Journal of Pension Management, Vol. 5. No. 2 pp. 135-148.

[54] OECD Secretariat, 2013,「Pension Fund Governance, Investment Strategies, And Their Role In Corporate Governance」, Working Paper, http://www.oecd.org/.

[55] OECD, 2009,「Pensions at a Glance 2009」, http://www.oecd.org/els/public-pensions/indicators.htm.

[56] OECD, 2014, 「Pension Markets In Focus 2014」, Working Paper, http: //www. oecd. org/.

[57] OECD, 2011, Pension Funds Investment in Infrastructure: A Survey, Working Paper, http: //www. oecd. org/.

[58] OECD, 2012, 「Pension Markets In Focus 2012」, http: //www. oecd. org/els/public-pensions/indicators. htm.

[59] OECD, 2012, 「Survey Of Investment Regulation Of Pension Funds 2009 -2011」, http: //www. oecd. org/.

[60] Pablo PabloAntolin, Fiona Stewart, 2009, 「Private Pensions and Policy Responses to the Financial and Economic Crisis」, Financial Market Trends, No. 1, Vol. 48, pp. 127-141.

[61] Palacios, Miralles, 2000, 「International Patterns of Pension Provision」, Social Protection Discussion Paper, WorldBank.

[62] Patrick j. Regan, 1977, 「The 1976 BEA pension survey」, Financial Management, Vol. 6, No. 1, pp. 48-65.

[63] Paul L. Howell, 1962, 「Management of California Pension Funds」, California Management Revievw, pp. 33-42.

[64] Peter C. Aldrich and King Upton, 1977, 「Real estate investment for pension funds」, Harvard Business Review, Vol. 16, No. 5, pp. 14-16.

[65] Peticolas, Bob and Helena Stolyarova, 2003, 「Pension Estimation Program Users Guide,」Working Paper, University of Michigan Institute for Social Research.

[66] Raddatz, C., and Sergio L. Schmukler, 2008, 「Pension funds and capital market development: How much bang for the buck?」, World Bank Working paper.

[67] Raffaele Della Croce, 2011, 「Pension Funds Investment in Infrastructure: Policy Actions」, OECD Working Papers on Finance, Insurance and Private Pensions, No. 13, http: //www. oecd. org/.

[68] Raffaele Della Croce, Fiona Stewart and Juan Yermo, 2011, 「Promoting Longer-Term Investment by Institutional Investors: Selected Issues and Policies」, Financial Market Trends, Vol. 38, No. 2, pp. 180-191.

[69] Robert Holzmann, 2013,「Global Pension Systems And Their Reform: Worldwide drivers, Trends, And Challenges」, International Social Security Review,

No. 2, Vol. 66, pp. 1-29.

[70] Robert L. Clark, Lee A. Craig, and Jack W. Wilson, 2005, 「A History of Public Sector Pensions in the United States」, Journal of Sociology & Social Welfare, Vol. 32 Issue 1, pp. 155-156.

[71] Ronnie G. Jung and Nari Rhee, 2013, 「How do Public Pension Invest?」.

[72] Shapira, Zur, and Itzhak Venezia, 2001, 「Patterns of behavior of professionally managed and independent investors」, Journal of Banking and Finance, Vol. 25, pp. 1573-1587.

[73] Shefrin and Statman, 1985, 「The Disposition to Sell Winners Too Early and Ride Losers Too Long: Theory and Evidence」, The Journal of Finance Vol. 40, No. 3, pp. 777-790.

[74] Shefrm. H. M. and Thaler. R, 1988, 「The behavioral life-Cycle hypothesis」, Economic inquiry, Vol. 26, No. 4. pp. 609-643.

[75] Simon. H, A., 1986, 「Rationality in psychology and economics」, Journal of Business, Vol. 59, No. 4, pp. 209-224.

[76] Stout. Lynn A., 2003, 「The mechainsms of market inefficiency: an introduction to the new finance」, NYU Center for Law & Business, Working Paper Series.

[77] Tower Watson, 2011, 「The Global Alternatives Survey 2010」, http://www.towerswatson.com/.

[78] Tversky A, Kahneman D, 1981, 「The framing of decisions and the psychology of choice」, Science, Vol. 211, No. 48, pp. 453-458.

[79] Tversky and D. Kahneman, 1986, Rational Choice and the Framing of Decisions, Journal of Business. Vol. 59, pp251-278.

[80] Voronkova, S., and M. T. Bohl, 2005, 「Institutional traders' behavior in an emerging stock market: Empirical evidence on Polish pension fund investors」, Journal of Business Finance and Accounting, Vol. 3, pp. 1537-1560.

[81] Watson Wyatt, 2013, Global Pension Assets Study2013, http://www.towerswatson.com/.

[82] Zvi Bodie, 1990, 「Pension Funds and Financial innovation」, Financial Management, Vol. 19, No. 3, pp. 11-22.

后　记

　　本書是在我博士論文的基礎上歷經多次修改、完善，最終得以定稿。

　　翻閱自己逐字逐句敲打出來的文章，不禁想到寫作過程中的疲憊與辛勞、寫作中一次次搜腸刮肚的甘苦、一次次挑戰自己體力和意志極限的努力……寫了些什麼也許不是最重要的，寫作過程中那些思考帶來的愉悅和柳暗花明般的轉機卻總是令人愉悅和滿足。之所以愉悅，並不是因為自己對這本20餘萬字的成果有多麼滿意，而是對於自己能夠在一個新的研究領域中進行探索感到欣慰。幾年來的研究工作中，看著我的書架上不斷添置的書籍，讓我感受到了不同領域研究者的獨特思路，這對於我的研究過程給予了一些新的啟迪。若我的研究能為我國養老保障制度的完善與可持續發展提供一些微不足道的啟示，或者能為后續研究者起到拋磚引玉之效，甚幸也。

　　進行一項新的研究工作既讓人欣喜，但也不免有些惴惴不安。不安是因為我熱愛這個專業，熱愛社會保障研究，總想把研究工作做得更深入、更全面一些。養老基金投資行為研究是一項涉及諸多研究領域的新課題，自己當初大膽構建的分析框架和對投資行為進行的一些新的解釋能否得到理論界和實踐界的認可也讓我心懷忐忑。本書只是一個初步的探索，囿於學識的淺薄和時間的局限，對一些問題的總結和歸納還不夠充分，所提出的思路和對策也多停留在探討層面，許多相關問題還有待進一步深入思考和研究。我也熱切地期待來自各方面的回應和指正，希望能以此推動我將來在這一領域作更深入的研究，並能獲取更加成熟的學術成果。

　　在書稿完成之際，我要衷心地感謝我的導師林義教授。2003年有幸進入師門，工作3年繼而讀博。老師不嫌我資質愚鈍，始終給予我最大的支持和信任，引領我進入神聖的學術殿堂。我在學術研究上的蹣跚學步是老師扶掖著、引領著的。老師淵博的學識、嚴謹的治學態度、開闊的學術視野，是我在求學路上的一座燈塔，讓我能不斷糾正自己的偏差。能成為恩師的弟子，是我此生最大的榮幸！師恩難忘，有生之年，無以回報！

感謝西南財經大學保險學院各位尊敬的老師們，能成為保險學院的學生是我的驕傲。感謝我親愛的同學和朋友們，在與你們的思想交流和知識探討中我獲得了諸多靈感，在研究中的思路也更加開闊。感謝西南石油大學的各位同事，感謝你們長期以來提供的寶貴支持。感謝我的家人，你們默默的支持是我最大的動力。

　　本書能夠出版還要感謝教育部人文社會科學研究基金項目（12YJCZH011）、西南石油大學人文社科專項基金（2013RW015）的資助。

陳加旭

2016 年 4 月於成都新都

附錄 1　部分國家私人養老基金投資監管法規比較

國家	計劃名稱	本國資產投資限制	國外投資限制
愛爾蘭		無限制	無限制
荷蘭		無限制	無限制
日本		無限制	無限制
英國		無限制	無限制
美國		無限制	無限制
加拿大		無限制	無限制
比利時		無限制	無限制
德國	互助保險協會	股票<35%，未上市<15%；房地產<25%；債券<50%；銀行存款<50%；抵押貸款<50%	無限制，但要求保持在穩健水平
	pensionsfonds	無	
法國	由保險公司管理的養老基金	股票：<50%，基於特定目的所發行的股票<5%；房地產：<40%；債券：用於特定目的的債券<5%，其他無限制；借款：<10%；銀行存款：無限制	
義大利		股票：無限制；房地產：只允許直接投資；債券：無限制；銀行存款：<20%	非OECD發行的債券和股票：有市場監管的交易<5%，無市場監管的交易0%

表（續）

國家	計劃名稱	本國資產投資限制	國外投資限制
芬蘭	自願計劃	股票<50%，未上市股票<10%；房地產<40%；抵押貸款<70%	非OECD國家<10%
	法定計劃	未上市股票<15%	非OECD國家<20%
智利①	A	股票：40%～80%；政府債券40%；可換股債券<30%；不允許房地產直接投資	所有資金聯合限制：80%，A：100%，B：90%，C：75%，D：45%，E：35%
	B	股票：25%～60%；政府債券40%；可換股債券<30%；不允許房地產直接投資	
	C	股票：15%～40%；政府債券50%；可換股債券<10%；不允許房地產直接投資	
	D	股票：5%～20%；政府債券70%；可換股債券<10%；不允許房地產直接投資	
	E	股票：0%～5%；政府債券80%；可換股債券<5%；不允許房地產直接投資	
丹麥		股票<70%	對OECD國家無限制
愛沙尼亞	強制計劃	股票：除保守基金外至少75%；房地產<40%；貸款<10%	無限制
	自願計劃	房地產<70%；貸款<10%	
以色列		房地產<15%	評級至少在BBB以上的證券或由OECD發行的證券

---

① 智利要求每個APFs提供四種不同的強制性基金，根據風險程度的不同劃分為B、C、D、E四類，APFs也可以提供自願性質的基金A。

表(續)

國家	計劃名稱	本國資產投資限制	國外投資限制
韓國	個人養老保險	房地產<15%	<20%
韓國	企業年金（DB）	股票<30%，只允許投資於上市股票；債券：只允許投資於政府債券、市政債券和評級在 BBB 或以上的公司債券	DB＜70%，DC＜30%，對評級在 A 以上的政府債券無限制
韓國	企業年金（DC）	不允許投資股票；債券：只允許投資於政府債券、市政債券和評級在 BBB 或以上的公司債券	DB＜70%，DC＜30%，對評級在 A 以上的政府債券無限制
挪威		無擔保貸款＜5%；歐盟或 OECD 以外的股票、非上市股票、私募股權<10%	無限制
瑞士		股票<50%；房地產<30%；抵押貸款<50%；每家銀行存款<10%	房地產<10%
瑞典①	FSR	股票：0%；根據房地產類型最多 4/5 或 2/3 的房地產投資；銀行存款：0%	無限制
瑞典①	IR	股票：<25%（報價），<10%（非報價）；房地產：25%；銀行存款：75%	無限制
瑞典①	OP	股票：10%（非報價），報價無限制；債券：10%（非報價）	無限制

① FSR 代表友好社會團體的投資規則，IR 代表保險公司的投資規則，OP 代表適用於職業退休養老金的指令（2003/41/EC）的規則。

表(續)

國家	計劃名稱	本國資產投資限制	國外投資限制
亞美尼亞	自願性養老金計劃	股票：不允許；房地產：不允許；銀行存款：單個銀行存款不超過20%	以外幣計價的資產<40%；每種外幣投資不超過15%；外國政府或中央銀行發行或擔保的證券，具有信用評級的不超過25%，不具有信用評級的<10%
	強制性養老金計劃	股票：<50%；房地產：不允許直接投資；債券：對公司債券無限制，亞美尼亞政府、亞美尼亞中央銀行、外國政府或中央銀行發行或擔保的債券不超過60%，亞美尼亞或外國信貸機構發行的擔保債券不超過30%；銀行存款：不超過總資產的40%，單個銀行存款不超過5%	以外幣計價的資產<40%；非自有兌換的貨幣資產<3%；對其他類型的投資沒有特別限定
尼日利亞		股票：最多不超過25%的普通股；房地產：不允許；債券：Fed Govt債券<80%，State Govt債券<20%，公司債券<35%；銀行存款：無限制	DC計劃不允許
巴西		股票：對浮動收入有一系列限制規則；債券：國債無限制，其他債券<80%；銀行存款<80%；貸款<15%	基本不允許

表(續)

國家	計劃名稱	本國資產投資限制	國外投資限制
俄羅斯	強制性供款（默認選項）	股票：不允許；房地產：不允許；借款：不允許；銀行存款：不允許外幣存款；債券：對以盧布計價的俄羅斯政府債券、俄羅斯政府債券或具有國際評級機構長期評級水平的以外幣計價的政府債券不限制，以外幣計價的俄羅斯政府債券<80%，區域政府債券<10%，抵押貸款債券<20%，國際金融機構債券<20%	<20%
	強制性供款（保守選項）	股票：不允許；房地產：不允許；借款：不允許；銀行存款：不允許外幣存款；債券：政府債券或政府擔保債券不限制，以外幣計價的俄羅斯政府債券<80%	不允許
	強制性供款（非國家養老金，參與者可選擇投資組合的計劃）	股票<65%；房地產：不允許；債券：俄羅斯政府債券不限制，區域政府債券<40%，市政債券<40%，抵押貸款債券<40%，國際金融機構債券<20%；借款：不允許	<20%
	自願養老金計劃	股票<70%；房地產<10%；債券：俄羅斯政府債券不限制，區域政府債券<70%，市政債券<80%，抵押貸款債券<20%；銀行存款：80%	<30%
南非		股票：<75%（總體要求），根據發起人資產規模的不同，投資比例另有限制；房地產：<25%（總體要求），根據發起人資產規模的不同，投資比例另有限制；債券：對有政府擔保的債券無限制，其他<75%；銀行存款：總體比例沒有限制，單個銀行存款不超過25%	<最大基金公允價值的25%

資料來源：OECD, Survey of Investment Regulation of Pension Funds, 2013.

附錄 2　部分 OECD 國家養老基金的基本治理結構

國家	類型	法定形式	治理結構	受益人代表制度
澳大利亞	開放式 封閉式	信託型、契約型（只用於退休儲蓄帳戶）	受託人	受託人董事會中具有相同數量的雇主和雇員代表
奧地利	封閉式	契約型/法人型	成員大會 董事會 監事會	監事會中成員和股東具有相同數目的代表
加拿大	封閉式	信託型	受託人	魁北克省，養老金委員會必須包括計劃成員
捷克	開放式	契約型	無	
德國	封閉式	法人型（互助保險協會）	董事會	受益人代表不必占投票總數的50%，但必須保證受益人代表不被壓制
匈牙利	開放式 封閉式	法人型（互助儲蓄協會）	成員大會 董事會 監事會 專家	自願性基金：僅有成員組成；強制性基金：董事會中必須有受益人代表，監事會中受益人代表必須超過50%
冰島	封閉式 開放式	基金會型	董事會 成員大會	開放式基金：董事會代表由受益人選出；封閉式基金：工會和雇主聯合會各自選出代表
愛爾蘭	封閉式	信託型	受託人	受益人和雇主選出相同數目的受託人
義大利	封閉式	基金會型或法人型	成員大會 董事會 審計師委員會	成員大會、董事會和審計師委員會都必須具有相同數目的雇主和雇員代表

表(續)

國家	類型	法定形式	治理結構	受益人代表制度
日本	封閉式	基金會型（雇員養老基金） 契約型（稅收合格養老金計劃）	雇員養老基金：成員大會、董事會、審計師	雇員養老基金：代表委員會半數的代表由雇主選出，半數代表由養老基金成員選出。半數的董事和審計師由雇主提名，其餘的由受益人提名
韓國	封閉式	信託型（退休信託） 契約型（退休保險）		
墨西哥	開放式	法人型	管理委員會、股東大會	
荷蘭	封閉式	基金會	基金會董事會	董事會中具有相同數量的雇主和雇員代表
挪威	封閉式	基金會	董事會	董事會必須至少有4名成員，其中至少兩名由雇員選舉產生
波蘭	開放式	契約型	養老基金管理公司：股東大會、管理委員會、監事會、審計師委員會	沒有
波蘭	封閉式	契約型	養老基金管理公司：股東大會、管理委員會、監事會、審計師委員會	職業養老金協會不少於半數的監事會成員應由基金成員任命
葡萄牙	封閉式 開放式	契約型	養老基金管理公司或壽險公司：成員大會、董事會	

表(續)

國家	類型	法定形式	治理結構	受益人代表制度
西班牙	封閉式 開放式	契約型	養老基金管理公司或其他經授權的金融機構：養老金計劃控制委員會、養老基金控制委員會	在控制委員會中，參加者和受益人必須占大多數
瑞典	封閉式	基金會型	基金會董事會監管人	要求有相同數目的雇主和雇員代表
瑞士	開放式 封閉式	基金會型（大多數）；契約型（合作協會）	基金會董事會、監事會、專家	委員會中雇主和雇員代表各占50%
英國	封閉式	信託型	受託人	至少33%的受託人由成員指定
美國	封閉式	信託型	受託人	

資料來源：OECD. 養老金治理與投資［M］. 鄭秉文，等，譯. 北京：中國發展出版社，2007.

國家圖書館出版品預行編目(CIP)資料

中國養老基金投資行業研究 / 陳加旭 著. -- 第一版.
-- 臺北市：崧博出版：崧燁文化發行, 2018.09
　面；　公分
ISBN 978-957-735-498-3(平裝)
1.保險業管理 2.投資管理 3.中國
563.746　　　107015379

書　　名：中國養老基金投資行業研究
作　　者：陳加旭 著
發行人：黃振庭
出版者：崧博出版事業有限公司
發行者：崧燁文化事業有限公司
E-mail：sonbookservice@gmail.com
粉絲頁　　　　　　網　址：
地　　址：台北市中正區重慶南路一段六十一號八樓 815 室
8F.-815, No.61, Sec. 1, Chongqing S. Rd., Zhongzheng Dist., Taipei City 100, Taiwan (R.O.C.)
電　　話：(02)2370-3310　傳　真：(02) 2370-3210
總經銷：紅螞蟻圖書有限公司
地　　址：台北市內湖區舊宗路二段 121 巷 19 號
電　　話：02-2795-3656　傳真：02-2795-4100　網址：
印　　刷 ：京峯彩色印刷有限公司（京峰數位）

本書版權為西南財經大學出版社所有授權崧博出版事業有限公司獨家發行電子書繁體字版。若有其他相關權利及授權需求請與本公司聯繫。

定價：400 元
發行日期：2018 年 9 月第一版
◎ 本書以POD印製發行